古代歷史文化研究輯刊

十八編

王明蓀 主編

第2冊

東周青銅禮器制度研究
——以中原和楚地爲中心（上）

張聞捷 著

國家圖書館出版品預行編目資料

東周青銅禮器制度研究——以中原和楚地為中心（上）／張聞捷
著 — 初版 — 新北市：花木蘭文化事業有限公司，2017〔民
106〕
目 4+184 面；19×26 公分
（古代歷史文化研究輯刊 十八編：第 2 冊）
ISBN 978-986-485-181-2（精裝）
1. 青銅器 2. 禮器 3. 東周
618   106014289

ISBN-978-986-485-181-2

9 789864 851812

古代歷史文化研究輯刊
十八編　第 二 冊　　　　　ISBN：978-986-485-181-2

東周青銅禮器制度研究
——　以中原和楚地爲中心（上）

作　　　者　張聞捷
主　　　編　王明蓀
總 編 輯　杜潔祥
副總編輯　楊嘉樂
編　　　輯　許郁翎、王筑　美術編輯　陳逸婷
出　　　版　花木蘭文化事業有限公司
社　　　長　高小娟
聯絡地址　235 新北市中和區中安街七二號十三樓
　　　　　　電話：02-2923-1455／傳眞：02-2923-1452
網　　　址　http://www.huamulan.tw 信箱 hml 810518@gmail.com
印　　　刷　普羅文化出版廣告事業
初　　　版　2017 年 9 月
全書字數　294974 字
定　　　價　十八編 18 冊（精裝）台幣 36,000 元

東周青銅禮器制度研究
——以中原和楚地爲中心（上）

張聞捷 著

作者簡介

　　張聞捷，男。北京大學考古文博學院博士畢業，師從高崇文教授。現任職於廈門大學人文學院歷史系考古專業，助理教授（講師）。主持國家社科基金青年項目一項。已在《考古學報》、《文物》、《考古與文物》等期刊上發表多篇學術論文，出版專著《楚國青銅禮器制度研究》。

　　研究領域：考古學禮制研究、東周青銅器、楚文化

提　　要

　　周代禮制的核心在於定名位、息紛爭。「名位不同，禮亦異數」（《左傳·莊公十年》）。而名位者，即是各級貴族的身份等差，《孟子》：「周室班爵祿」雲公、侯、伯、子、男五等通於天下，君、卿、大夫、上士、中士、下士六等施於國中，大略可參。但在具體的禮儀活動中，「名位」又需要通過特定的青銅禮器來體現：不同等級的貴族被嚴格限制使用不同數量、規格的禮樂器，尊卑降差，森嚴有序。故孔子稱：「唯器與名，不可以假人。」（《左傳·成公二年》）可以說，青銅彝器正是周代禮制最為重要的物化表現形式。

　　而在東周時期，由於政治、經濟領域的巨大變革，隨之也帶來了社會等級結構的相應調整。史墨在描述這一巨變時，曾引用《詩經·十月之交》中的記載，「高岸為谷，深谷為陵」，可見其之劇烈程度。相應地，東周時期青銅禮器的使用制度也發生了影響深遠的變革，此即是本書所希望著力探討的地方。

　　本書的初步結論可歸納為以下幾點：

　　1、釐清了用鼎制度、粢盛器制度、酒器制度和盥洗器制度在東周時代的發展變化過程，及其在不同地域間的差別與聯繫。

　　2、分析了關中地區、中原地區和南方楚文化區在東周時代的不同「禮制改革」途徑：關中地區主要以保存和延續西周古制為代表；中原地區則採取了一種「自下而上」的變革道路，中小貴族們往往充當了禮制改革的先行者；而南方的楚文化區則採取的是一種「自上而下」的禮制變革方式，對於古制保存較為完善，同時社會上層也積極地學習、傲仿和推廣中原地區新興的禮器制度。

　　3、探討了東周時代青銅禮器使用的一些特殊現象，尤其是復古思潮的盛行及由此衍生出的今、古式器物兼用的現象，並將其與禮制文獻中廣泛討論的「文、質之異」進行比照與聯繫。

　　4、梳理了青銅禮器的稱名方式在東周時代的具體變化過程，包括寶尊器、媵器、行器、食器等為代表的青銅器有限共名的變化和升鼎、薦鼎、鑐鼎、鑊鼎等青銅器專名的流行，以及由此所反映出的青銅器功能的多樣化與複雜化，與當時的禮制變革趨勢是一致的。

　　5、通過將考古材料與文獻記載相對照，分析了《儀禮》、《禮記》和《周禮》等文獻的創作背景、年代和地域等問題。

目

次

第一章　前　言

公元前 771 年，在曾、申等國的策動下，犬戎攻破都城鎬京，幽王被殺，曾經烜赫一時的西周王朝滅亡。翌年，由於犬戎的威脅以及王室破敗，周平王被迫遷都洛陽〔註1〕，史稱「平王東遷」，自此「東周時代」（770BC～221BC）開始〔註2〕。

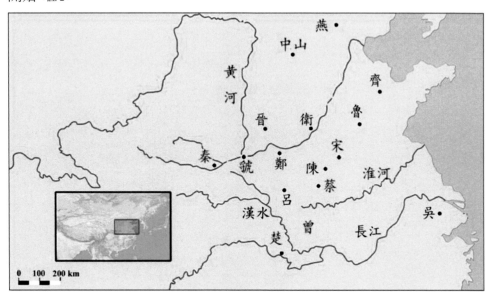

圖1：東周主要諸侯國地理位置示意圖

〔註 1〕關於周平王遷都洛陽的原因，史學界尚存在眾多爭議，此處取《史記‧秦本紀》之說：「周避犬戎難，東徙雒邑」。

〔註 2〕嚴格來講，東周政權於 256BC 為秦所滅，而戰國之世則終於 221BC 秦統一六國，其間尚有若干年差距。不過本文為論述之便，將「東周時代」籠統視作「春秋」（770BC-453BC）與「戰國」（453BC-221BC）的集合體。

　　東周時期是一個充滿變革的時代。由於中央王庭勢力衰微，其對地方諸侯們缺乏有效的監管與控制，先後崛起的鄭、齊、晉、秦、楚、吳、越等強國爲爭奪霸權、土地、人口、財富等而割據一方、彼此互相征伐（圖 1）。原先由周王室所主導的統一的禮樂制度（西周古制〔註3〕）也逐漸被各地新興的、各具特色的禮樂文化所取代（東周新制，在傳統制度上增減損益），此即所謂「禮樂征伐自天子出」變爲「自諸侯出」（《論語・季氏》）。《史記・周本紀》對此評價稱：「平王之時，周室衰微，諸侯強並弱，齊、楚、秦、晉始大，政由方伯。」而後至春秋戰國之際，以季氏專魯政、田氏代齊（489BC 田氏即主掌齊國朝政）、宋「三族共政」（469BC）、晉三家滅智（456BC）等爲代表，社會政治、經濟結構又再次發生巨大變化，諸侯們多淪爲世卿大族的「傀儡」，權力重心隨之繼續下移，禮樂征伐又一改爲「自大夫所出」。同時戰亂的加劇還促發了對於人才（兵家、縱橫家、法家等）的強烈需求，大量通過私學而起的寒門之士像吳起、孫臏、龐涓、蘇秦、白起、李斯等也得以躋身權貴之門，從而使得新、舊貴族間勢力急劇動蕩，社會等級結構不斷調整。而作爲維繫周代統治基礎的禮樂制度（「禮，國之幹也」，核心即在於調整社會各階層間的身份等級關係）〔註4〕，也必然會隨之不斷發生變革以適應新的形勢需要。

　　青銅彝器作爲周代禮樂制度最重要的物化表現形式，也同樣在這一階段發生了影響深遠的變革。一方面，它既是中國青銅時代又一個新的繁榮期（「中興期」），在經歷了西周末年的短暫衰敗後，青銅禮器又以一種獨特的、「生機勃勃」的姿態躍上歷史舞臺〔註5〕，無論形制、紋飾、組合乃至器用制度都表

〔註3〕文中所稱「西周古制」者，均是指西周中後期至春秋初期階段所推行的禮樂制度。

〔註4〕「禮」的核心即在於維持建立在等級制度和親屬關係上的社會差異。荀子云：「人道莫不有辨，辨莫大於分，分莫大於禮。」又云：「故先王案爲之制禮義以分之，使貴賤之等、長幼之差、知賢愚能不能之分，皆使人載其事而各得其宜。」《禮記》云：「禮者所以定親疏，決嫌疑，別同異，明是非也。」韓非子云：「（禮者）君臣父子之交也，貴賤賢不肖之所以別也。」董仲舒云：禮者「序尊卑、貴賤、大小之位，而差外內遠近新故之級者也。」

〔註5〕郭沫若在論述春秋新鄭蓮鶴方壺時稱：「此器雖無銘文，然其花紋圖案即已顯示其時代性……此壺全身均濃重奇詭之傳統花紋，予人以無名之壓迫，幾可窒息。乃於壺蓋之周駢列蓮瓣二層，以植物爲圖案，器在秦、漢以前者，已爲余所僅見之一例。而於蓮瓣之中央復立一清新俊逸之白鶴，翔其雙翅，單其一足，微隙其喙作欲鳴之狀，余謂此乃時代精神之一象徵也。」載郭氏：《殷

現出眾多全新的特點，重又成爲社會統治階層推崇的身份標尺。尤其是這一時期分佈於不同地域的新的禮制中心的出現，以及它們在傳統禮制基礎上所作出的不同程度的創新和改變，再借助於日趨廣泛的文化傳播與交流，都使得這一時期的青銅禮器呈現出許多制度層面的獨特之處；另一方面，它又是中國青銅時代的結束期，是青銅禮器最終走向生活化、世俗化的重要階段，是禮制向法治轉變的物質縮影，由此也就共同造就了東周銅器迥異於其他時代的特性。

在保存至今的「三禮」文獻中，對周代青銅禮器的使用有著十分詳盡的記載，儘管其未必完全反映的是東周時期的具體禮制實踐情況，卻毫無疑問是距離彼時最近的參考資料。此後經漢、唐、宋、清等歷代經學家的不斷注解和闡釋，不僅爲我們遺留下豐富的文獻成果，也帶來了傳統金石學的極大興盛，奠定了以物證史的方法論基礎，但同時也產生了許多懸而未決、爭訟不斷的學術議題。建國後，隨著大規模考古發掘的展開，眾多隨葬青銅禮器的東周貴族墓葬相繼被發掘，從而爲這一時期青銅禮器的研究提供了翔實的實物資料和全新的契機。尤其是在中原三晉兩周地區、關中地區和南方的楚文化區內，完善的墓葬等級序列和編年體系已得以建立，這成爲了本書研究的堅實基礎。更值得慶幸的是，在南方地區一批記載當時葬器制度的遣策竹簡被完好地保存下來，再參之以金文資料，就爲我們的考古學研究提供了更貼近於古人眞實想法的有效途徑。所以，在現階段能否綜合地運用上述考古、文獻、金文和簡牘資料來研究東周時代的青銅禮器制度，對我們來說既是一個重大的挑戰，也是一個全新的機遇。

縱觀東周時期的政治格局，其中最引人注目者無疑當屬中原諸夏與南方楚蠻的周旋對峙。春秋之世齊晉霸局，均以楚爲主要敵手。楚莊王時期更是飲馬黃河，問鼎中原，成一代之方伯；即使是到了戰國中後期秦獨崛起於西部後，南北對峙的格局逐漸被「合縱連橫」所打破，但彼時楚尤「地方五千里，帶甲百萬，車千乘，騎萬匹。粟支十年，此霸王之資也……秦之所害於天下莫如楚，楚強則秦弱，楚弱則秦強，此其勢不兩立」（《戰國策·楚策》），爲秦所忌憚之宿敵，其政治、經濟、文化之重要性和典型性當不言而喻。正

周青銅器銘文研究·新鄭古器之一二考核》。另在《彝器形象學試探》一文其亦將「春秋中葉至戰國末年」稱爲「新式期」或「更新期」，載《兩周金文辭大系圖錄考釋》，上海書店出版社，1999 年。容庚先生則稱東周青銅器爲「中興期」，見《殷周青銅器通論》，文物出版社，1984 年。

如《詩‧小雅‧鼓鐘》「以雅以南」，毛傳云：「南，南夷之樂曰南。」〔註6〕
《禮記‧文王世子》「胥鼓南」，鄭玄注：「南，南夷之樂也。」相對於中原諸
國（夏）而言，楚人常常以南蠻自居〔註7〕，這種理念也浸潤於其文化制度的
建設中：一方面楚人積極借鑒和學習周的禮樂文化特色，但同時又保留了大
量漢淮地區商代以來的舊有禮俗，並進行融合創造，從而造就了其禮制文化
的獨特性。因此，在本書的研究中，我將重點關注中原地區和南方楚文化區
內的青銅禮器資料，這既是考慮到其考古資料的豐富性，也是由其文化上的
典型性和重要性所決定的。同時，我將使用「周制」和「楚制」這兩個頗具
爭議的概念，來嘗試構建東周時期青銅禮器制度的基本框架。

第一節　東周青銅禮器的考古發現與研究簡史

　　截至目前，對於東周青銅禮器的研究可謂「卷帙浩繁」，成果豐碩。王世
民、張懋鎔、朱鳳瀚等諸位先生對此已經做了系統地歸納與整理〔註8〕，可資
參考。由於本書主要關注青銅彝器的使用制度方面，故將重點從這一角度對
過往之研究作簡要評述，旨在揭示業已取得的共識和尚存在的問題。

一、傳統經學、金石學研究

　　在現代考古學傳入中國之前，三代青銅彝器的出土是十分零星和偶然
的，學者們將主要的精力集中於經學文獻的章句注解（漢學）和義理闡發（宋
學）上。

〔註6〕張平轍：《〈詩經〉「以雅以南」何解——古史新説之二》，《西北師大學報（社
　　　會科學版）》1994 年第 6 期。文中以爲「雅」當是「夏」，是諸夏的音樂，「南」
　　　借指荊舒地區的楚、徐國南音。愚以爲可從。1983 年江蘇丹徒春秋古墓中發
　　　現的「徐器遱邵鍾」亦有銘曰「允唯吉金，作鑄龢鍾，我以夏以南。中鳴媞
　　　好，我以樂我心。」參見江蘇省丹徒考古隊：《江蘇丹徒北山頂春秋墓發掘報
　　　告》，《東南文化》1988 年第 3、4 期合刊。
〔註7〕如《史記‧楚世家》：「熊渠曰：『我蠻夷也，不與中國之號謚』」；「三十五年，
　　　楚伐隨。隨曰：『我無罪。』楚曰：『我蠻夷也。今諸侯皆爲叛相侵，或相殺。
　　　我有敝甲，欲以觀中國之政，請王室尊吾號。』隨人爲之周，請尊楚，王室
　　　不聽，還報楚」等。
〔註8〕王世民：《商周銅器考古學研究的回顧與展望》，收入王世民：《商周銅器與考
　　　古學史論集》，藝文印書館，2008 年；張懋鎔、張仲立編著：《青銅器論文索
　　　引——1983~2001》，明石館，2005 年 5 月；朱鳳瀚：《中國青銅器綜論》第二
　　　章，上海古籍出版社，2009 年 12 月。

　　去古既遠，又兼以秦人大火，故至於漢時就已經不甚明晰三代禮制之別了（《禮記》之中多將其混爲一談），更遑論區別兩周之青銅禮器。漢初叔孫通初定禮儀，便是雜以夏、商、周、秦四代禮樂而成〔註9〕。其所著《漢禮器制度》一書，今雖已亡佚，篇目也無從考輯，但仍有零星的記載散見於三禮注疏中，像天子棺飾、弁冕尺寸、洗的質地、竹簜的形制容積、天子大槃、枳鬵的區別等，就多與今日所見的周代禮器面貌不合〔註10〕。而漢宣帝時於美陽（今陝西扶風北）所獲之有銘寶鼎，亦已然不爲群臣所識了（《漢書‧郊祀志》）。因此，漢代的經學家們在注解和闡釋三禮文獻時自然首重名物的訓詁，其巔峰之作無疑當屬東漢鄭玄的《三禮注》。

　　鄭玄，字康成，東漢經學大師，曾遍覽群經，疏通今古文之學，以今古文互相參照的方法來整理《儀禮》等原文，每逢其有用字不同時則取其義長者。同時兼顧前人注釋的優缺點，博採眾長，著成《儀禮鄭注》等書，爲後世治禮學者所宗，也由此奠定了三禮鄭氏學的基礎。漢魏之後的經學其實就只剩下了「中鄭」和「駁鄭」兩派了。關於鄭玄的學術貢獻，清初大學者顧炎武有《述古詩》一首：「大哉鄭康成，探賾靡不舉。六藝既該通，百家亦兼取。至今三禮存，其學非小補。」顧氏是從不輕易讚頌古人的，但卻對鄭玄推崇備至，由此可見鄭玄禮學成就之大、影響之深。

　　如《儀禮‧少牢饋食禮》：「祝祝曰：『孝孫某，敢用柔毛、剛鬣、嘉薦、普淖，用薦歲事於皇祖伯某，以某妃配某氏。尚饗！』」鄭注云「羊曰柔毛，豕曰剛鬣。嘉薦，菹醢也。普淖，黍稷也」，便是這種訓詁注經的代表，雖極好地便利了後人對於《儀禮》的解讀，但由於所見古物甚少，錯誤也在所難免。代表性者像《周禮‧舍人》鄭玄注釋簠、簋云：「方曰簠，圓曰簋，盛黍稷稻粱器」，而同時代另一訓詁巨著許慎的《說文》卻稱：「簠，黍稷方器也；簋，黍稷圓器也」，恰與鄭玄之說相反。這種爭論甚至一直延續到今日，並由於「鋪」的出現而更顯撲朔迷離，難有定論〔註11〕。

〔註9〕《史記‧劉敬叔孫通列傳》：「高帝曰：『得無難乎？』叔孫通曰：『五帝異樂，三王不同禮。禮者，因時世人情爲之節文者也。故夏、殷、周之禮所因損益可知者，謂不相復也。臣願頗採古禮與秦儀雜就之。』」

〔註10〕王雲五主編：《叢書集成初編》之「漢禮器制度」，漢叔孫通撰，清孫星衍校集，商務印書館，1939年。其中如洗之制，「洗之所用，士用鐵，大夫用銅，諸侯用白銀，天子用黃金」，則顯然是據漢時情況編撰的，不見於周代。

〔註11〕容庚先生在1941年出版的《商周彝器通考》中稱「今證之彝器，簠形長方，銘曰『用盛稻粱』，則鄭玄之說是也」，上海人民出版社，2008年版；但1978

　　後至北宋一朝，由於新儒學思想的興盛（推崇三代之制），士大夫階層中開始興起收藏古物之風，從而帶來了「金石學」的極大興盛。代表性者如劉敞《先秦古器記》（已佚失。共收 11 器）、歐陽修《集古錄》（未錄圖形）以及呂大臨的《考古圖》（共收錄 200 餘器）等著作〔註12〕，其以出土實物爲據，附以銘文考證，並詳盡記載器物的出土地點、形制、大小、重量、紋飾等信息，一改宋初聶崇義《欽定三禮圖》（962 年）中「以經繹器」的原則，奠定了「以物證史、以物補經」的實證研究基礎，爲後世學者所宗。

　　在此基礎上，到宋徽宗時期，由於皇室鑒時政之弊，立志復興三代之禮，並主要著力於國家祀典和大臣家廟祭祀所用禮器以及樂制改革等器物層面〔註13〕，「詔求天下古器」（《宋史·禮志一》），從而進一步推動了社會各階層對於三代青銅彝器的搜尋、珍藏、考據之風（一直延續至南宋高宗朝）〔註14〕。

年唐蘭先生根據扶風莊白一號青銅器窖藏所出土的「微伯興鋪」考證，鋪實則就是文獻中的簠，而今天所習稱的簠應名瑚。參見唐蘭：《略論西周微史家族窖藏銅器的重要意義》，《文物》1978 年第 3 期；李學勤先生對此提出了不同的意見，他認爲「鋪僅流行於西周晚至春秋早期，與文獻中的簠不盡相應，更與《說文》小篆的『簠』字距離甚遠。簠、瑚二字可通，爲一器異名，皆當是指方形的盛稻粱之器。」但其認爲鋪就是禮經中的「籩」，則恐怕難吻合於考古所見之數（多僅1～2 件），參看李學勤：《青銅器中的簠與鋪》，《中國古代文明研究》，華東師範大學出版社，2005 年；其他研究包括朱鳳瀚：《中國青銅器綜論》，上海古籍出版社，2009 年；劉翔：《簠器略說》，《古文字研究》第十三輯，中華書局，1986 年；周聰俊：《簠簋爲黍稷圓器說質疑》，《大陸雜誌》，100（3）；胡嘉麟：《兩周時期青銅簠研究》，陝西師範大學碩士論文，2007 年；張翀：《商周時期青銅豆綜合研究》，西北大學碩士論文，2006年；陳芳妹：《晉侯對鋪——兼論銅鋪的出現及其禮制意義》，《故宮學術季刊》17 卷第 4 期，53～108 頁等。

〔註12〕王國維：《宋代金石著錄表》，《王觀堂先生全集》（10），臺北文華出版公司，1968 年，3755～3822 頁；容庚：《宋代吉金書籍述評》，《學術研究》1964 年第 1 期；中華書局編：《宋人著錄金文叢刊》（初編），中華書局，2005 年。

〔註13〕徽宗在《政和五禮新儀》序中云：「承五季禮廢樂壞大亂之後……君臣之分廢，父子之親失，夫婦之道絕，兄弟之好，至於眾暴寡，以智欺愚」，所以他希望能取法三代禮制中以器爲核心的尊卑有序的等差制度，來維繫政治社會人群間的穩定，所謂「禮緣人情而爲之節文，先王稽其典常，制其等差，辨其儀物，秩其名位，所以正人倫、定尊卑、別貴賤也。貴賤別，則分守明，則人志一。人志一，則好作亂者，未知有也；下不好亂上，無僭差，而天子不治者，亦未知有也。」參見宋·《政和五禮新儀》序，《四庫全書提要》，頁 1。

〔註14〕對於宋代復古銅器的專門研究，可參看陳芳妹《宋古器物學的興起與宋仿古銅器》，載《國立臺灣大學美術史研究集刊》第十期（臺北），2001 年；王世

在朝廷先後編撰有《皇祐三館古器圖》（1051 年，宋代皇家編撰古器圖之始）、《宣和博古圖》（1025～1119 年，共收錄 839 器）、《紹興稽古錄》（南宋高宗朝）等。尤其是《宣和博古圖》一書幾至窮盡當時所能見到的三代青銅禮樂器，並進行斷代、分類、紋飾闡釋（如饕餮紋）等研究，爲宋代金石學之集大成者〔註 15〕，同時其根據銘文確定的眾多青銅彝器的名稱像鼎、爵、甗、匜等也一直沿用至今，正如王國維先生所指出的〔註 16〕：「凡傳世古禮器之名，皆宋人所定也……然至今日，仍無以易其說。知宋代古物之學，其說雖疏，其識則不可及也。」

這種爲收藏古物著圖立說的研究方法在清初得到復興，乾隆時期仿照《宣和博古圖》的體例，將內廷所藏元明兩代以及清初出土的青銅器編撰成《寧壽鑒古》、《西清古鑒》、《西清續鑒》等書，雖然收藏僞器甚多（鑒定之學遂興），但卻客觀上促進了清代學者對於青銅古器的再研究（成就亦多集中於金文研究領域，例如訂正了宋代學者關於簋、敦之誤，總名與尊名不分的問題等）〔註 17〕，並爲後人保留了豐富的傳世青銅器資料。

不過相較於青銅器研究領域的「墨守成規」而言（主要延續宋代以來的研究方法、思路），清代學者對於禮經的研究卻創見甚多、居功至偉，而這對於瞭解青銅禮器的使用制度也影響深遠（禮家明其制度）。

清初諸儒鑒於晚明王學的流弊，毅然選取了復興經學之途，倡導「以經學濟理學之窮」，並得到了在位儒臣乃至清廷的相應，「凌廷堪首揭此旨，阮元以顯貴作同調之鳴，一時學林掀起一股學禮熱潮」（林存陽《清初三禮學》）。又加以文字、音韻、訓詁等小學的補充，遂使清之禮學研究蔚爲大觀。其眾

民《北宋時期的制禮作樂與古器研究》，收入《揖芬集》，社會科學文獻出版社，2002 年；（英）羅森《過去在中國的多種含義》，收入《中國古代的藝術與文化》，北京大學出版社，2002 年；許雅惠《〈宣和博古圖〉的「間接」流傳——以元代賽因赤答忽墓出土的陶器與〈紹熙州縣釋奠儀圖〉爲例》，載《國立臺灣大學美術史研究集刊》第十四期（臺北），2003 年；李零《鑠古鑄今》，香港中文大學出版社，2005 年。

〔註15〕宋室南渡之後，古物研究之風漸漸凋落，代表性者如薛尚功《歷代鍾鼎彝器款識法帖》，中華書局 1986 年影印版；王厚之編撰：《鍾鼎款識》，中華書局 1985 年影印版；趙明誠：《金石錄》等，但多未見有新器物收錄。

〔註16〕王國維：《說斝》，《觀堂集林》卷三，中華書局，2006 年版。

〔註17〕容庚《清代吉金書籍述評》，《學術研究》1962 年第 3 期；朱鳳瀚：《中國青銅器綜論》36～41 頁，中華書局，2009 年。關於簋、敦區別的討論，參見本文第三章。

多研究成果已由鄧聲國先生加以整理收集〔註18〕，這裡僅選擇兩部最有代表性者略作介紹：

凌廷堪《禮經釋例》〔註19〕：該書仿造杜預《春秋釋例》而作，共分通例、飲食之例、賓客之例、射例、變例、祭例、器服之例、雜例八類，全書凡246例。不僅對《儀禮》一書進行排比式研究進而歸納出相應之「例」，更對禮經中的眾多名物作了翔實的考訂，還注意到了盛殺儀節之別，這些都是有著開創性意義的。江藩《校禮堂文集序》中稱：「（凌氏）學貫天人，博綜丘索，繼本朝大儒顧、胡之後，集惠、戴之大成。」將他抬到了和與顧炎武等大儒相等的地位，稱譽極盛。

如「凡物在鼎謂之升」，「凡食禮有豆無籩，飲酒之禮豆籩皆有」，「凡正饋先設黍稷俎豆，加饋後設用稻粱庶羞」，「凡庭洗設於阼階東南，南北以堂深，天子諸侯當東霤，卿大夫士當東榮，水在洗東」等「例」，對於明晰周代青銅禮器的使用場合、法則以及器物間的區別都十分值得借鑒。

胡培翬《儀禮正義》〔註20〕：共40卷，爲胡氏積四十餘年之功而成（其間又雜有其侄胡肇昕之說）。全書在校勘、釋經等方面均有著極其重要的貢獻。最難能可貴的是，胡氏能革除唐代賈疏之弊，不惟鄭注是從，不刻意遵循「疏不破注」的原則，以「補注」（補鄭注之未備）、「申注」（申鄭君注義）、「附注」（（附近儒之說與鄭注不合者，以廣異聞）、「訂注」（辯正鄭注之失）的方式全面的綜合歷代《儀禮》學的研究成果，擇善是從，爲清代《儀禮》研究的集大成之作，也是當代研究《儀禮》的最佳讀本。這一研究方法更是清代三禮研究走向極盛的重要保證（如孫詒讓《周禮正義》一書亦採取此法）。

綜觀清代以前學者的研究，由於青銅彝器多是社會上層的珍藏把玩之物，輾轉流徙，未有明確的出土地點、層位和組合信息，所以往往僅主要關注於銘文的釋讀，年代的判斷上也多用夏、商、周器等籠而統之，對於器用制度的分析也難以做到實物與文獻資料的比較印證，這是由其時代局限性所決定的。

〔註18〕鄧聲國：《清代〈儀禮〉文獻研究》，上海古籍出版社，2006年。
〔註19〕凌廷堪著、彭林點校：《禮經釋例》，中央研究院中國文哲研究所，民國九十一年。
〔註20〕胡培翬著、段熙仲點校：《儀禮正義》，上海古籍出版社，1993年。

二、清末、民國時期的研究

19 世紀 20 年代，以地層學、類型學爲主要理論依據的現代考古學傳入中國，並在殷墟獲得了極大成功，同時又兼以京漢、隴海兩大鐵路的修築，從而帶來了周代青銅彝器的大發現以及學術研究思想的變革。

這期間有代表性的周代銅器考古發現包括 1923 年新鄭李家樓鄭伯墓的盜掘〔註21〕、1923 年山西渾源李峪村出土的戰國銅器〔註22〕、1928 年至 1930 年洛陽金村古墓群的盜掘〔註23〕、1933 年安徽壽縣李三孤堆楚王墓的盜掘〔註24〕、1932 年至 1933 年郭寶鈞主持發掘河南濬縣辛村衛國墓地〔註25〕、1935 年中央研究院歷史語言研究所先後發掘河南汲縣山彪鎮魏國墓地〔註26〕和河南輝縣琉璃閣墓地〔註27〕等，由於有明確的出土地點、層位關係和共出組合，從而爲青銅器的斷代、器用制度研究奠定了堅實基礎。

而這一階段學術思想的轉變主要體現在以下三大方面：一是王國維先生所提倡的「二重證據法」的盛行（1925 年），即將文獻典籍記載與地下出土的實物資料相結合，從而擺脫了舊時金石學的傳統考據方法。例如在其名作《說

〔註21〕關百益：《新鄭古器圖錄》二卷，1923 年商務印書館影印本；孫海波編著：《新鄭彝器》二冊，1936 年影印本；關百益：《鄭冢古器圖考》，1940 年中華書局石印本；河南省博物院、臺北國立歷史博物館：《新鄭鄭公大墓青銅器》，大象出版社，2001 年。

〔註22〕商承祚：《渾源彝器》，1936 年影印本，金陵大學中國文化研究所。

〔註23〕加拿大‧懷履光著：《洛陽故城古墓考》，1934 年 KELLY & WALSH, LIMITED 出版；梅原末治：《洛陽金村古墓聚英》，1937 年，日本小林寫真出版社；唐蘭：《洛陽金村古墓爲東周墓非韓墓考》，上海：《大公報》1946 年 10 月 23 日。

〔註24〕李景聃：《壽縣楚墓調查報告》，《田野考古報告》第一冊，1936 年；朱拜石：《考訂壽縣出土古器物初稿》，1934 年，現存合肥市文物管理處；劉節編撰：《壽縣出土楚器圖釋》，國立北平圖書館，1935 年影印本；鄧峙一：《李品仙盜掘楚王墓親歷記》，《安徽文史資料選輯》第一輯，安徽人民出版社，1960 年；唐蘭：《壽縣出土銅器考略》，國立北京大學：《國學季刊》四卷一期，1934 年。

〔註25〕孫海波編撰：《濬縣彝器》，1938 年河南通志館影印本；郭寶鈞著、中國科學院考古研究所編：《濬縣辛村》，科學出版社，1964 年。

〔註26〕郭寶鈞：《山彪鎮與琉璃閣》，科學出版社，1959 年；高明：《略論汲縣山彪鎮一號墓的年代》，《考古》1962 年第 4 期；陳昭容：《論山彪鎮一號墓的年代及國別》，《中原文物》2008 年第 3 期；劉雄：《山彪鎮與琉璃閣再研究》，首都師範大學碩士論文，2009 年。

〔註27〕郭寶鈞：《山彪鎮與琉璃閣》，科學出版社，1959 年；南博物院、臺北國立歷史博物館：《輝縣琉璃閣甲乙二墓》，大象出版社，2003 年；宋玲平：《再論輝縣琉璃閣大墓的國別》，《故宮博物院院刊》2003 年第 4 期；劉緒：《晉乎？衛乎？——琉璃閣大墓的國屬》，《中原文物》2008 年第 3 期。

霽》、《說觥》、《說盉》諸文中，王氏利用端方所藏寶雞出土銅禁上的商代酒器組合，論證了霽當爲文獻中的「散」、「盉」當是飲酒注水之器等，對於北宋以來相沿未改的青銅器定名問題提出了許多全新的見解〔註28〕。

而郭寶鈞先生則將其在河南汲縣山彪鎮 M1 發掘中所接觸到「成組銅鼎大小依次遞減排列」的現象與文獻中所提到周代貴族「列鼎而食」的記載相聯繫〔註29〕，首次從考古實物中確認了列鼎制度的存在，從而開啓了關於鼎制研究的序幕。

其二是器物類型學研究理論的引入。李濟先生早在 1932 年發表的《殷墟銅器五種及其相關之問題》一文中〔註30〕，對殷墟出土的矢、戈、矛、刀、有鑾斧等分別作了形制的區分，排列其出現的早晚順序，探討了不同形制的演化規律。這一研究方法在其隨後的《記小屯出土之青銅器》（1948 年）〔註31〕、陳夢家先生的《中國青銅器的形制》（1945 年）〔註32〕等文章中都得到了進一步的延續和完善，從而爲青銅器的斷代研究提供了全新的視角和手段。而其更重要的意義還在於，考古學研究開始擺脫「證經補史（補充檢驗文獻之不足）」的限制，而逐漸具有了自身成熟的理論、方法體系。

其三則是開始關注青銅禮器的地域信息（出土地點），尤其是東周時期不同國家間青銅禮器的差別，這與上述鄭、衛、魏、楚、東周等國家貴族墓葬的發現是密切相關的，更爲後來的「文化因素分析法」奠定了基礎。這一方面最具代表性的當屬郭沫若 1934 年出版的《兩周金文辭大系》一書〔註33〕，

〔註28〕 俱收入王國維：《觀堂集林》，中華書局，2006 年版。唐蘭先生則主張禮經中「角」當是指今天所習稱的「尊」，參見唐蘭：《古代飲酒器五種——爵、觚、觶、角、散》，上海《大公報·文史周刊》1947 年 7 月 30 日。

〔註29〕 郭寶鈞：《山彪鎮與琉璃閣》，科學出版社，1959 年。

〔註30〕 李濟：《殷墟銅器五種及其相關之問題》，收入《慶祝蔡元培先生六十五歲論文集》，國立中央研究院歷史語言研究所，1932 年。

〔註31〕 李濟：《記小屯出土之青銅器》，《中國考古學報》第三冊，1948 年。文中對殷墟十座墓葬中出土的青銅容器，作了細緻的目、式、型的區分，並依靠器物的邏輯演變順序及形制數據關係排定了其年代順序。

〔註32〕 陳夢家先生 1945 年《中國青銅器的形制》一文中對當時所見 250 餘件銅卣進行了詳細的類型學分析，討論其發展譜系與年代，開創了對單一銅器進行類型學研究的先河。該文後載於陳氏：《西周銅器斷代》525～542 頁，中華書局，2004 年。

〔註33〕 該書初版 1932 年 1 月在日本印行，手寫影印，只有考釋而沒有圖版。1934 年，郭氏彙集銘文及器形照片，編爲《兩周金文辭大系圖錄》共 5 冊；次年又撰成《兩周金文辭大系考釋》共 3 冊，均在日本出版，於是將初版作廢。

以銅器銘文資料爲切入點，「西周繫以年代，東周區以國別」，不僅對眾多西周銅器的年代作出考證（「以銘辭史實自述其年代」，即標準器斷代法），更是首次對東周銅器進行了系統的研究。書中收錄了列國器銘 261 件，有圖形可徵者，除見於銘錄外，計 118 件，他在對這些銘文進行詳盡考證的基礎上，確定其國別（共分 32 國），並指出了青銅器及銘文的地域特徵，從而開創了東周銅器分區研究的先河。

正是在上述新發現和新方法的基礎上，1941 年容庚先生寫就了著名的《商周彝器通考》一書〔註34〕，爲這一階段青銅器研究的集大成之作。全書在《寶蘊樓彝器圖錄》（1929 年）、《頌齋吉金圖錄》（1933 年）、《武英殿彝器圖錄》（1934 年）、《海外吉金圖錄》（1935 年）、《善齋彝器圖錄》（1936 年）、《頌齋吉金續錄》（1938 年）、《西清彝器拾遺》（1940 年）等七部銅器圖錄的基礎上，羅列銅器達 1031 件，又參以郭沫若的分期意見，將其按殷商、西周前、西周後、春秋、戰國五個大的階段排列，從而說明了每個時期內銅器的形制、紋飾和銘文特點。此外，該書下編還將青銅器分爲食器、酒器、水器及雜器、樂器四個章節分別研究，對 57 種青銅禮器逐一說明用途、製作、形狀、名稱等，這種按功能分類的方法至今仍爲學界所沿用。

三、建國後至八十年代末的研究

建國後至於八十年代，由於戰亂的結束，青銅器的盜掘現象得到了很好的遏制，一批保存完好、器類齊全的周代貴族墓葬得以相繼出土，從而爲青銅禮器的組合研究帶來了新的契機。而且隨著地方考古人才的培養和壯大，一大批中原之外的區域性青銅器（尤其是楚、秦故地）先後得到了系統地整理和出版，從而爲東周銅器的地域性研究提供了更加豐富的材料。

這一時期在中原地區和南方楚地先後發掘的代表性東周墓葬包括：1951 年由夏鼐先生親自主持的長沙近郊古墓的發掘，共整理墓葬 162 座，其中楚墓 73 座〔註35〕。隨後湖南省的考古工作者又在這一地區陸續發掘了大批楚墓〔註36〕，其中保存較好者如長沙仰天湖第 25 號木槨墓、長沙瀏城橋一號楚墓、

中華人民共和國建立後，作者對全書作了修改補充，抽換並增補了一部分材料，於 1957 年由科學出版社出版，統名《兩周金文辭大系圖錄考釋》，共 8 冊。
〔註34〕容庚：《商周彝器通考》，上海人民出版社，2008 年版。
〔註35〕中國科學院考古研究所編：《長沙發掘報告》，科學出版社，1957 年。
〔註36〕可參見湖南省博物館等編：《長沙楚墓》第一章：前言，文物出版社，2000 年。

長沙子彈庫一號楚墓〔註37〕等，由此揭開了楚文化研究的序幕；1955 年由
於治淮工程而在安徽壽縣西門發掘了春秋晚期的蔡侯墓，從而確立了春秋
晚期晚段銅器的標尺〔註38〕；1957～1958 年發掘了信陽長臺關 M1、M2 兩
座大型楚墓〔註39〕，60 年代又在江陵發掘瞭望山沙冢楚墓群，從而基本瞭
解了戰國中後期楚國銅器的面貌〔註40〕；在中原地區，1954 年至 1955 年
在洛陽中州路西工段發掘一批東周墓葬，初步建立了洛陽地區東周銅、陶
器的編年體系，並提出了鬲、盆、罐→鼎、簋、豆、罐→鼎、豆、罐→鼎、
豆、壺→鼎、盒、壺的器物組合演變序列〔註41〕；1957～1974 年陸續發掘
的山西長治分水嶺墓地〔註42〕、50 年代初期發掘的河南輝縣固圍村魏國王
室墓地〔註43〕、1953 年發現的河南郟縣太僕鄉春秋墓〔註44〕、1958、1961

〔註37〕 湖南省文管會：《長沙仰天湖第 25 號木槨墓》，《考古學報》1957 年第 2 期；
湖南省博物館：《長沙瀏城橋一號墓》，《考古學報》1972 年第 1 期；湖南省博
物館：《長沙子彈庫楚墓》，《文物》1974 年第 2 期。該墓出土有著名的人物御
龍帛畫和楚帛書。

〔註38〕 陳夢家：《壽縣蔡侯墓銅器》，《考古學報》1956 年第 2 期；安徽省文物管理委
員會、安徽省博物館：《壽縣蔡侯墓出土遺物》，科學出版社，1956 年；唐蘭：
《五省出土重要文物展覽圖錄》·序，文物出版社，1958 年。文中指出壽縣蔡
侯墓當爲蔡昭侯申之墓，但墓中又有其父悼侯的遺物；1963 年又在安徽淮南
市蔡家崗發掘了蔡聲侯產之墓，惜被盜掘嚴重，參見馬道闊：《安徽淮南蔡家
崗趙家孤堆戰國墓》，《考古》1963 年第 4 期；殷滌非：《壽縣蔡侯墓銅器的再
研究》，《考古與文物》1984 年第 4 期。

〔註39〕 河南省文物研究所：《信陽楚墓》，中國社會科學院考古研究所編，文物出版
社，1986 年。

〔註40〕 湖北省文物局文物工作隊：《湖北江陵三座楚墓出土大批重要文物》，《文物》
1966 年第 5 期；湖北省文物考古研究所：《江陵望山沙冢楚墓》，文物出版社，
1996 年。

〔註41〕 中國科學院考古研究所編著：《洛陽中州路（西工段）》，科學出版社，1959
年。

〔註42〕 山西省文物管理委員會：《山西長治分水嶺古墓的清理》，《考古學報》1957
年第 1 期；山西省文物管理委員會、山西省考古研究所：《山西長治分水嶺戰
國墓第二次發掘》，《考古》1964 年第 3 期；邊成修：《山西長治分水嶺 126
號墓發掘簡報》，《文物》1972 年第 4 期；山西省文物管理委員會晉東南工作
組、山西省長治市博物館：《長治分水嶺 269、270 號東周墓》，《考古學報》
1974 年第 2 期；山西省考古研究所等：《長治分水嶺東周墓地》，文物出版社，
2010 年。

〔註43〕 中國科學院考古研究所：《輝縣發掘報告》，科學出版社，1956 年。

〔註44〕 《河南郟縣發現的古代銅器》，《文物參考資料》1954 年第 3 期；楊文勝：《郟
縣太僕鄉出土青銅研究》，《考古與文物》2002 年第 5 期。

年先後發掘的山西萬榮廟前村銅器墓〔註45〕、1962 年發掘的邯鄲百家村戰國墓地（趙國屬地）〔註46〕、1963～1987 年發掘的山西侯馬上馬村墓地（19座銅禮器墓）〔註47〕、1965 年發掘的易縣燕下都 M16（出土大量仿銅陶禮器）〔註48〕、1956～1959 年由於治理黃河工程而發掘的三門峽上村嶺虢國墓地（38 座銅器墓）和陝縣後川墓地（東周墓 105 座）〔註49〕、1974～1989年分三次發掘的山西聞喜上郭村墓地〔註50〕、1976 年發掘的新鄭唐戶墓地（銅器墓 M3、M39）〔註51〕等。

　　在這些墓葬基礎上，60 年代中期郭寶鈞先生在其著作《商周銅器群綜合研究》（1965 年初稿，定稿於 1971 年）一書中首次引入「標準銅器群」的概念，以銅器組合爲切入點，將陝縣上村嶺器群作爲春秋初期的銅器尺度、壽縣蔡侯墓作爲春秋晚期的銅器尺度、壽縣朱家集和信陽長臺關器群作爲戰國晚期的銅器尺度，再進而來排列其他相應銅器群的年代，進一步完善了殷周銅器的分期斷代工作，並提出了商周之際「重酒組合」向「重食組合」轉變的重要認識。儘管在當時受考古發現的局限，尚不能明晰中原地區和南方地區銅器間的異同而混爲一談，但其在研究方法上的開創意義仍影響深遠。尤其值得稱道的是，該書中首次關注了銅器鑄造工藝的發展（六個階段）以及與紋飾變化間的聯繫〔註52〕。

〔註45〕楊富斗：《山西萬榮縣廟前村的戰國墓》，《文物參考資料》1958 年第 12 期；葉學明《古魏城和禹王古城調查簡報》，《文物》1962 年第 4、5 期；楊富斗：《山西萬榮廟前村東周墓地調查發掘簡訊》，《考古》1963 年第 5 期。

〔註46〕河北省文物局文物工作隊：《河北邯鄲百家村戰國墓》，《考古》1962 年第 12期。其中 M57 出土銅器較多，材料最爲重要。

〔註47〕山西省文物管理委員會侯馬工作站：《山西侯馬上馬村東周墓葬》，《考古》1963年第 5 期；山西省考古研究所編：《上馬墓地》，文物出版社，1994 年。

〔註48〕河北省文化局文物工作隊：《河北易縣燕下都第十六號墓發掘》，《考古學報》1965 年第 2 期。

〔註49〕中國科學院考古研究所編著：《上村嶺虢國墓地》，科學出版社，1959 年；中國社會科學院考古研究所編著：《陝縣東周秦漢墓》，科學出版社，1994 年。

〔註50〕朱華：《聞喜上郭村古墓群試掘》，《三晉考古》第一輯，山西人民出版社，1994年；山西省考古研究所：《1976 年聞喜上郭村周代墓葬清理記》，《三晉考古》第一輯，山西人民出版社，1994 年；山西省考古研究所：《聞喜縣上郭村 1989年發掘簡報》，《三晉考古》第一輯，山西人民出版社，1994 年。

〔註51〕開封地區文管會：《河南省新鄭縣唐戶兩周墓地發掘簡報》，《文物資料叢刊》第 2 輯，1978 年。

〔註52〕郭寶鈞著、鄒衡、徐自強整理：《商周銅器群綜合研究》文物出版社，1981 年。

80 年代前後更多的相關考古發現主要集中在南方楚文化區內，這對於楚文化研究的繁盛有著不可估量的意義。像 1978～1979 年發掘的河南固始侯古堆 M1〔註53〕；1978 年發掘的荊州天星觀 M1 楚封君墓〔註54〕；1980 年發掘的淅川下寺薳氏家族墓地，爲瞭解春秋時期的楚國銅器面貌提供了重要材料〔註55〕；1978、1985 年先後發掘的隨縣擂鼓墩曾侯乙墓和擂鼓墩 M2〔註56〕；1982 年發掘的江陵馬山一號墓，由於出土了大量保存完好的絲織品，對於瞭解楚國的喪葬禮俗和紡織業發展具有重要意義〔註 57〕；1984 年發掘的當陽曹家崗 5 號楚墓〔註58〕；1986 年發掘了荊門包山墓地，其中 M2 爲楚國左尹邵佗之墓，屬大夫等級。該墓不僅隨葬品保存完整，更有大量法律文書、祭祀祈禱和遣策簡出土，爲深入瞭解楚國的葬器制度帶來了全新的機遇〔註59〕；1981～1989 年在江陵九店陸續發掘了近 600 座楚國中小型墓葬〔註 60〕，再加上此前發掘的襄陽山灣墓地、江陵雨台山墓地和當陽趙家湖墓地等處的資料〔註 61〕，基本解決了楚國春秋中期至戰國以後的

〔註53〕 固始侯古堆一號墓發掘組：《河南固始侯古堆一號墓發掘簡報》，《文物》1981年第 1 期；河南省文物考古研究所：《固始侯古堆一號墓》，大仙出版社，2004年。

〔註54〕 湖北省荊州地區博物館：《江陵天星觀一號楚墓》，《考古學報》1982 年第 1 期。

〔註55〕 河南省丹江庫區文物發掘隊：《河南省淅川縣下寺春秋楚墓》，《文物》1980年第 10 期；河南省文物研究所等：《淅川下寺春秋墓》，文物出版社，1991年。

〔註56〕 隨縣擂鼓墩一號墓考古發掘隊：《湖北隨縣曾侯乙墓發掘簡報》，《文物》1979年第 7 期；湖北省博物館編著：《曾侯乙墓》，文物出版社，1989 年；湖北省博物館、隨州市博物館：《湖北隨州擂鼓墩二號墓發掘簡報》，《文物》1985年第 1 期；隨州市博物館編著：《隨州擂鼓墩二號墓》，文物出版社，2008 年。

〔註57〕 湖北省荊州地區博物館：《江陵馬山一號楚墓》，文物出版社，1985 年。關於葬具、飾物、絞衾的研究，可參看該報告第四部分，96～100 頁。

〔註58〕 湖北省宜昌地區博物館：《當陽曹家崗 5 號楚墓》，《考古學報》1988 年第 4期。

〔註59〕 湖北省荊沙鐵路考古隊：《荊門市包山楚墓發掘簡報》，《文物》1988 年第 5期；湖北省荊沙鐵路考古隊：《包山楚墓》，文物出版社，1991 年。

〔註60〕 湖北省文物考古研究所編著：《江陵九店東周墓》，文物出版社，1995 年。

〔註61〕 湖北省博物館：《襄陽山灣東周墓葬發掘報告》，《江漢考古》1983 年第 2 期；荊州博物館：《江陵雨台山楚墓發掘簡報》，《考古》1980 年第 5 期；湖北省荊州地區博物館：《江陵雨台山楚墓》，文物出版社，1984 年；湖北省宜昌地區博物館：《當陽趙家湖楚墓》，文物出版社，1992 年。其中金家山 M9、趙巷M4、趙家湾 M2、M3 等銅器墓對於瞭解春秋早期楚國的銅器面貌具有重要意義。

銅、陶器分類、分期問題〔註62〕。在中原地區，這一時期的重要發現包括70年代在河北平山三汲鄉所發掘的中山國M1、M6兩座國君墓〔註63〕，1981年洛陽哀成叔墓〔註64〕、1987年芮城東周墓〔註65〕、1987～1988年臨猗程村墓地〔註66〕、1984年山西長子墓地〔註67〕、1986年潞城潞河戰國墓地〔註68〕等；1988年發掘的山西太原金勝村趙卿墓，是迄今爲止中原地區所發現的未被盜掘的規格最高的墓葬，而且墓中隨葬的多套正鼎尤其令學界關注〔註69〕。

　　以這些墓葬爲支撐，學者們延續郭寶鈞先生的「標準銅器群」分析方法，同時借鑒蘇秉琦先生所提倡的「區系類型」研究思路，開始了對各地域青銅器分期斷代的深入探討。像高明先生的《中原地區東周時代青銅禮器研究》〔註70〕、葉小燕《秦墓初探》、《中原地區戰國墓初探》〔註71〕、陳平先生《試論關中地區秦墓青銅容器的分期問題》〔註72〕、高崇文先生《試論晉東南地區銅器墓的分期與年代》〔註73〕、李零《論東周時期的楚

〔註62〕 此處未收錄的其他楚國銅器墓葬可參看郭德維：《楚系墓葬研究》，湖北教育出版社，1995年；劉彬徽：《楚系青銅器研究》，湖北教育出版社，1995年以及本文所附參考文獻。

〔註63〕 河北省文物研究所：《響墓——戰國中山國國王之墓》，文物出版社，1995年；河北省文物研究所：《戰國中山國靈壽城——1975~1993年考古發掘報告》，文物出版社，2005年。

〔註64〕 成平安、蔡運章：《洛陽哀成叔墓清理簡報》，《文物》1981年第7期。墓中出土的哀成叔鼎刻有長篇銘文，十分重要。參見趙振華：《哀成叔鼎的銘文與年代》，《文物》1981年第7期；張政烺：《哀成叔鼎釋文》，《古文字研究》第五輯，中華書局，1981年；蔡運章：《哀成叔鼎銘考釋》，《中原文物》1985年第4期。

〔註65〕 山西省考古研究所：《山西芮城東周墓》，《文物》1987年第12期。

〔註66〕 國社會科學院考古研究所編：《臨猗程村墓地》，中國大百科全書出版社，2003年。

〔註67〕 山西省考古研究所：《山西長子縣東周墓》，《考古學報》1984年第4期。

〔註68〕 山西省考古研究所等：《山西省潞城縣潞河戰國墓》，《文物》1986年第6期。

〔註69〕 山西省考古研究所、太原市文物管理委員會：《太原金勝村251號春秋大墓及車馬坑發掘簡報》，《文物》1989年第9期；山西省考古研究所等：《太原晉國趙卿墓》，文物出版社，1996年。

〔註70〕 高明：《中原地區東周時代青銅禮器研究》，《考古與文物》1981年2、3、4期。

〔註71〕 葉小燕：《秦墓初探》，《考古》1982年第1期；《中原地區戰國墓初探》，《考古》1985年第2期。

〔註72〕 陳平：《試論關中秦墓青銅容器的分期問題》，《考古與文物》1984年第3、4期。

〔註73〕 高崇文：《試論晉東南地區銅器墓的分期與年代》，《文博》1992年第4期。

國典型銅器群》〔註74〕、黃盛璋《山東諸小國青銅器研究》〔註75〕、劉彬徽《山東地區東周青銅器研究》〔註76〕、王恩田《東周齊國銅器的分期與年代》〔註77〕等，並確立了器形、紋飾、銘文、組合四者綜合研究的範式（尚缺少對鑄造技術的考察）。

例如在高明先生的文章中，共選取虢國墓地 M1052、郟縣太僕鄉東周墓、洛陽中州路 M2415、新鄭李家樓鄭伯墓、上馬村 M13 等 22 個典型銅器群，考訂其年代（多據銘文材料或類似的有銘青銅器，如鄭伯墓中的王子嬰次爐、上馬村 M13 中的庚兒鼎等），將年代相近、作風相同者合併爲組（十組），並根據時代早晚排列其先後順序，最後分別考察不同時代的殉葬制度、器物造型、以及花紋題材等各方面的變化。其所提出的鼎、簋→鼎、豆、壺→鼎、敦、壺的基本銅器組合演變序列，至今仍爲學界所重。

而這一研究領域的集大成之作應屬於日本學者林巳奈夫的《殷周時代青銅器之研究》和《春秋戰國時期青銅器之研究》兩書〔註78〕，書中全面收集了見諸於國內外的各類青銅禮器達四千六百餘件，並附以圖像和簡要說明，資料詳實，同時運用嚴格的數學統計方法論證了器形和銘文的時代變化，對東周各區域青銅器也都有不同程度的斷代意見。而且書中還進一步探討了青銅禮器在隨葬、祭祀、宴饗等場合時的具體使用情況，實則已經開始涉及了有關器用制度的層面。

同時，學者們從銅器的分期分區研究中又逐漸發展出「文化因素」分析的方法，即首先確定若干區域青銅器的獨有特徵，再通過考察器物的流徙來探討文化因素的傳播，像楚系青銅器、晉系青銅器等術語開始見諸於學界。例如高崇文先生對於楚式鼎的分析不僅揭示出籃口鼎、束腰平底鼎、子母口高蹄足鼎等楚式鼎的類別，更認識到楚與中原鄭國在青銅文化上的巨大相似性〔註79〕；而其對於兩周銅壺的研究也區分出宗周地區、中原地區、南方地

〔註74〕 李零：《論東周時期的楚國典型銅器群》，《古文字研究》第 19 輯，1992 年。

〔註75〕 黃盛璋：《山東諸小國青銅器研究》，《華夏考古》1989 年第 1 期。

〔註76〕 劉彬徽：《山東地區東周青銅器研究》，《中國考古學會第九次年會論文集》，文物出版社，1993 年。

〔註77〕 王恩田：《東周齊國銅器的分期與年代》，《中國考古學會第九次年會論文集》，文物出版社，1993 年。

〔註78〕 林巳奈夫：《殷周時期青銅器之研究》，東京吉川弘文館，1984 年；《春秋戰國時期青銅器之研究》，《殷周青銅器綜覽》第三卷，吉川弘文館，1989 年。

〔註79〕 高崇文：《東周楚式鼎形態分析》，《江漢考古》1983 年第 1 期。

區、淮河地區等不同地域內銅壺的特徵以及相互影響、傳播的情況〔註80〕；劉彬徽先生通過對東周青銅缶的考察認識到「罍是屬於中原文化系統的器類，浴缶是南方楚文化系統的器物」，無疑亦是十分正確的〔註81〕。這一研究思路在隨後也得到了保持和延續〔註82〕。

在上述銅器分期、分區研究漸趨成熟的前提下，一些學者開始關注於器用制度（即青銅禮器數量、規格與身份等級間的對應關係，以及其在不同禮儀場合的使用情況）的考察。其中最傑出者無疑當屬俞偉超、高明先生合著的《周代用鼎制度研究》一文〔註83〕。該文通過對文獻資料的梳理，確立了周代鼎制的三分法：鑊鼎、升鼎和羞鼎。其中鑊鼎用於烹煮牲體，亦即金文中的盂鼎、鬲鼎等，體型龐大、底部並有煙炱痕跡；牲體在鑊中煮熟後即用匕載之於正鼎中，這一動作稱為「升」，故正鼎亦可名「升鼎」，這與眾多金文材料也是吻合的。而且正（升）鼎有九、七、五、三、一之數，分別對應著東周時期的諸侯、卿、大夫、士四個等級（士兼用三鼎與一鼎之數，或有上士、中士、下士之別）。至於西周時期則可能是存在古制的；羞鼎也就是陪鼎，《儀禮·聘禮》鄭注：「羞鼎則陪鼎也，以其實言之，則曰羞；以其陳言之，則曰陪。」主要盛臐、膮等庶羞之物，搭配正鼎使用。具體對應關係可參見下表：

〔註80〕 高崇文：《兩周銅壺的類型學研究》，收入俞偉超主編：《考古類型學的理論與實踐》，177～220 頁，文物出版社，1987 年。

〔註81〕 劉彬徽：《論東周青銅缶》，《考古》1994 年第 10 期；劉彬徽先生還對東周時代的青銅敦做過綜合研究，參看《東周時期青銅敦研究》，《湖南博物館文集》28～35 頁，嶽麓書社，1991 年。

〔註82〕 張懋鎔：《西周方座簋研究》，《考古》1999 年第 12 期；彭裕商：《西周銅簋年代研究》，《考古學報》2001 年第 1 期；張懋鎔：《兩周青銅盨研究》，《考古學報》2003 年第 1 期；張翀：《商周時期青銅豆綜合研究》，西北大學碩士論文，2006 年；胡嘉麟：《兩周時期青銅簠研究》，陝西師範大學碩士論文，2007 年等。

〔註83〕 俞偉超、高明：《周代用鼎制度研究》，《北京大學學報》（哲學社會科學版）1978 年 1、2 期、1979 年 1 期。後收入俞偉超：《先秦兩漢考古學論集》，62～114 頁，北京：文物出版社，1985 年。臺灣學者邱德修關於陪鼎、鑊鼎亦有相關論證，參見邱德修：《陪鼎考證——商周禮器考之一》，《故宮學術期刊》7 卷第 3 期，1990 年，90～136 頁；邱德修：《鑊鼎考證——商周禮器考（一）》，《大陸雜誌》79 卷第 3 期，1989 年 9 月，122～136 頁；邱德修：《商周用鼎制度之理論基礎》，臺北五南圖書出版股份有限公司，1989 年。

表1：《周代用鼎制度研究》文中各等級用鼎情況簡表

身　份	諸　侯	卿（上大夫）	大　夫	士	
鑊鼎	七	五	四	三	一
升鼎	九	七	五	三	一
羞鼎	三	三	二	一	？
簋	八	六	四	二	二敦

　　但文中同時認爲羞鼎也就是鉶鼎（因襲鄭玄之說），這一點遭到了林澐先生的反對，在其著作《周代用鼎制度商榷》一文中，林氏即敏銳地指出了「羞鼎和鉶鼎的區別」並做了大量的論證，但可惜未將這種鼎制的四分法構建出具體的組合方案並用之於考古材料中，但其開創性意義仍是不言而喻的〔註84〕。

　　另外必須注意到，《周代用鼎制度研究》一文發表於 1978 年，而此時南方地區大量的楚墓尚未被發掘，從而難以認識到楚墓中十分普遍的偶鼎現象，而只是簡單地遵從於禮經中所記載的「鼎俎奇而籩豆偶」的原則，這一研究思路的局限性在其他類別青銅禮器的討論中也時常見到（即忽略了中原以外地區不同於傳統周禮制度的新的禮器使用規範），所以在現階段實有必要根據新的材料、結合不同地域對周代的器用制度進行重新的整理和研究。

　　最後，這一階段東周考古學研究的另一個重要方面是逐漸重視和使用《儀禮》中的記載來幫助詮釋考古發現的實物資料。其首倡者爲陳公柔先生的《士喪禮、既夕禮中所記載的喪葬制度》一文〔註85〕，該文通過墓葬資料首次認識了《儀禮》中記載的含、掩、瑱、笲、握、衾、棺衽、棺束、茵、折、抗木等物，並用文獻之說解釋了中原地區戰國墓葬中鼎、豆、壺、罐組合形式出現的原因，藉以得出《儀禮》當成書於戰國中葉而的結論。不過其缺點也正如沈文倬先生指出的那樣：對於許多出土實物與文獻不相符合者沒有鄭重指出，反而作了牽強附會的調停。

　　沈先生的《對「士喪禮、既夕禮中所記載的喪葬制度」幾點意見》一文對陳文中提到的握、決、奠器隨葬、茵、「葬於北方」（應是城北集中之地）

〔註84〕 林澐：《周代用鼎制度商榷》，《史學集刊》1990 年第 3 期。後收入《林澐學術文集》，192～206 頁，中國大百科全書出版社，1998 年。

〔註85〕 陳公柔：《士喪禮、既夕禮中所記載的喪葬制度》，《考古學報》1956 年第 4 期。

等問題提出了異議，並從文獻學的角度申明了自己的看法〔註86〕，雖然有些被後來的考古材料證明是不夠準確的（如「握」、「茵」），但正是由於沈先生指出了這些問題的所在才促成了後學研究方向的明確，而且以沈先生的學術聲望也客觀上推動了學界對於《儀禮》考古學研究的關注。尤其是在文章結尾處，沈先生提到「因為關於喪葬的習俗，會因地域的南北、時代的先後而產生很多不同的現象的。儀禮這部古籍，成書於戰國初期至中葉的結論，大概可以肯定的了。可是它所記錄的，究竟是哪一國的習俗，還是很難斷言」，無疑指出了使用《儀禮》時最應注意的兩個問題，即《儀禮》記載的時間性和地域性。

　　此後將《儀禮》與墓葬相互關聯的研究逐步增多，並擴展至槨飾、棺槨制度、絞衾、殯禮、車馬制度、樂器制度、玉器、祭祀禮儀等眾多領域〔註87〕，

〔註86〕 沈文倬：《對「士喪禮、既夕禮中所記載的喪葬制度」幾點意見》，《考古學報》1958 年第 2 期。

〔註87〕 吉林大學歷史系考古專業七三級工農學員等：《鳳凰山一六七號墓所見漢初地主階級喪葬禮俗》，《文物》1976 年第 10 期；湖南省博物館編：《馬王堆一號漢墓研究論集》，嶽麓書社，1992 年；于省吾先生則對馬王堆一號漢墓的棺飾制度做了探討，見《關於馬王堆一號漢墓內棺棺飾的解說》，《考古》1972 年第 2 期；張長壽：《牆柳與荒幃》，《文物》1992 年第 4 期；孫華：《中山王墓四題》，《文物春秋》2003 年第 1 期；王龍正等：《周代喪葬禮器銅翣考》，《考古》2006 年第 9 期；高崇文：《淺談楚墓中的棺束》，，中原文物 1990 年第 1 期；江奇艷：《戰國時期楚國喪禮中的棺束與棺飾》，《考古》2004 年第 6 期；史為：《長沙馬王堆一號漢墓的棺槨制度》，《考古》1972 年 6 期；俞偉超：《馬王堆一號漢墓棺制的推定》，《先秦兩漢考古學論文集》，文物出版社，1985 年；李發林：《戰國秦漢考古》，山東大學出版社，1991 年；趙化成：《周代多重棺槨制度》，《國學研究》第五卷，北京大學出版社，1998 年；胡雅麗：《包山二號楚墓所見葬制葬俗考》，載《包山楚墓》，文物出版社，1991 年 10 月；高崇文：《試論周代棺槨構築程序及相關葬儀》，收入《俞偉超先生紀念文集‧學術卷》，文物出版社，2009 年 6 月；高崇文：《試論先秦兩漢喪葬禮俗的演變》，《考古學報》2006 年第 4 期；胡新生：《周代殯禮考》，《中國史研究》1992 年第 3 期；劉緒：《春秋時期喪葬制度中的葬月與葬日》，載《考古學研究》二，北京大學出版社，1994 年；高崇文：《西漢諸侯王墓車馬殉葬制度探討》，《文物》1992 年第 2 期；鄭樂明：《西漢諸侯王墓所見車馬殉葬制度》，《考古》2002 年第 1 期；高崇文：《再論西漢諸侯王墓車馬殉葬制度》，《考古》2008 年 1 期；李純一：《中國上古出土樂器綜論》，文物出版社，1996 年；王子初：《石磬的音樂考古學斷代》、《中國青銅樂鐘的音樂學斷代——鐘磬的音樂考古學斷代之二》、《周樂戒商考》，分載於《中國音樂學》2004 年第 2 期、2007 年第 1 期；《中國歷史文物》2008 年第 4 期；王清雷：《西周樂懸制度的音樂考古學研究》，中國藝術研究院，2006 年；孫慶偉：《周代用玉製度研究》，北京大學考古文

取得了十分豐碩的成果，也一再證明《儀禮》書中的記載多可與墓葬材料所反映的東周時期的實際禮儀制度相互印證補充，是瞭解東周禮制文化不可或缺的重要資料。與此同時也提出了一系列亟待解決的問題，尤其是《儀禮》中所涉及的宗廟祭祀、宴饗、喪葬等場合的青銅禮器制度與現實考古發現存在怎樣的聯繫尚缺乏系統的討論。

四、九十年代以後的研究

20 世紀 90 年代以後，隨著改革開放的深入，一些西方考古學者新的研究理念和方法逐步傳入國內，又兼以前一階段發掘的大量東周墓地資料陸續得到公佈，從而有力地推動了東周青銅禮器研究的細化和深入。

這一時期由於三峽工程、南水北調工程等大型基建項目的啓動，又產生了一批新的東周銅器資料，代表性者如：1990～1999 年由於住宅建設項目對三門峽虢國墓地進行了第二次大規模發掘，共清理了十八座墓葬、四座車馬坑和兩座馬坑，其中 M2001 虢季墓、M2012 虢季夫人墓、M2011 虢國太子墓、M2006 孟姞墓等未被盜掘，再次出土了大批春秋初年的銅器資料〔註88〕；再參之以山西北趙晉侯墓地〔註89〕、平頂山應國墓地 M95、M1、M8〔註90〕和

博學院博士論文，2003 年；高崇文：《楚鎮墓獸爲「祖重」解》，《文物》2008 年第 9 期；劉雨：《西周金文中的祭祖禮》，《考古學報》1989 年第 4 期等。

〔註88〕 河南省文物考古研究所等：《三門峽上村嶺虢國墓地 M2001 發掘簡報》，《華夏考古》1992 年第 3 期；河南省文物考古研究所等：《上村嶺虢國墓地 M2006 的清理》，《文物》1995 年第 1 期；河南省文物考古研究所等：《三門峽虢國墓》（第一卷），北京：文物出版社，1999 年；河南省文物考古研究所等：《三門峽虢國墓地 M2013 的發掘清理》，《文物》2000 年第 12 期；河南省文物考古研究所等：《河南三門峽虢國墓地 M2008 發掘簡報》，《文物》2009 年第 2 期。

〔註89〕 北京大學考古學系、山西省考古研究所：《1992 年春天馬──曲村遺址墓葬發掘報告》，《文物》1993 年第 3 期；北京大學考古學系、山西省考古研究所：《天馬──曲村遺址北趙晉侯墓地第二次發掘》，《文物》1994 年第 1 期；北京大學考古學系、山西省考古研究所：《天馬──曲村遺址北趙晉侯墓地第三次發掘》，《文物》1994 年第 8 期；山西省考古研究所、北京大學考古學系：《天馬──曲村遺址北趙晉侯墓地第四次發掘》，《文物》1994 年第 8 期；山西省考古研究所、北京大學考古學系：《天馬──曲村遺址北趙晉侯墓地第五次發掘》，《文物》1995 年第 7 期；北京大學考古文博院、山西省考古研究所：《天馬──曲村遺址北趙晉侯墓地第六次發掘》，《文物》2001 年第 8 期。

〔註90〕 河南省文物研究所、平頂山市文管會：《平頂山市北滍村兩周墓地一號墓發掘簡報》，《華夏考古》1988 年第 1 期；河南省文物研究所、平頂山市文物管理委員會：《平頂山那應國墓地九十五號墓的發掘》，《華夏考古》1992 年第 3

陝西韓城梁帶村芮國墓地 M19、M26、M27、M28 四座高等級貴族墓葬的資
料〔註91〕，就爲瞭解兩周之際青銅禮器的使用和變遷奠定了堅實的基礎；洛
陽地區 90 年代以來陸續發掘了 JM32、C1M9934、C1M6112、C1M3427、
C1M3498、C1M9950 等一批春秋銅器墓葬〔註92〕；1993～1997 年在河南新鄭
鄭韓故城內先後發現金城路、城市信用社和中行三處大型祭祀遺址，共發現
青銅禮樂器坑達 29 座，出土了大量春秋時期鄭國的祭祀重器〔註93〕；南方楚
文化區的重要發現包括湖北黃岡曹家崗 M5、蘆沖 M1 兩座中型楚墓〔註94〕、
江陵天星觀二號墓〔註95〕、新蔡葛陵楚墓〔註96〕、淅川和尙嶺與徐家嶺楚墓
〔註97〕、河南葉縣舊縣 M4 許寧公墓〔註98〕、荊門左冢楚墓群〔註99〕、九連

期；河南省文物考古研究所等：《河南平頂山應國墓地八號墓發掘簡報》，《華
夏考古》2007 年第 1 期。其中 M95 年代略於 M1、M8，在西周晚期偏早階段。

〔註91〕 陝西省考古研究所等：《陝西韓城梁帶村遺址 M19 發掘簡報》，《考古與文物》
2007 年第 2 期；陝西省考古研究院等：《陝西韓城梁帶村遺址 M27 發掘簡報》，
《考古與文物》2007 年第 6 期；陝西省考古研究所等：《陝西韓城梁帶村遺址
M26 發掘簡報》，《文物》2008 年第 1 期；陝西省考古研究院：《陝西韓城市
梁帶村芮國墓地 M28 的發掘》，《考古》2009 年第 4 期。

〔註92〕 洛陽市文物工作隊：《洛陽市 613 所東周墓》，《文物》1999 年第 8 期；洛陽市
第二文物工作隊：《洛陽市紗廠路東周墓（JM32）發掘簡報》，《文物》2002
年第 11 期；鄭州市文物考古研究院等：《河南登封告成春秋墓葬發掘簡報》，
《文物》2009 年第 9 期；洛陽市文物工作隊：《河南洛陽市潤陽廣場 C1M9950
號東周墓葬的發掘》，《考古》2009 年第 12 期；洛陽市文物工作隊：《洛陽西
工區春秋墓發掘簡報》，《文物》2010 年第 8 期；山西大學歷史文化學院、洛
陽市文物工作隊：《河南洛陽市潤陽廣場東周墓 C1M9934 發掘簡報》，《考古》
2010 年第 12 期；洛陽市文物工作隊編著：《洛陽王城廣場東周墓》，文物出版
社，2009 年；洛陽市文物工作隊：《洛陽體育場路東周墓 M8830 發掘簡報》，
《文物》2011 年第 8 期。洛陽市文物工作隊：《河南洛陽市西工區 M8832 號
東周墓》，《考古》2011 年第 9 期等，可參看洛陽師範學院等編：《洛陽考古集
成──夏商周卷》，北京圖書館出版社，2005 年。

〔註93〕 目前僅有中行遺址公佈了詳盡的發掘報告，河南省文物考古研究所：《新鄭鄭
國祭祀遺址》，大象出版社，2006 年。

〔註94〕 黃岡市博物館等：《湖北黃岡兩座中型楚墓》，《考古學報》2000 年第 2 期。

〔註95〕 湖北省荊州博物館編著：《荊州天星觀二號楚墓》，文物出版社，2003 年。

〔註96〕 河南省文物考古研究所編著：《新蔡葛陵楚墓》，大象出版社，2003 年。

〔註97〕 河南省文物考古研究所等編著：《淅川和尙嶺與徐家嶺楚墓》，大象出版社，
2004 年；河南省文物管理局南水北調文物保護辦公室、南陽市文物考古研究
所：《河南淅川縣徐家嶺 11 號楚墓》，《考古》2008 年第 5 期。

〔註98〕 平頂山市文物管理局等：《河南葉縣舊縣四號春秋墓發掘簡報》，《文物》2007
年第 9 期。

〔註99〕 湖北省文物考古研究所等編著：《荊門左冢楚墓》，文物出版社，2006 年。

墩楚墓群〔註100〕、湖北鄖縣喬家院春秋墓〔註101〕、平頂山應國墓地十號戰國墓〔註102〕、河南南陽楚彭氏家族墓地〔註103〕等。

　　這一時期，有關中原地區和南方楚文化區銅器的分期研究更加細化，並且日趨關注不同地域間銅器形制、紋飾、工藝乃至器用制度的比較分析。劉彬徽先生的《楚系青銅器研究》一書不僅全面考察了楚系青銅器的年代、形制、紋飾、組合等方面內容，並結合銘文資料探討了相關銅器的功能和分類，在此基礎上又進一步揭示了楚國禮制特點以及與周邊諸國的異同。尤其值得注意的是，其在文中提到「中原地區的周制列鼎序列的大小按單件依次遞減；楚國地區的楚制列鼎序列大小按雙件（對鼎）遞減」（516 頁），實則已經涉及了楚墓中十分普遍的偶鼎現象，這是楚國禮制與中原禮制的核心區別之一〔註104〕。此後袁豔玲又根據新出材料對楚國銅器進行了更進一步的研究，並將其與巴蜀青銅器、吳越青銅器進行了細緻的比較，同時提出楚國銅器的「三套組合」之說〔註105〕，這對於本文探討中原與楚國禮制的異同都具有著重要的借鑒意義。

　　中原地區則先後有趙瑞民、韓炳華先生《晉系青銅器研究——類型學與文化因素分析》〔註106〕、劉緒先生《晉文化》〔註107〕、宋玲平《晉系墓葬制

〔註100〕湖北省文物考古研究所：《湖北棗陽市九連墩楚墓》，《考古》2003 年第 7 期；湖北省博物館編：《九連墩：長江中游的楚國貴族大墓》，文物出版社，2007 年；湖北省博物館、深圳博物館編：《劍舞九天——湖北出土楚文物展圖錄》，文物出版社，2010 年。

〔註101〕湖北省文物考古研究所、湖北省文物局南水北調辦：《湖北鄖縣喬家院春秋殉人墓》，《考古》2008 年第 4 期。

〔註102〕河南省文物考古研究所、平頂山市文物局：《平頂山應國墓地十號墓發掘簡報》，《中原文物》2007 年第 4 期。

〔註103〕南陽市文物考古研究所：《河南南陽春秋楚彭射墓發掘簡報》，《文物》2011 年第 3 期。其可與之前已經發掘的申公彭宇墓、彭無所墓、彭子壽墓、彭啓墓相參照，爲瞭解南陽楚彭氏家族的歷史提供了重要的實物資料。可參看王儒林、崔慶明：《南陽市西關出土一批春秋銅器》，《中原文物》1982 年第 1 期；董全生、李長周：《南陽市物資城一號墓及其相關問題》，《中原文物》2004 年第 2 期；南陽市文物考古研究所：《南陽市萬家園 M181 發掘簡報》，《中原文物》2009 年第 1 期。彭啓墓和彭子壽墓材料尚未公佈。

〔註104〕劉彬徽：《楚系青銅器研究》，湖北教育出版社，1995 年。

〔註105〕袁豔玲：《長江流域東周青銅器研究——以楚系青銅器爲中心》，北京大學博士論文，2008 年。

〔註106〕趙瑞民、韓炳華：《晉系青銅器研究：類型學與文化因素分析》，山西人民出版社，2005 年。

〔註107〕劉緒：《晉文化》，文物出版社，2007 年。

度研究》〔註108〕等書，從而基本完善了三晉地區銅器的編年體系。朱鳳瀚先生在此基礎上，詳細蒐集材料，博採前人之說，寫成綜合性的《中國青銅器綜論》一書，分爲上下兩篇，上篇主要探討青銅器的不同器形、紋飾、銘文、鑄造工藝的發展演變過程，下篇則對不同地域的青銅器特點進行了詳盡的對比研究，資料詳實，附圖清晰，並在器物斷代、功能分析等方面多有創見，具有極高的參考價值〔註109〕。

　　不過對於東周青銅禮制研究推動最大的當屬於王紅星先生的《由包山二號楚墓看楚系高級貴族墓的用鼎制度——兼論周代鼎制的發展》一文。通過對包山二號墓隨葬銅鼎的研究，其發現一些楚系高等級貴族墓葬中往往會隨葬升鼎兩套，且數量多相差一個等級（兩件），如壽縣蔡侯墓、曾侯乙墓、壽縣楚幽王墓、九連墩楚墓、淅川下寺二號墓、天星觀一號墓等。儘管他認爲這兩套正鼎分屬於人、鬼二器的觀點尚有待商榷，但其重要的學術價值卻是難以估量的〔註110〕。隨後梁雲先生在考察周代用鼎制度的東（關東諸國）、西（秦）差別時亦發現春秋以來中原地區的高級貴族墓葬中往往會隨葬正鼎多套〔註111〕。很顯然，這是一套與西周傳統制度截然不同的新現象，是東周時代鼎制出現的重大變革。

　　在這一點上，西方學者有關西周中後期「禮制改革」的研究思路頗值得借鑒。其最早肇始於唐蘭先生在《青銅器圖釋・序言》一文中所提到「西周青銅器，可以分爲前後兩期，前期基本上還保留商代風格，而後期變化極大。厲、宣時期的大鐘、大壺等，都是過去所不見的，而方尊、方彝之類，到後期就幾乎絕跡了。兕觥變而爲匜，簠跟盨盛行，爵跟斝消失，這些區別都是很突出的。圖案裝飾趨向樸素簡單，複雜的獸面紋、鳥紋等逐漸衰落，而弦紋、鱗紋、帶紋、棱紋等盛行。這兩個時期各有特徵，但具體去劃分時期時，還有很多困難。」〔註112〕此後郭寶鈞先生用大量的考古材料證實了這一論斷，

〔註108〕宋玲平：《晉系墓葬制度研究》，科學出版社，2007年8月。
〔註109〕朱鳳瀚：《中國青銅器綜論》，上海古籍出版社，2009年。
〔註110〕王紅星、胡雅麗：《由包山二號楚墓看楚系高級貴族墓的用鼎制度——兼論周代鼎制的發展》，湖北省荊沙鐵路考古隊：《包山楚墓》附錄一五，477～487頁，北京：文物出版社，1991年；王紅星：《九連墩一、二號楚墓用鼎制度分析》，楚文化研究會編：《楚文化研究論集》（七），嶽麓書社，2007年。
〔註111〕梁雲：《周代用鼎制度的東西差別》，《考古與文物》2005年第3期。
〔註112〕唐蘭：《陝西省博物館、陝西省文物管理委員會藏青銅器圖釋・序言》，文物出版社，1962年。

並正式提出商周之時由重酒組合向重食組合的轉變〔註113〕。80 年代後期隨著寶雞強國墓地的發掘，學界關於西周中後期的禮制變化有了更加清晰的認識〔註114〕，而英國學者羅森夫人則首次將其命名爲「禮製革命」，並探討了其出現的社會、宗教原因——祭祀方式的變革〔註115〕。此後羅泰先生將其改正爲「禮制改革」，並逐漸爲學界爲接受〔註116〕。如前所述，東周時代的社會、政治、經濟格局同樣發生了翻天覆地的變化，因此禮制也必然會作出相應的變革與調整，所以我們同樣應該用「禮制改革」這樣變化的眼光來看待東周時代的青銅禮器制度。

此外，這一時期有關東周銅器的研究還具有以下兩個顯著的特點：一是對於青銅鑄造工藝的日趨重視。張昌平先生的《曾國青銅器研究》一書是這一方面的傑出代表，其不僅詳盡分析了周、楚文化體系下曾國青銅禮器的不同特點和發展過程，還十分重視對曾國青銅器紋飾做法和工藝運用的觀察，如對於第一階段周文化體系下的曾國青銅器是範作紋還是模作紋的問題，他列舉黃季鼎腹部裝飾一週五個竊曲紋單元且有的單元不完整、曾子單鬲等不少銅器都有範縫穿過重環紋現象等，從而證明這一時期紋飾多爲模作紋〔註117〕。

〔註113〕 同注 52。鄒衡先生在《商周考古》一書中亦指出這是商周禮制間的重要區別，參看北京大學歷史系考古教研室商周組：《商周考古》，文物出版社，1979 年。

〔註114〕 盧連成、胡智生：《陝西地區西周墓葬和窖藏出土的青銅禮器》，《寶雞漁國墓地》附錄一，470～529 頁，寶雞市博物館編輯，文物出版社，1988 年；曹瑋：《從青銅器的演化試論西周前後期之交的禮制變化》，《周秦文化研究》，陝西人民出版社，1998 年。

〔註115〕 Jessica Rawson, "Statesman or Barbarians？The Western Zhou as Seen through Bronzes", Proceedings of the British Academy 75（1989）, pp. 89～93：Jessica Rawson, "Western Zhou Archaeology", The Cambridge History of Ancient China. pp.433～440；Jessica Rawson, ,"A Ritual Reform c.850 BC：Major Changes in a Chinese 'Bronze Vessel Age'"，全球視野下的青銅時代國際學術研討會議論文，2011 年 11 月，寶雞。〔英〕羅森：《古代中國禮器——來自商和西周時期墓葬和窖藏的證據》，劉新光譯，北京大學出版社 2002 年 7 月；羅森：《賽克勒藏西周銅禮器》，哈佛大學出版社，1990 年。

〔註116〕 羅泰：《有關西周晚期禮制改革及莊白微氏青銅年代的新假設：從世系銘文說起》，載《中國考古學與歷史學之整合研究》，臺北：中研院，1997 年，第 651～675 頁；Lothar Von Falkenhausen：Late Western Zhou Taste, Etudes Chinoises 18（1999）, pp.155～164.應當注意的是，羅森將這一變化定在了西周中期範圍內，具體講即是懿王、孝王、夷王時期，從公元前 899/897 至 858 年。而羅泰則堅持稱之爲「西周晚期禮制改革」，他認爲這次改革發生在公元前 850 年左右。

〔註117〕 張昌平：《曾國青銅器研究》，文物出版社，2009 年。

其二是戰國楚簡的大量出土，尤其是遣策簡的發現與整理〔註118〕，爲青銅禮器的研究開拓了全新的視角。其中尤其值得一提的是在湖北荊門包山二號楚墓中，槨室被分爲五個不同的部分，青銅禮樂器、衣物、兵器、生活用具等被有序的放入到不同的「室」內，並且器物下部均置有若干枚記載其功用的遣策簡，像東室的「大兆之金器」組，保存完好，記有「一牛鑐、一豕鑐、二鐈鼎、二□薦鼎、二貴鼎、二登鼎、二鑒、二卵缶、二迅缶、一湯鼎、一貫耳鼎、二鉼銅、二合簠、一□□鼎、二少勺、二盛盞、一盤、一匜、一□甗」等，可與墓中出土的青銅禮器完好的對應。另外還有「食、飮室之金器」組以及西室的「相尾之器所以行」組（主要爲各類生活用具），不僅可以幫助我們瞭解當時楚人對於銅器的特殊稱名，更爲分析東周時代有關「器」的分類方法和原則提供了十分重要的材料〔註119〕。

綜觀前人對於東周青銅禮器的研究，可以發現兩個很顯著的發展趨勢：一是由「二重證據法」〔註120〕向「多重證據法」的轉變，不僅僅關注於青銅禮器的形制、紋飾、組合等方面信息，同時日益重視從禮制文獻、金文、遣策竹簡和鑄造工藝（科技）等多方面尋求佐證和突破；二是由分期斷代研究逐漸轉向對文化因素的比較分析，從而認識到東周時期各區域青銅器的獨特

〔註118〕陳偉：《包山楚簡初探》，武漢大學出版社，1995 年；湖北省文物考古研究所、北京大學中文系編：《望山楚簡》，中華書局，1995 年；田河：《信陽長臺關楚簡遣策集釋》，吉林大學碩士學位論文，2003 年；劉國勝：《楚遣策制度述略》，《楚文化研究》（六），湖北教育出版社，2005 年；陳偉等著《楚地出土戰國簡冊（十四種）》，經濟科學出版社，2009 年 9 月；李均明、何雙全：《散見簡牘合輯》，文物出版社，1990 年 7 月；田河：《出土戰國遣策所見名物分類彙釋》，吉林大學博士學位論文，2007 年；金琳、呂繼熔：《戰國楚簡遣策中的染織名物》，《中原文物》2011 年第 3 期；張聞捷：《包山二號墓遣策中服飾資料考辨》，《中國國家博物館館刊》2011 年第 12 期等。

〔註119〕湖北省荊沙鐵路考古隊：《包山楚墓》附錄一：《包山二號楚墓簡牘釋文與考釋》，文物出版社，1991 年。有關周代明器、生器等分類的專門研究，可參看巫鴻：《明器的理論與實踐——戰國時期禮儀美術的觀念化傾向》，《文物》2006 年第 6 期；巫鴻：《生器的概念與實踐》《文物》2010 年第 1 期。

〔註120〕1925 年由王國維先生首倡：「吾輩生於今日，幸於紙上之材料外，更得地下之新材料。由此種材料，我輩固得據以補正紙上之材料，亦得證明古書之某部分全爲實錄，即百家不雅馴之言亦不無表示一面之事實。此二重證據法惟在今日始得爲之。」王國維：《古史新證》，清華大學出版社，1994 年。

之處，再以此爲基礎進而考察器物組合以致器用制度的不同〔註121〕，最後上升到禮制變遷和社會結構調整等層面。這是一個「循序漸進」的學術發展過程，也是本書所希望嘗試的研究思路。

第二節　研究目的與方法

　　全書除第一章「前言」與「結語」外，主要內容共分爲十一章：第二章爲「東周青銅禮器的分類與分期」，將遵循郭寶鈞先生的「標準銅器群」研究方法，博採前人的分期之說，重點探討中原地區和南方地區青銅禮器的形制發展和演變脈絡，構建基本的時空框架，爲全文論述之鋪墊；第三至第七章將主要分析上述兩地區內「青銅禮器的使用制度及變遷」，在考古實物與禮制文獻記載的基礎上，依照容庚先生提倡的「功能分類」方法，同時採納、補充張辛等先生的意見〔註122〕，分別對作爲犧牲之盛的鼎，黍稷稻粱之盛（粢盛）的簋、簠、盨、敦，庶羞之盛的豆，酒醴之盛的方壺與圓壺，沃盥之盛的洗、罍、盤、匜等重要青銅彝器種類進行歸納、整理和研究，探討器物的規格、數量與身份等級之間的對應關係，同時關注考古實物與「三禮」文獻的比照與關聯；第八章爲「青銅器組合變化與禮制革新」，將在綜合之前章節分類討論的基礎上，從宏觀的角度來把握青銅器組合在整個東周時代的動態變化過程，同時將其與西周古禮面貌進行比較，來分析禮制在東周不同階段的巨大變革。而且這種對於「東周時代禮制改革」的考察也是按照不同的地域來分別進行，尤其是探討春秋時期的器用制度時，會注意參考春秋至戰國初期的關中地區，因爲其在青銅禮器的風格與面貌上表現出與中原地區和南方地區截然不同的特色〔註123〕，這樣便能夠藉此來瞭解這三個地域間在禮制

─────────────

〔註121〕梁雲：《戰國時代的東西差別──考古學的視野》，文物出版社，2008 年。該書即嘗試從器用制度、城市規劃、建築形制等諸方面的差別來考察秦與東方六國在東周時期社會結構變革中的巨大差異。

〔註122〕張辛：《禮與禮器──中國古代禮器研究札記之一》，《鄒衡先生七十五歲壽辰論文集》，科學出版社，2002 年。其首倡青銅禮器的基本類別應包括犧牲之盛、黍稷之盛、酒醴之盛和沃盥之盛四種，爲本文所採納。不過在此之外應當還有作爲烹煮之器的鬲、鼎、鑊、釜和作爲庶羞之盛的豆，其中銅豆的制度與變遷相對複雜，故單列一章論述。鑊因屬於鼎屬，故合於用鼎制度一章中，鬲、鼎的使用在第七章中亦有簡單的概括。釜爲秦器，或源於巴蜀之地，不屬於周式傳統禮器之列且僅見於戰國晚期，故於此不論。

〔註123〕關於春秋至戰國初年秦國銅器的考察，本文多採納陳平、滕銘予和梁雲等諸位學者的分期意見，參看陳平：《試論關中秦墓青銅容器的分期問題》，《考古

改革浪潮下所選取的不同途徑和方式。最後該章還將參之以禮制文獻中關於祭祀儀式變革的記載，嘗試爲瞭解東周時代禮制改革發生的原因提供合理的解釋方案；第九章則重點探討東周青銅禮器制度的另一個獨特方面——今、古式器物兼用的制度（亦即復古現象的盛行），首先以考古資料爲基礎，梳理出這種現象出現的過程和在中原、南方地區的不同表現方式，然後將其與典籍文獻中普遍出現的「文質之異」進行聯繫和比較，從而爲復古動機的討論提供哲學意識、思想觀方面的新證據，同時也有助於進一步瞭解禮制文獻的編撰和現實禮制實踐之間的關係〔註 124〕；第十章將主要依據金文和遣策資料來探討東周時期青銅禮器稱名製度的變遷。這既是周人自己對於青銅禮器分類的原則與方法，同時由於功能決定名稱，稱名製度上的巨大變化又必然反映的是青銅器功用的變革，這與前述章節的論證是密切相關的。第十一章將進一步從生死觀變遷的角度來分析東周時期青銅禮器變化的誘因，通過文獻與墓葬資料來揭示周代貴族對於死後祖先觀念的轉變，以及這種轉變對於隨葬青銅禮器種類、數量、品質的巨大影響。第十二章將簡要討論江淮地區和吳越地區的青銅禮制特點，由於考古材料所限，這種討論將是十分粗淺和簡略的，旨在能夠初步地反映出中原地區和楚文化區這兩大禮制中心對於周邊地區文化傳播、影響的過程與方式，從而進一步完善我們對於整個東周時代青銅文化面貌的認識。

貫串全書的主線同時也是筆者尋求解決的三個最核心問題分別是：東周時代的青銅禮器是如何被使用的？青銅禮制在東周時代發生了怎樣的變革？爲什麼會有這樣的變革發生？

本書的研究目的可概括爲以下幾點：

一、考察東周時期中原地區和南方楚文化區內主要青銅彝器的形制發展、演變規律，不僅僅關注於那些被認爲是具有典型地域特徵的器物，如立耳無蓋鼎、敦形鼎、束腰平底升鼎、箍口鼎、盞、蓋豆、罍、尊缶、盥缶等，以及它們在各自地域內的獨特稱名，同時更希望瞭解這兩個地域間在器形演變上的共性和一致性，這是前人研究中所未曾注意到的方面。

與文物》1984 年第 3、4 期；滕銘予：《秦文化——從封國到帝國的考古學觀察》，學苑出版社，2002 年；梁雲：《戰國時代的東西差別——考古學的視野》，文物出版社，2008 年 7 月。至於戰國中期以後的秦國雖然在文化上亦有獨特之處，但卻與周禮已「漸行漸遠」而趨於世俗化、生活化，這又將是一個全新的議題，故於本文中未加涉及。

〔註 124〕關於這一方面的討論，可參看沈文倬：《略論禮典的實行和〈儀禮〉書本的撰作》，《文史》第十五輯，27～42 頁，第十六輯，1～19 頁。

二、明晰東周時期青銅禮器的使用制度以及各地域間禮制變遷的差別與聯繫。由於青銅禮器是周代禮樂制度最核心的體現，其必將對當時的社會巨變有著強烈的「指針作用」，所以綜合考察其器用制度的變化將十分有助於理解東周社會的巨大「變革」和封國間改革道路的差別。如梁雲先生即成功地通過比較秦國與關東諸國在隨葬品制度上的差異來探討了它們之間不同的社會改革形式〔註125〕。

三、揭示東周時期青銅禮器使用制度上的一些特殊現象，並嘗試瞭解其出現的社會原因。青銅禮器是貴族們宣揚自己政治主張、理念的強有力工具，其往往通過遵從或者否定乃至改建某種制度來表達自身特殊的政治意願。所以通過考察青銅禮器使用上的一些特殊現象便有助於瞭解東周時期不同社會階層在面對政治、經濟改革時的不同態度和舉措。例如東周初年的洛陽地區最先流行使用具有濃厚復古風格的「古式」器物，恐怕即是為了反映他們對於過往榮耀、秩序的追思；而南方的楚人一方面借鑒和學習以鼎簋制度為代表的周式禮制，另一方面又恪守從江淮地區學習來的偶鼎制度以及箍口鼎、簠、缶的組合，從而保證了自身禮制文化的獨特性，這與其政治、軍事上的一貫主張也是吻合的。

四、對考古實物資料的分析又可以幫助我們來探討相應禮制文獻的創作年代、地域以及背景問題。陳公柔先生在《士喪禮、既夕禮中所記載的喪葬制度》一文中即結合墓葬考古發現推定《儀禮》士喪、既夕兩篇的成書年代約在戰國中期〔註126〕，為這一領域的「開山之作」。 不過問題仍然是大量存在的，例如《儀禮》書中的記載究竟是根據中原地區、山東地區還是楚國的禮制情況來進行編撰的呢？除士喪、既夕禮兩篇外，其他燕禮、公食大夫禮諸篇是否也創作於同一時期呢？書中記載的洗、登、瓦甒、爵、觶、角、散等器物在東周時期是否有相應的實物作為藍本呢？《禮記》、《周禮》兩書是否也可以用同樣的方法來探討它們的成書問題呢？有鑒於此，實有必要在全面考察東周時期青銅器器用制度的基礎上，將考古資料與文獻記載進行對照和比較，這對於澄清上述問題將是大有裨益的。

〔註125〕梁雲：《戰國時代的東西差別──考古學的視野》，文物出版社，2008 年 7 月。

〔註126〕陳公柔：《士喪禮、既夕禮中所記載的喪葬制度》，《考古學報》1956 年第 4 期，後收入陳公柔：《先秦兩漢考古學論叢》，文物出版社，2005 年。

　　本書的研究方法除採用傳統的類型學進行器物的分期斷代工作外，又注重「比較」的研究思路來考察中原地區和南方楚文化區在禮制變革上的共性和差異性，進而可以聯繫到列國間政治體制的不同而導致的禮制改革道路的差異。其次在考察新、舊器物的更替時，將社會中的貴族集團區分成上、下兩個不同的階層（基本以五鼎大夫階層爲界限），分析他們在面對新器物所代表的新興禮制時的不同態度，以及他們對於古式器物是否依然選擇固守和堅持〔註127〕，這樣便可以瞭解當時社會的不同階層對於禮制改革的相應態度。如果每一次新興器物的出現和推廣均是由中下層貴族所主導的，而上層貴族多傾向於保留古式器物，我們便可以認爲其禮制改革方式是「自下而上」的；但假使每一次新的禮制規範都是由高級貴族集團根據自身禮制需要或當時的時代趨勢而創造並推廣的，中小貴族僅僅處於遵循和服從的地位，我們便可以認爲其禮制改革是「自上而下」的。這樣便能夠將青銅禮器的研究與社會領域的變革分析緊密結合起來，而不僅僅停留於考古資料的詮釋方面，從而嘗試爲社會、思想史等領域的研究提供參考。

　　此外在考察禮制實踐與文獻記載的關係問題時，首先將二者居於各自獨立的地位，分別整理和分析從考古實物資料中所歸納出的不同時期的器用制度，以及從禮制文獻記載中得出的器用制度情況，然而再將二者進行對比，這樣便可以瞭解禮制文獻的編撰究竟是根據何時、何地的禮典儀式爲藍本的，亦可以避免爲了遷就文獻之說而主觀選擇適合的墓葬材料，或者爲了遷就考古發現情況而造成對文獻的誤讀。唯有對文獻的創作時間、地域有了清晰的認識，我們才能夠正確地使用文獻資料作爲參考。

第三節　相關問題說明

　　一、關於篇章結構的補充說明：第三至第七章的討論基本遵循文獻記載梳理、中原地區的器用制度、南方楚文化區的器用制度三個部分展開，但第四章第二節中有關楚國粢盛器制度的討論主要利用的是公卿以下等級的墓葬資料，而唯一的楚王級別墓葬——壽縣李三孤堆大墓則屢遭盜掘，器物散亂，故需單列一節來補論楚王墓葬的相關器用制度。在第五章有關豆的討論中，

〔註127〕 Lothar von Falkenhasusen, Chinese Society in the Age of Confucius（1000-250 BC）, Universtiy of California, Los Angeles.

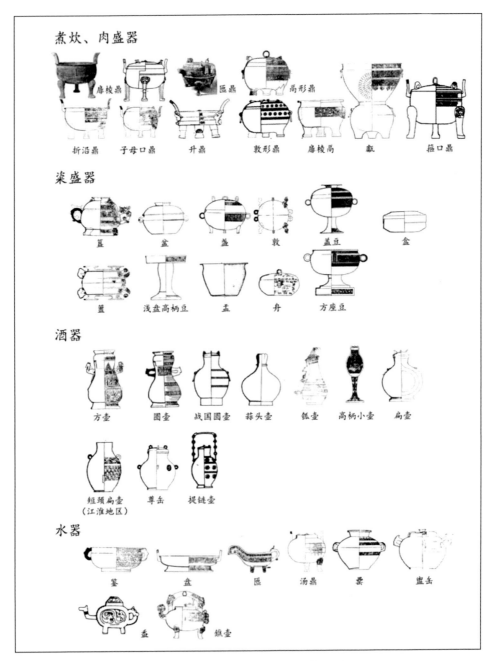

圖 2：東周青銅禮器的器類與名稱

由於楚墓普遍存在以漆器代替銅禮器的現象，所以雖無銅豆隨葬但亦需關注其漆豆的相應制度，而這也可以得到遣策簡記載的支持〔註128〕。

〔註128〕在包山二號楚墓遣策中，漆豆與其他青銅彝器一樣被記載於「大兆之器」欄

二、關於青銅器器名的界定：東周青銅禮器的形制斑雜多樣，歷來在稱名上存在爭論。故行文之前需首先依照學界慣例對相關銅器的名稱作統一界定，詳見圖2〔註129〕。

三、本文重點討論東周時代的青銅容器，暫不涉及樂器、車馬器、兵器、工具等內容。

四、本文所論年代範圍為整個東周時期（770BC～221BC），包括春秋與戰國兩個大的階段，以453BC三家分晉為界。春秋階段分為三期，每期約100年，戰國階段亦分三期，每期約80年。主要涉及地域有中原三晉兩周地區、南方楚文化區和關中秦文化區（重要參考）、江淮地區、吳越地區，但對山東地區由於目前缺乏較系統的資料，故未加以整理分析。

五、採用的考古簡報、報告、青銅器著錄資料與參考諸家論述，發表時間大致截止於2010年12月。

六、全文插圖、表格均採用流水編號，注釋採用頁下注，每章單獨編號。

下，表明他們具有著相同的禮制功能。參見湖北省荊沙鐵路考古隊：《包山楚墓》附錄一五：包山二號楚墓簡牘釋文與考釋，477～487頁，文物出版社，1991年。

〔註129〕值得注意的是關於「敦形鼎」的稱法，在1950年洛陽西宮出土的兩件戰國晚期的此類器上有銘文「軌」字，因此有學者主張其應稱為「盪」，見高明：《中原地區東周時代青銅禮器研究》，《考古與文物》1981年2～4期。但實際上在戰國階段中原地區已流行一種仿自方座簋的方座銅豆，具備了簋作為粢盛器的功能，不需再以此類器另作銅盪；其次敦形鼎的出土多為奇數，與列鼎相同而與簋有異，所以此處暫依舊將其歸入鼎類，「軌」可能只是地名或人名。

第二章　東周青銅禮器的分類與分期

　　分期斷代工作是考古學研究的基礎。於本文而言，因為需要討論新、舊器物的更替過程和復古現象的盛行，所以準確地把握器物年代便顯得尤其重要。所幸的是，前人對於東周時期中原地區和南方楚文化區的銅器編年研究已經有了比較成熟的意見，足可資參考〔註1〕。因此本章擬多採納前賢之說，遵循郭寶鈞先生的「標準銅器群」研究思路，來分別探討上述兩地域內主要青銅彝器的形制演變規律，同時亦力圖尋求這二者間在銅器變化上的共性（風尚）或相似性。

第一節　東周時期的典型銅器群

一、中原地區

　　中原地區地處黃河中下游，相當於今天的河南西部和北部、山西南部和

〔註 1〕關於中原地區的銅器年代學研究，主要參考高明：《中原地區東周時代青銅禮器研究》，《考古與文物》1981 年 2、3、4 期；葉小燕：《中原地區戰國墓初探》，《考古》1985 年第 2 期；高崇文：《試論晉東南地區銅器墓的分期與年代》，《文博》1992 年第 4 期；趙瑞民、韓炳華：《晉系青銅器研究：類型學與文化因素分析》，山西人民出版社，2005 年；劉緒：《晉文化》，文物出版社，2007 年；宋玲平：《晉系墓葬制度研究》，科學出版社，2007 年 8 月；朱鳳瀚：《中國青銅器綜論》，上海古籍出版社，2009 年等學者意見。關於楚文化區銅器年代學研究，主要參考李零：《論東周時期的楚國典型銅器群》，《古文字研究》第 19 輯，1992 年；劉彬徽：《楚系青銅器研究》，湖北教育出版社，1995 年；袁艷玲：《長江流域東周青銅研究——以楚系青銅器為中心》，北京大學博士論文，2008 年；高崇文：《楚墓的考古發現與研究》，《古代文明》(8)，文物出版社，2010 年等。

河北中南部等地，西周以來多爲姬姓諸侯封地所在。東周時期，周王室定都於洛陽，這一地區又承納了大量自關中遷徙而來的逃亡貴族，因此成爲了當時新的「禮樂中心」。這一地區東周時期的典型銅器群包括：

1、山西北趙晉侯墓地 M91、M92 組、M1、M2 組、M8、M31 組、M64、M62、M63 組、M93、M102 組：北趙晉侯墓地迄今已發掘了 9 組 19 座晉侯夫婦墓葬，其銅器分期與墓葬年代已基本清晰，唯與文獻中晉侯世系的對應尚存在一定爭議〔註 2〕。上述諸組墓葬一般被認爲是屬於西周晚期厲王之後的，而 M93、M102 組多數學者均主張爲護祐平王東遷的晉文侯夫婦墓，年代已至春秋初期。

2、三門峽上村嶺虢國墓地：由於虢國的滅國年代在 655BC〔註 3〕，所以該墓地的年代下限是十分明確的，不晚於春秋早期。但關於該墓地的起始年代，學界尚存在一定爭議〔註 4〕，考察隨葬銅器的整體風格，自西周晚期延續至春秋早期當無疑問，故亦可用於考察兩周之際的銅器形制、組合情況。其代表性的墓葬包括 M1052（虢太子墓）、M2011（太子墓）、M2001（虢季墓，圖 3-1）、M2012（虢季夫人墓）、M1706、M1810、M2006（孟姞墓）、M2008（虢宮父墓）、M1705、M1820、M2013 等〔註 5〕。

〔註 2〕黃錫全：《關於晉侯墓地幾位晉侯順序的排列問題》，載《跋涉集——北京大學歷史系考古專業七五屆畢業生論文集》，北京圖書館出版社，1998 年；李學勤：《〈史記·晉世家〉與新出金文》，《學術集林》卷四，上海遠東出版社，1995 年；盧連成：《天馬——曲村晉侯墓地年代及墓主考定》，載《汾河灣——丁村文化與晉文化考古學術討論會文集》，山西高校聯合出版社，1996 年；朱鳳瀚：《關於北趙晉侯諸墓年代與墓主人的探討》，載《文化的饋贈——漢學研究國際會議論文集·考古學卷》，北京大學出版社，2000 年；李伯謙：《晉侯墓地墓主推定之再思》，張政烺先生九十華誕紀念文集編委會《揖芬集——張政烺先生九十華誕紀念文集》，社會科學文獻出版社，2002 年 5 月第 1 版；李伯謙：《晉侯墓地發掘與研究》，上海博物館《晉侯墓地出土青銅器國際學術研討會論文集》，上海書畫出版社，2002 年 7 月。

〔註 3〕《春秋左氏傳》：「（魯僖公五年）晉侯復假道於虞以伐虢……冬十二月丙子朔，晉滅虢，虢公醜奔京師。」魯僖公五年即 655BC，楊伯峻：《春秋左傳注》（修訂本），中華書局，1990 年。

〔註 4〕可參看朱鳳瀚《中國青銅器綜論》對此問題的歸納，1542～1546 頁，中華書局，2009 年。

〔註 5〕中國科學院考古研究所：《上村嶺虢國墓地》，科學出版社，1959 年；河南省文物考古研究所等：《三門峽上村嶺虢國墓地 M2001 發掘簡報》，《華夏考古》1992 年第 3 期；河南省文物考古研究所等：《上村嶺虢國墓地 M2006 的清理》，《文物》1995 年第 1 期；河南省文物考古研究所等：《三門峽虢

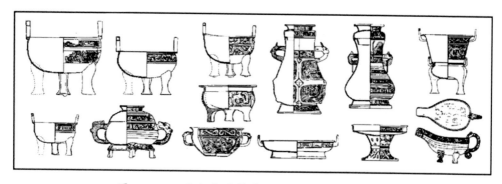

圖 3-1：三門峽虢國墓地 M2001 出土青銅禮器

3、平頂山應國墓地：M1、M8 兩座均為應國國君級墓葬，5 鼎規格，銅器風格、組合與三門峽虢國墓地 M2011 十分接近，故亦當屬於兩周之際或春秋初年（圖 3-2）〔註6〕。

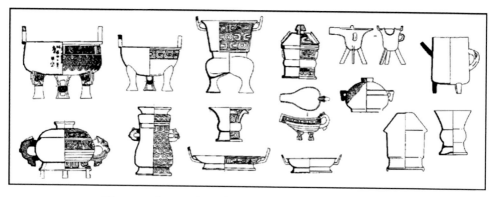

圖 3-2：平頂山應國墓地 M8 出土青銅禮器與明器

4、韓城梁帶村芮國墓地 M27、M26、M28、M19：該墓地東距黃河僅 0.5 公里，遠離秦國腹地而距晉、虢等國更近，銅器風格上也與中原地區相似，故暫列於此。芮國 650BC 滅於秦，故該墓地的年代下限當在春秋早中期之際。據發掘者意見，M27、M28 為年代相繼的兩代芮國國君墓，而 M26、M19 為 M27 的夫人和次夫人墓。張天恩先生進一步據銅器銘文推斷 M26 墓主人即為

國墓》（第一卷），北京：文物出版社，1999 年；河南省文物考古研究所等：《三門峽虢國墓地 M2013 的發掘清理》，《文物》2000 年 12 期；河南省文物考古研究所等：《河南三門峽虢國墓地 M2008 發掘簡報》，《文物》2009 年 2 期。

〔註6〕河南省文物研究所、平頂山市文物管理委員會：《平頂山市北滍村兩周墓地一號墓發掘簡報》，《華夏考古》1988 年第 1 期；河南省文物考古研究所等：《河南平頂山應國墓地八號墓發掘簡報》，《華夏考古》2007 年第 1 期。

《左傳・桓公四年》（708BC）記載的驅逐芮伯萬的芮姜〔註7〕，則此四墓的年代皆可歸入春秋早期偏晚階段（圖3-3）。

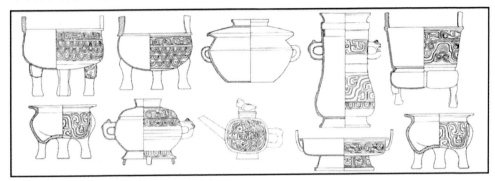

圖3-3：韓城梁帶村芮國墓地M19出土青銅禮器

5、洛陽C1M9950和洛陽JM32：洛陽C1M9950與三門峽虢季墓、M2012虢季夫人墓、M2006孟姞墓、M2008虢宮父墓、M2016、M2017虢季侍從墓、晉侯墓地M62、M63組、M93、M102組、平頂山應國墓地M1、M8、梁帶村芮國墓地M27、M502等兩周之際的高級貴族墓葬一樣，使用一套實用禮器加一套復古明器（以商式酒器為主）的特殊器物組合（圖3-4）。這種現象僅存在於春秋早期，春秋中期以後不見。同時洛陽C1M9950中的附耳無蓋鼎、三足簋、方壺、鋪、盤、盉等器物的形制均與虢季墓等十分接近，然而深腹平蓋鼎的做法又明顯晚於這些墓葬，所以可以推斷該墓的年代應在春秋早期晚段〔註8〕。

洛陽JM32中的附耳平蓋鼎形制與C1M9950中的同類器頗為相近，但腹部顯著變深（這種附耳平蓋深腹鼎同樣流行於南方春秋中期偏晚的下寺M3中），類似於鄭伯墓中的深腹圓蓋鼎。另一種立耳無蓋鼎耳部較直，尚未像春秋晚期琉璃閣乙墓（詳下文）中的立耳鼎那樣外撇，同時簋的器壁傾斜而非豎直，上下部交接處厚度較小，明顯早於鄭伯墓中的銅簋，故可以判斷該墓的年代約在春秋中期早中段（圖3-5）。與其類似的還有洛陽C1M6112（即洛

〔註7〕陝西省考古研究所等：《陝西韓城梁帶村遺址M19發掘簡報》，《考古與文物》2007年第2期；陝西省考古研究院等：《陝西韓城梁帶村遺址M27發掘簡報》，《考古與文物》2007年第6期；陝西省考古研究所等：《陝西韓城梁帶村遺址M26發掘簡報》，《文物》2008年第1期；陝西省考古研究院：《陝西韓城市梁帶村芮國墓地M28的發掘》，《考古》2009年第4期；張天恩：《芮國史事與考古發現的局部整合》，《文物》2010年第6期。

〔註8〕洛陽市文物工作隊：《河南洛陽市潤陽廣場C1M9950號東周墓葬的發掘》，《考古》2009年第12期。

陽 613 所東周墓）、洛陽 C1M3427 等〔註9〕。

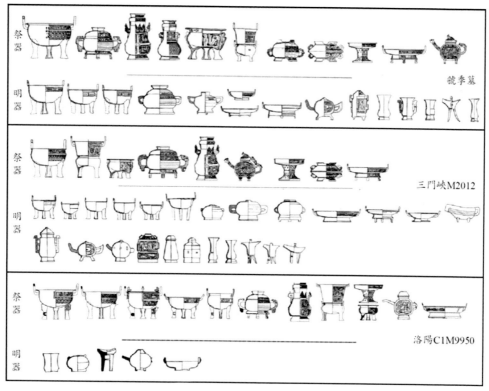

圖 3-4：三門峽虢國墓地 M2001、M2012、洛陽 C1M9950 出土實用器、明器組合

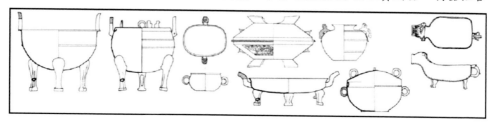

圖 3-5：洛陽 JM32 出土青銅禮器

　　6、新鄭李家樓鄭伯墓銅器群：根據墓中出土的九鼎、八簋、九鬲的諸侯級別組合以及墓葬所處的位置，可以證明其應是一代鄭伯墓無疑。王國維先生通過該墓所出楚器「王子嬰次爐」（炭爐）推斷，王子嬰即是楚莊王（613BC

〔註9〕洛陽市文物工作隊：《洛陽市 613 所東周墓》，《文物》1999 年第 8 期；洛陽市第二文物工作隊：《洛陽市紗廠路東周墓（JM32）發掘簡報》，《文物》2002年第 11 期；洛陽市文物工作隊：《洛陽西工區春秋墓發掘簡報》，《文物》2010年第 8 期。

～591BC）之弟楚國令尹子重（公子嬰齊，卒於 570BC），所以該墓年代應在春秋中期，爲學界所普遍接受〔註10〕。80 年代發掘的春秋中晚期淅川下寺墓地 M1、M2 與鄭伯墓的銅器頗有相似之處（詳見後文），亦可進一步佐證此說。這樣該墓便成爲春秋中期晚段的一個重要標尺（圖 3-6）〔註11〕。

圖 3-6：新鄭李家樓鄭伯墓出土部分青銅禮器

7、侯馬上馬村 M13：張頷先生根據該墓出土的庚兒鼎銘文，考證作器者「庚兒」即沇兒鍾銘文中的徐王庚，此二器時間先後銜接。庚兒鼎當作於魯襄公時（572BC 之後），此後輾轉落入晉國大夫之手。因此該墓年代應在春秋中晚期之際〔註12〕。墓中出土的銅器與鄭伯墓的亦頗爲接近，可佐證這一論斷〔註13〕。

8、侯馬上馬村 M15：高明先生根據該墓出土銅壺與傳世春秋晚期晚段的「趙孟介壺」（記載魯哀公十三年黃池之會，當作於 482BC 之後不久）形制接近，故判斷該墓年代應在春秋晚期晚段〔註14〕。墓內圓蓋深腹鼎、矮柄蓋豆的形制也與這一結論相吻合（圖 3-7）〔註15〕。

〔註10〕 王國維：《王子嬰次爐跋》，《觀堂集林》卷十八，中華書局，2006 年版。但其認爲該器是因鄢陵之役（公元前574年）而遺留於鄭地，所以該墓年代「當葬於魯成公十六年，鄢陵之役後」，爲鄭成公之墓，則「斯不免於鑿矣」，參見楊樹達：《王子嬰次爐跋》，《積微居金文說》卷六，中國科學院出版，1952 年。

〔註11〕 關百益：《新鄭古器圖錄》二卷，1923 年商務印書館影印本；孫海波編著：《新鄭彝器》二冊，1936 年影印本；關百益：《鄭冢古器圖考》，1940 年中華書局石印本；河南博物院、臺北國立歷史博物館：《新鄭鄭公大墓青銅器》，大象出版社，2001 年。

〔註12〕 張頷、張萬鍾：《庚兒鼎解》，《考古》1955 年第 5 期。

〔註13〕 山西省文物管理委員會侯馬工作站：《山西侯馬上馬村東周墓》，《考古》1963 年第 5 期。

〔註14〕 高明：《東周時期中原地區青銅禮器研究》，《考古與文物》1981 年第 2～4 期。關於趙孟介壺的討論，參看唐蘭：《趙孟府壺跋》，《考古社刊》1937 年第 6 期。

〔註15〕 山西省文物管理委員會侯馬工作站：《山西侯馬上馬村東周墓》，《考古》1963 年第 5 期。

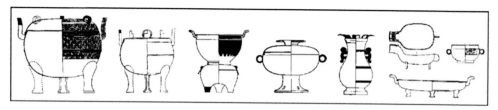

圖 3-7：侯馬上馬村 M15 出土青銅禮器

9、洛陽哀成叔墓：墓內出土的哀成叔鼎銘曰：「死於下土，以事康公」，此康公當為哀成叔生前的家主。據李學勤先生考證，康公可能是見於《左傳》的周頃王子劉康公，卒年在 578BC 至 559BC 之間，則該墓年代應處於春秋晚期中晚期階段〔註16〕。

10、輝縣琉璃閣甲、乙墓：儘管該墓地的國屬仍存在巨大爭議，但學界對於這兩座大墓的年代已基本達成共識，均認為在春秋晚期階段〔註 17〕。其中甲墓所出銅鼎深腹、高足、圓蓋配以圓形抓手的風格與鄭伯墓中的有蓋深腹鼎十分接近，而尚未見到戰國時期普遍的蹄足變矮現象；但矮柄蓋豆的出現則又明顯是春秋晚期時的特點，且銅簋下部帶以方座的做法不見於鄭伯墓中而與春秋晚期晚段的壽縣蔡侯墓銅簋相似，是這一階段各地均出現的一個較顯著的器物變化現象。銅鋪的再次出現（春秋中期不見）也同樣見於壽縣蔡侯墓中。所以可以推斷琉璃閣甲墓的年代應與壽縣蔡侯墓相近（圖 3-8）。而乙墓所出土的青銅器具有典型的洛陽地區風格（如洛陽 C1M9950、JM32、C1M3498、C1M6112 等均是平蓋附耳鼎和立耳無蓋鼎兼用）〔註18〕，可能屬

〔註16〕 洛陽博物館：《洛陽哀成叔墓情理簡報》，《文物》1981 年第 7 期；李學勤：《東周與秦代文明》，23～24 頁，文物出版社，1984 年；朱鳳瀚：《中國青銅器綜論》1635 頁，上海古籍出版社，2009 年。

〔註17〕 主張為衛國墓地的有：李學勤：《東周與秦代文明》，文物出版社，1984 年；楊文勝：《輝縣琉璃閣甲乙墓出土青銅禮樂器研究》，收入河南博物院、臺北國立歷史博物館：《輝縣琉璃閣甲乙二墓》，大象出版社，2003 年；李宏：《輝縣琉璃閣墓地國別族屬考》，《中原文物》2008 年第 3 期；朱鳳瀚：《中國青銅器綜論》1553～1555 頁，上海古籍出版社，2009 年等；主張屬晉國范氏族墓地的有：俞偉超、高明：《周代用鼎制度研究》，《北京大學學報》（哲學社會科學版）1978 年 1、2 期、1979 年 1 期。後收入俞偉超：《先秦兩漢考古學論集》，62～114 頁，北京：文物出版社，1985 年；劉緒：《晉乎？衛乎？——琉璃閣大墓的國屬》，《中原文物》2008 年第 3 期；宋玲平：《再論輝縣琉璃閣春秋大墓的國別》，《故宮博物院院刊》2003 年第 4 期；劉雄：《山彪鎮與琉璃閣研究》，首都師範大學碩士學位論文，2009 年等。

〔註18〕 洛陽市文物工作隊：《洛陽 613 所東周墓》，《文物》1999 年第 8 期；洛陽市第二文物工作隊：《洛陽市紗廠路東周墓（JM32）發掘簡報》，《文物》2002 年第

墓主人的腰器，且年代上略早於甲墓。

圖 3-8：琉璃閣甲墓出土部分青銅禮器

11、山西太原金勝村趙卿墓：趙氏於 497BC 趙簡子時期退保晉陽（山西太原西南），424BC 趙獻子時期遷都中牟（河南鶴壁），所以該墓墓主人只能是趙簡子鞅（卒於 458BC）或趙襄子毋恤（卒於 425BC），其年代大體不出於 458BC～420BC 之間（春戰之際）。而從出土的青銅禮器來看，鼎的蹄足已經顯著變矮，並出現了鋪首銜環敦形鼎、鬲形鼎、束頸折沿大鑊鼎（同見於戰國早期的曾侯乙墓中）、淺盤高柄無蓋豆、高柄小方壺、臥獸鈕器蓋等新的器形和裝飾風格，這些都未見於春秋晚期晚段的琉璃閣甲墓、壽縣蔡侯墓、上馬村 M15 等墓葬中，而更普遍地流行於戰國時期，所以可以推斷該墓的年代應已進入戰國初年（圖 3-9）。403BC 趙氏方被周室正式承認爲諸侯，這與該墓中僅使用列鼎七件的規格也並不矛盾〔註 19〕。

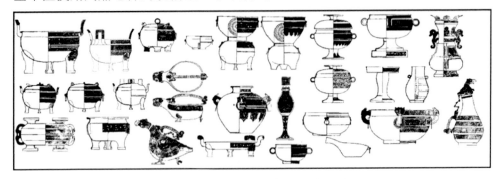

圖 3-9：山西太原趙卿墓出土青銅禮器

11 期；洛陽市文物工作隊：《河南洛陽市潤陽廣場 C1M9950 號東周墓葬的發掘》，《考古》2009 年第 12 期；洛陽市文物工作隊：《洛陽西工區春秋墓發掘簡報》，《文物》2010 年第 8 期。此外像著名的洛陽「哀成叔鼎」也是平蓋附耳鼎。

〔註 19〕山西省考古研究所等：《太原趙卿墓》，文物出版社，1996 年；張崇寧：《太原金勝村 251 號墓主探討》根據出土銅戟的形制認爲該墓墓主人是趙襄子，《中國歷史文物》2005 年第 1 期。

12、汲縣山彪鎮 M1：高明先生認為該墓所出「大紀鑄戈」應是魏襄子多所鑄，而「周王殷之元用戈」應本是周敬王（519BC～476BC）之物，因魏多幫助平定王子朝之亂（516BC）而賞賜給他，並用以隨葬，所以該墓即是魏多之墓。汲縣一地戰國後方屬於魏，故此墓年代應在戰國初期。其出土的青銅禮器的形制、組合均與趙卿墓中十分接近（如矮蹄足敦形鼎、淺盤無蓋高柄豆、瓠壺等），圓壺也是典型的戰國式瘦長型、最大徑在肩部，明顯晚於趙孟介壺（最大徑在下腹部），故可從此說〔註20〕。

13、陝縣後川 M2040：此墓出土銅鼎、豆、方壺等器物的形制與趙卿墓中非常接近，但紋飾已逐漸變為戰國後流行的絢索紋或素面，立耳鼎的雙耳外撇程度更高，同時出現平底簡化的盤、匜、上下同體的敦等新的器形（戰國中後期多見），所以該墓年代應略晚於趙卿墓，在戰國早中期之際（圖 3-10）〔註21〕。

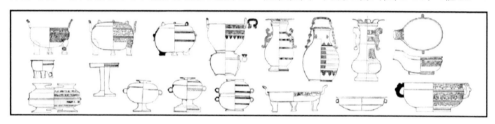

圖 3-10：陝縣後川 M2040 出土青銅禮器

14、洛陽 C1M5269：該墓與上述三晉戰國高級貴族墓葬一樣，銅鼎也分為三獸鈕圓蓋附耳矮蹄足鼎（蹄足進一步變矮）、鋪首銜環鬲形鼎和鋪首銜環敦形鼎三種，只是紋飾上較為特別（團花紋）。同時方壺四角皆方，已與戰國中期的陳璋方壺（記載 314BC 齊國伐燕之事）接近，鑑壺也開始流行，所以可以斷定該墓的年代應在戰國中期（圖 3-11）〔註22〕。

〔註20〕郭寶鈞：《山彪鎮與琉璃閣》，科學出版社，1959 年；高明：《略論汲縣山彪鎮一號墓的年代》，《考古》1962 年第 4 期，但魏多 516BC 參與平定王子朝之亂，至 453BC 三家分晉時則年歲太高，所以該墓未必便是魏多本人之墓，其後人用祖先之戈隨葬亦不無可能；陳昭容：《論山彪鎮一號墓的年代及國別》則認為該墓年代在春秋晚期，但同時肯定「周王戈」是周敬王賞賜之物，《中原文物》2008 年第 3 期；劉雄：《山彪鎮與琉璃閣再研究》，首都師範大學碩士論文，2009 年。該文認為「山彪鎮一號大墓為春秋戰國之交晉國魏氏貴族墓」。

〔註21〕中國社會科學院考古研究所編著：《陝縣東周秦漢墓》，科學出版社，1994 年。

〔註22〕高虎、王炬：《洛陽市針織廠東周墓（C1M5269）的清理》，《文物》2001 年第 12 期。

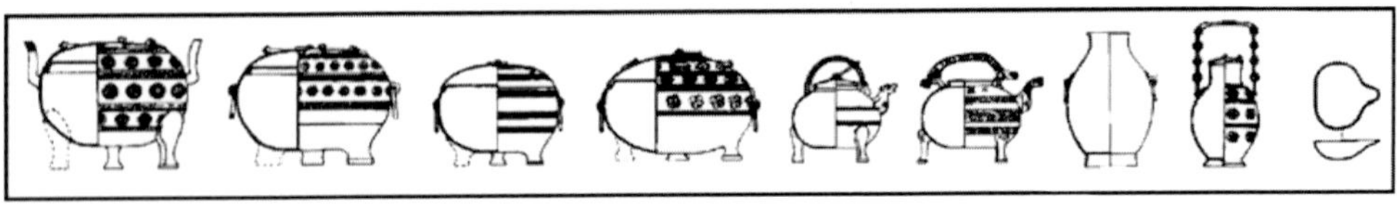

圖 3-11：洛陽 C1M5269 出土青銅禮器

15、河北平山 M1、M6 中山王墓：根據 M1 中出土的著名的「中山三器」銘文，可以知道 M1 的墓主中山王譽下葬年代在 308BC～307BC 之間〔註 23〕，即戰國中期晚段。M6 據發掘報告認爲是中山成公之墓，卒於 328BC，則該墓年代在戰國中期早段，墓中出土的青銅禮器也基本支持這一結論（圖 3-12）。由於中山國與三晉地區在青銅禮器方面具有極大的相似之處，所以這兩座年代明確的高級貴族墓葬對於中原地區戰國銅器的研究無疑具有極其重要的意義〔註 24〕。同時從上述銅器銘文中可以看出，中山國雖爲赤狄之後，卻深受中原文化的影響，強調「仁」、「義」「禮」等觀念，與三晉兩周地區有著共同的文化信仰，所以其青銅禮器亦具有嚴格的禮制含義，足可代表這一時期的禮制特點，而絕非是簡單的「舶來品」。

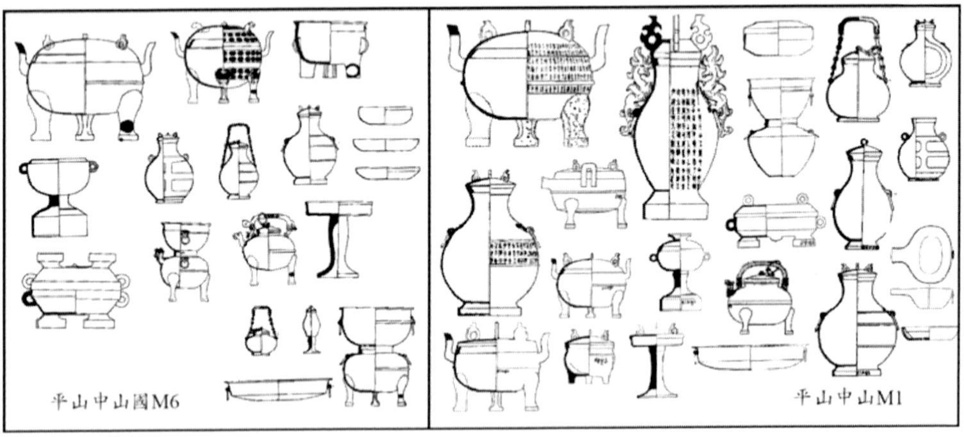

圖 3-12：河北平山 M6、M1 中山王墓出土青銅禮器

16、輝縣趙固 M1：傳統上認爲該墓年代已進入戰國晚期，但參之以中山王譽墓中銅器，提鏈壺、平底盤和甗的形制均十分接近，尤其是甗的下部均

〔註 23〕李學勤、李零：《平山三器與中山國史的若干問題》，《考古學報》1979 年第 2 期。

〔註 24〕河北省文物研究所：《戰國中山國靈壽城——1975~1993 年考古發掘報告》，文物出版社，2005 年；河北省文物研究所：《譽墓——戰國中山國國王之墓》，111 頁，文物出版社，1995 年。

已變化爲無足、平底、球腹狀的釜，與秦漢之器相同，其他鋪首銜環鬲形鼎、敦形鼎等也多見於戰國中期，所以該墓年代應在戰國中晚期之際較爲適宜（圖3-13）〔註25〕。

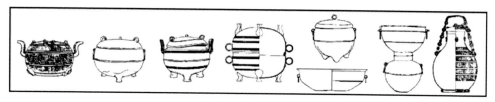

圖 3-13：輝縣趙固 M1 出土青銅禮器

戰國晚期之後，秦人大舉東進，對三晉兩周地區的傳統文化帶來巨大的衝擊，法治思想逐漸取代以禮治國的原則，禮制日趨世俗化、生活化。不過此種變化已超出了本文討論範圍，故對於這一時期的銅器墓葬暫未加收錄（青銅禮器的使用亦急劇衰落）。

二、南方楚文化區

楚是東周時期南方最爲重要的諸侯國，其疆域最廣時，曾東臨大海、西抵巴蜀、南近兩廣、北及陝南，奄有天下之半。不過典型楚文化的範圍則大致集中於漢水流域及長江中游流域一帶，包括今河南西南部至湖北西北部、湖北中東部至湖南中北部、安徽中南部等地〔註26〕。迄今爲止，已經發現的有代表性的楚國銅器群包括：

1、當陽趙家湖墓地金家山 M9（圖 4-1）、趙巷 M4、趙家湾 M2、M3 等銅器墓：根據對當陽趙家湖墓地的分期結果，確認了這四座墓葬的年代屬於春秋早期至春秋中期偏早階段〔註27〕。其組合仍以鼎、簋搭配爲主，延續了

〔註25〕中國科學院考古研究所：《輝縣發掘報告》，科學出版社，1956 年。

〔註26〕郭德維先生在《楚系墓葬研究》一書中將楚墓分爲「紀郢區」（郢都江陵紀南城周邊）、「鄢郢區」（宜城至襄陽一帶）、「丹淅區」（河南淅川與湖北鄖縣一帶）、「城陽區」（即信陽周邊地區）、「東鄂區」（湖北鄂州、大冶、黃岡等地）、「洞庭區」（湖南嶽陽、汨羅、益陽等地）、「澧州區」（湖南臨澧一帶）、「長沙區」（湘水中游地區）、「黔中區」（湖南湘西地區）、「蒼梧區」（湖南南部一帶，多爲楚越雜處地區）、「陳郢區」（今淮陽一帶）和「壽春郢區」，大體可以從中看出楚墓集中分佈的區域，湖北教育出版社，1995 年。

〔註27〕湖北省宜昌地區博物館 北京大學考古系：《當陽趙家湖楚墓》，文物出版社，1992 年。其中趙家湾 M3 銅鼎已出現束頸、折沿風格，可能屬於春秋中期早段。

西周以來的傳統風格〔註28〕。

圖 4-1：當陽金家山 M9 出土青銅禮器

2、南陽西關銅器群：根據墓中出土的申公彭宇自作之簠，知道墓主人即爲楚滅申後（688BC～684BC）封於此地的一任申公〔註29〕。後來在此地又陸續發掘了彭無所、彭子壽、彭啓、彭射等人墓葬，確認了其即是彭氏家族墓地所在〔註30〕。按《左傳・哀公十七年》的記載：「彭仲爽，申俘也，文王以爲令尹，實縣申、息，朝陳、蔡，封畛於汝」，則彭宇當是彭仲爽後人，卒年已進入春秋中期。這批銅器的製作年代約在春秋早中期之際，已由鼎、簋組合轉爲楚人典型的鼎、簠組合，同時表明在春秋時期楚國縣公一級使用五鼎規格。

3、淅川下寺楚墓群：發掘者根據墓葬銅器組合、墓地排列等因素將該墓群劃分爲年代相繼的三組：M8、M7、M36 組，M1、M2、M3、M4 和 15 座小型墓組，M10、M11 組〔註31〕。其中最爲重要的 M2 的墓主人據李零先生之說，爲楚國令尹蒍子馮（佣），卒於 548BC。墓中的「王子午升鼎」原屬令尹子庚（卒於 552BC）宗廟之物，因子庚弟子南獲罪而被蒍子馮所據有並加鑄

〔註28〕 但亦有學者主張以鼎、簋組合爲代表的此類銅器墓並非是楚人墓，參見王光鎬：《楚文化源流新證》，武漢大學出版社，1988 年。

〔註29〕 王儒林、崔慶明：《南陽市西關出土一批春秋銅器》，《中原文物》1982 年第 1 期；關於楚滅申時間參看何浩：《楚滅國研究》，105 頁，武漢大學出版社，1989 年。

〔註30〕 王儒林、崔慶明：《南陽市西關出土一批春秋銅器》，《中原文物》1982 年第 1 期；董全生、李長周：《南陽市物資城一號墓及其相關問題》，《中原文物》2004 年第 2 期；南陽市文物考古研究所：《南陽市萬家園 M181 發掘簡報》，《中原文物》2009 年第 1 期；南陽市文物考古研究所：《河南南陽春秋楚彭射墓發掘簡報》，《文物》2011 年第 3 期。彭啓墓和彭子壽墓材料尚未公佈。整個墓地由北向南分佈，北部的彭宇墓年代最早。

〔註31〕 河南省文物研究所等：《淅川下寺春秋楚墓》，文物出版社，1991 年。

鼎蓋〔註32〕。此後在附近和尚嶺、徐家嶺兩地又相繼發現了蔿子受（和尚嶺
M2）、蔿子孟升嬭（徐家嶺 M3）、蔿子昃（徐家嶺 M10）等人墓葬〔註33〕，
證明了這一地區確爲楚國蔿氏家族墓地所在。那麼下寺 M2 的年代應在 548BC
稍後，墓中銅器的製作又略早於此時（圖 4-2）〔註34〕，屬春秋中晚期之際。
相應地，M8、M7（圖 4-3）的年代約在春秋中期早中段，M10、M11 的年代
在春秋晚期晚段。

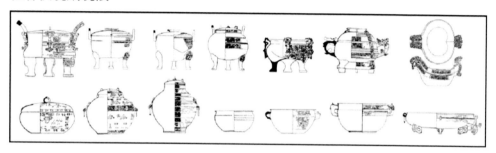

圖 4-2：淅川下寺 M2 出土青銅禮器

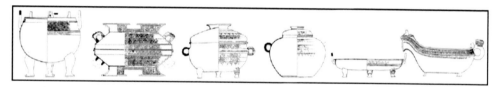

圖 4-3：淅川下寺 M7 出土青銅禮器

4、葉縣舊縣四號墓：據墓中出土的「許公寧之用戈」考證該墓爲卒於
547BC 的許靈公寧之墓，墓中銅器當在春秋晚期早段〔註35〕。春秋葉城遺址
即位於葉縣舊縣，576BC 許國遷徙至此，成爲楚國的附庸，因此該墓中具有
濃厚的楚文化特徵（圖 4-4）。

〔註32〕 李零：《楚叔之孫佣究竟是誰？》，《中原文物》1981 年第 4 期；李零：《論東
周時期的楚國典型銅器群》，《古文字研究》第 19 輯，1992 年。

〔註33〕 河南省文物考古研究所等：《淅川和尚嶺與徐家嶺楚墓》，大象出版社，2004
年。

〔註34〕 下寺 M2 中多數銅器爲佣陸續所鑄，但亦有掠奪他人之器的現象，這在整
個春秋時期楚墓中均十分普遍（或是喪禮贈賻）。除王子午升鼎、王孫誥編
鍾外，又如兩件扉棱鬲（M2：58、59）銘文中代表作器者的起首三字均被
刮去。

〔註35〕 平頂山市文物管理局、葉縣文化局：《河南葉縣舊縣四號春秋墓發掘簡報》，《文
物》2007 年第 9 期。

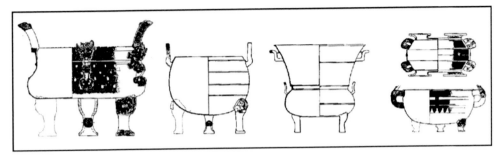

圖 4-4：葉縣舊縣 M4 許靈公墓出土青銅禮器

　　5、壽縣蔡侯墓：唐蘭先生據墓中銅器銘文考證，該墓爲卒於 491BC 的蔡昭侯姬申之墓（但同時又保留了若干其父蔡悼侯之物），這一意見被學界普遍接受，遂使該墓銅器成爲春秋晚期晚段的重要標尺（圖 4-5）〔註36〕。蔡爲姬姓諸侯國，原都於河南駐馬店一帶的上蔡，531BC 遷都河南新蔡，493BC 蔡昭侯時期遷都安徽壽州的下蔡，奔走於吳、楚之間（墓中還出現了吳王光諸器），所以其文化面貌同時深受周制、楚制影響，可作爲這一時期中原、楚國銅器交流的重要參考〔註37〕。

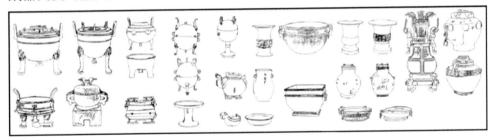

圖 4-5：安徽壽縣蔡侯墓出土青銅禮器

　　6、隨縣曾侯乙墓：由於墓中出土了楚惠王熊章五十六年製作並贈送給曾侯乙的大鎛鍾（433BC），所以該墓年代被認爲在 433BC 或稍後幾年，已進入戰國早期早段〔註38〕。曾國在此時已淪爲楚國附庸，故墓葬中大量銅器具有

〔註36〕 唐蘭：《五省出土重要文物展覽圖錄・序》，文物出版社，1958 年；殷滌非：《壽縣蔡侯墓銅器的再研究》，《考古與文物》1984 年第 4 期；殷滌非：《蔡器綜述——兼論下蔡地望》，《古文字研究》第 19 輯，1992 年。

〔註37〕 漢淮地區如黃、樊、鄧、養、曾、蔡等國青銅文化對於楚制的形成具有重要影響，其銅禮器對於楚國銅器的編年研究也具有重要參考價值，可參看李學勤：《論漢淮間的春秋青銅器》，《文物》1980 年第 1 期；高崇文：《漢淮間諸國青銅文化的變遷》，《楚文化研究論集》（八），大象出版社，2009 年。

〔註38〕 湖北省博物館：《曾侯乙墓》，文物出版社，1989 年。但墓中亦有若干銅器如尊盤、爐盤等爲祖上遺物，製作年代當早於戰國早期。

鮮明的楚器特徵。其與壽縣蔡侯墓一樣，也是考察東周時期中原地區和南方
楚國文化交流的重要材料。

　　7、淅川徐家嶺M10：根據墓中出土銅器銘文知道其為蒍子昃之墓屬蒍氏
後人。雖然文獻中對其生平缺少記載，但墓中出土的銅器如西瓜形敦、淺平
盤無蓋豆、方座簠、子母口獸鈕蓋鼎等均是壽縣蔡侯墓以後才開始流行的新
器物，豎頸折沿的大鑊鼎、淺腹部的升鼎也與曾侯乙墓同類器相近，故可以
判斷其年代應在戰國早期（圖4-6）〔註39〕。

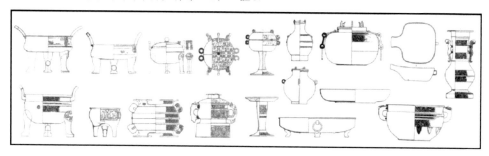

圖4-6：淅川徐家嶺M10出土青銅禮器

　　8、競之定銅器群：共29器，2007年初見於澳門崇源國際拍賣公司，
因其中鬲、豆、方座簠上有銘文「王命競（平王）之定救秦戎，大有功於
洛之戎，用作尊彝」，而備受學界關注〔註40〕。「競」為競平王之省稱，即
景平王（卒於516BC），是楚平王的雙諡〔註41〕。既稱其諡，則該銅器群（除
盤、匜）的製作年代顯然在516BC之後，在春秋晚期晚段至戰國初年之間。
李學勤先生進一步指出「救秦戎」為魯哀公四年楚與晉因蠻氏紛爭一事
（491BC），則春秋晚期晚段一說較長，但因具體組合不全，未敢遽斷（圖
4-7）。

〔註39〕河南省文物考古研究所等：《淅川和尚嶺與徐家嶺楚墓》，大象出版社，2004
　　　年。

〔註40〕其中又有楚王熊悆所作盤、匜，顯然與封君「定」並非一人，所以這群器
　　　物可能不是同出於一墓之中。參見張光裕：《新見楚式青銅器群器銘試釋》，
　　　《文物》2008年第1期；李學勤：《論「景之定」及有關史事》，《文物》
　　　2008年第2期；吳鎮烽：《競之定銅器群考》，《江漢考古》2008年第1期；
　　　黃鳳春：《新見楚器銘文中的「競之定」及相關問題》，《江漢考古》2008
　　　年第2期；鄔芙都：《新見「楚王畲悆」考釋》，《考古與文物》，2009年第
　　　2期。

〔註41〕李零：《楚景平王與楚多字諡——重讀「秦王卑命」鍾銘文》，《傳統文化與現
　　　代化》1996年第6期。

圖 4-7：競之定銅器群

9、新蔡葛陵楚墓：7 室墓，墓主人爲楚國平夜君成及其夫人。由於墓中出土的卜筮祭禱簡上記載了祭祀「荆王、文王、平王、昭王、蕙王、簡王、聲王」等楚國先王的活動，可知其施行的年代主要在悼王（聲王子）之世，即 401BC 至 381BC〔註 42〕。而其中最晚的一條紀年簡「王徙於鄩郢之歲」，劉信芳先生據曆譜認爲是肅王四年（377BC），即爲「成」的下葬年代，在戰國早中期之際〔註 43〕。

10、荆門包山 M2：5 室墓，墓主人爲楚國左尹昭佗，墓中出土的遣策簡上記載「大司馬昭滑（即「卓滑」）救郙之歲，享月丁亥之日，左尹葬」，卓滑任大司馬一職在 332BC 至 289BC 年之間，而其最早的一條卜筮祭禱簡紀年又有悼陽敗晉師之年（323BC），所以此墓年代即在 323BC 至 289BC 之間（一說爲 316BC），屬戰國中期晚段（圖 4-8）〔註 44〕。

〔註 42〕河南省文物考古研究所：《新蔡葛陵楚墓》，鄭州：大象出版社，2003 年。發掘報告認爲該墓年代在悼王末年；駐馬店市文物工作隊、新蔡縣文物保護管理所：《河南新蔡葛陵二號楚墓發掘報告》，《文物》2002 年第 8 期。

〔註 43〕劉信芳：《新蔡葛陵楚墓的年代以及相關問題》，《長江大學學報（社會科學版）》，2004 年第 1 期。

〔註 44〕湖北省荆沙鐵路考古隊：《包山楚墓》，文物出版社，1991 年。發掘報告認爲該墓下葬年代在 316BC，徐少華先生則認爲在 303BC，參見徐少華：《包山二號楚墓的年代及相關問題》，《江漢考古》1989 年第 4 期。二者雖相距 13 年，但並不影響本文的分期結果。

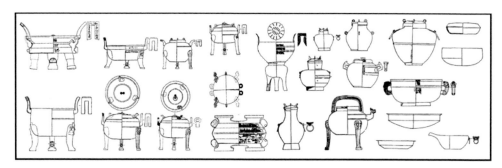

圖 4-8：包山 M2 出土青銅禮器

11、江陵望山 M1、M2：3 室墓，墓主人爲邵（悼氏）固夫婦。劉彬徽先生根據墓中出土的以事記年簡「齊客張果問王於栽郢之歲」推斷其年代爲 332BC 或 331BC（威王時期），爲悼固的卒年。這與卜筮祭禱簡所反映的墓主人作爲悼王曾孫輩的結論亦相吻合。所以望山 M1、M2 的年代均在戰國中期偏晚階段，但略早於包山 M2〔註45〕。

12、江陵天星觀 M1、M2：7 室墓，據墓中出土的遣策簡和卜筮祭禱簡，可知墓主人爲楚國封君邸殤君番（潘）勅夫婦。M1 內三條以事紀年簡上記有「秦客公孫鞅聞（問）王於栽郢之歲」，與望山 M1 卜筮祭禱簡「齊客張果問王於栽郢之歲」體例相似，且楚王同在栽郢，年代當十分相近。又公孫鞅即是衛國公子鞅，秦孝公元年（361BC）「西入秦」，二十二年（340BC）因變法之功被封於商，此後號稱商君鞅直至 338BC 被誅。所以秦客公孫鞅訪楚的年代當在 361BC 至 340BC 之間，該墓年代又晚於此時，在戰國中期晚段的楚威王時期（圖 4-9）〔註46〕。M2 的年代與 M1 大致相近。

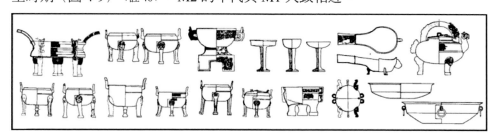

圖 4-9：天星觀 M2 出土青銅禮器

〔註45〕劉彬徽：《從包山楚簡紀時材料論及楚國紀年與楚曆》，湖北省荊沙鐵路考古隊：《包山楚墓》附錄二一，536 頁，文物出版社，1991 年。

〔註46〕湖北省荊州地區博物館：《天星觀一號楚墓》，《考古學報》1982 年第 1 期；湖北省荊州博物館：《荊州天星觀二號楚墓》，文物出版社，2003 年。M1 內出土有漆鈁，M2 內出土有漆盒，均是戰國中期晚段後出現的新器形。

13、壽縣李三孤堆銅器群：該銅器群在二十世紀三十年代曾屢遭盜掘，出土器物也散落至各地博物館和收藏家手中。八十年代以來，曹淑琴、殷瑋璋、李零、劉彬徽、孫華、吳長青、劉和惠等學者開始對這批器物進行整理和統計，並逐步在一些主要青銅禮器的形制、數量上達成了一致意見〔註47〕。據其中有銘銅器可知，該銅器群的主體部分鑄造於考烈王熊前和幽王熊悍時期，即262BC至228BC之間，爲戰國晚期的標準器（唯曾姬無卹壺鑄造於楚宣王時期）〔註48〕。從銅器風格來看，其與包山M2、望山M1、M2、天星觀M2等戰國中期的銅器群有一脈相承的關聯，反映出戰國晚期楚雖東遷，其傳統文化仍得到較好的保持。本文第三章還將對此有更詳盡的分析。

綜觀上述墓葬，從春秋至於戰國階段，中原地區和南方楚文化區內的墓葬序列均是比較齊全的，這就爲銅器形制演變的考察奠定了堅實的基礎。

第二節 青銅禮器的類型學分析

一、中原地區

鼎：依據器耳、器蓋與襠部的不同，可分爲「立耳鼎」、「附耳鼎」、「鋪首銜環鬲形鼎」和「鋪首銜環敦形鼎」四種類型（圖5-1）。

〔註47〕 李景聃：《壽縣楚墓調查報告》，《田野考古報告》第一冊，1936年；鄧峙一：《李品仙盜掘楚王墓親歷記》，《安徽文史資料選輯》第一輯，安徽人民出版社，1960年；朱拜石：《考訂壽縣出土古器物初稿》，1934年，現存合肥市文物管理處；唐蘭：《壽縣出土銅器考略》，國立北京大學：《國學季刊》四卷一期，1934年；劉節：《壽縣所出楚器考釋》，《古史考存》10～140頁，人民出版社，1958年；曹淑琴、殷瑋璋：《壽縣朱家集銅器群研究》，《考古學文化論集》199～220頁，文物出版社，1987年。以下簡稱《器群》；李零：《論東周時期楚國的典型銅器群》，《古文字研究》第十九輯136～178頁，中華書局，1992年；劉和惠：《壽縣朱家集李三孤堆大墓墓主的再認識》，《東南文化》1991年第2期；劉彬徽：《楚系青銅器研究》，湖北教育出版社，1995年；吳長青：《壽縣李三孤堆楚器的研究與探索》，《故宮博物院刊》2006年第6期，《壽縣李三孤堆楚國大墓出土銅的初步研究──以安徽省博物館藏該墓青銅器爲中心》，北京大學碩士論文，2005年。

〔註48〕 雖然該器群中還雜有熊璋劍、曾姬無卹壺（鑄於楚宣王時期）等先世之物，但考慮到壽縣蔡侯墓、曾侯乙墓中也有類似的現象，故亦在情理之中。

　　「立耳鼎」傳承自西周晚期以毛公鼎、中義父鼎、頌鼎、梁其鼎、鬲攸比鼎、膳夫山鼎等爲代表的「深腹圓底鼎」傳統，立耳、深腹、圓底、蹄足，從春秋一直延續至戰國中期，除耳部逐漸外撇外，基本形制未有大的變化（裝飾隨時代各異），可視爲是「恪守古制」的一種表現（尤其是不加銅鼎蓋的做法〔註49〕）。在關中地區出土的春秋時期秦國銅鼎無一例外均是此種類型，唯腹部逐漸變淺〔註50〕。

類型 時代	鼎			鬲形鼎	敦形鼎
	立耳鼎	附耳鼎			
		無蓋	有蓋		
西周晚期	毛公鼎	膳夫克鼎			
春秋早期 早段	曲村 M102	晉姜鼎			
春秋早期 晚段	上郭村 76M4	虢季列鼎	洛陽 C1M9950		
春秋中期 早段	洛陽 JM32	洛陽 C1M3427	洛陽 JM32		
春秋中期 晚段	琉璃閣乙墓	鄭伯墓	鄭伯墓		

〔註49〕 此處「無蓋」乃沿用學界的一貫稱呼，實際上許多銅鼎在使用時應是有木蓋或茅草蓋的，禮制文獻中稱爲「冪」，如《儀禮・士冠禮》：「離肺實於鼎，設扃冪。」可參看吉林大學歷史系考古專業等：《鳳凰山一六七號墓所見漢初地主階級喪葬禮俗》，《文物》1976 年第 10 期。

〔註50〕 可參看梁雲：《戰國時代的東西差別——考古學的視野》圖十：秦墓銅器群演變序列圖，文物出版社，2008 年，29～31 頁。

春秋晚期		程村 M1002	琉璃閣甲墓	琉璃閣甲墓		
戰國早期	早段	金勝村 M251	金勝村 M251	金勝村 M251	金勝村 M251	金勝村 M251
	晚段	潞城潞河 M7	潞城潞河 M7	潞城潞河 M7		潞城潞河 M7
戰國中期	早段	後川 M2040		後川 M2040	後川 M2040	輝縣趙固 M1
	晚段	分水嶺 M25：32		中山國 M1	輝縣趙固 M1	

圖 5-1：中原地區銅鼎形制變化圖

　　「附耳鼎」從西周晚期以大克鼎、膳夫克鼎、四十二年、四十三年逨鼎、禹鼎、史頌鼎、函皇父鼎等爲代表的「扉棱平底鼎」的傳統（西周時期尚爲立耳）發展而來，折沿、直腹、平底，腹部一周帶有若干扉棱。「晉姜鼎」（春秋初期）之後附耳作風開始流行，且腹壁逐漸向內斜收，早期雙耳與器身間多有小橫梁連接。但春秋中期以後則器體變大、器腹顯著變深，這在新鄭李家樓鄭伯墓以及琉璃閣甲墓中都可以觀察到〔註51〕尤其是琉璃閣甲墓中的 5件「蟠虺紋無蓋附耳鼎」，雖然形制與早期扉棱鼎差異明顯，但腹部仍然帶有復古性的扉棱裝飾，表明了二者之間的傳承關係。戰國後則逐漸被用作束頸、折沿、無蓋的大鑊鼎，一般每墓僅有 1-2 件。

〔註51〕河南博物院、臺北國立歷史博物館：《新鄭鄭公大墓青銅器》，大象出版社，2001 年；河南博物院、臺北國立歷史博物館：《輝縣琉璃閣甲乙二墓》，大象出版社，2003 年。

「附耳鼎」在春秋早期晚段的另一個變化是平蓋（銅蓋）的出現。像洛陽 C1M9950 中的 A 型 II 式銅鼎（C1M9950：24），折沿、腹壁較直、圓底近平，腹上部各紋飾區之間附有六個鳥形獸，與扉棱的做法十分相近。鼎上有一平蓋，蓋頂中心為雙鳥對尾抓手，周邊站立三個小鳥，蓋面上也滿飾纏鳥紋〔註 52〕。這種平蓋以及立體鳥獸裝飾的做法很可能是借鑒於山東地區〔註 53〕，並迅速在中原墓葬內普及（同樣的變化趨勢亦可見於南方淅川下寺墓地中年代相繼的 M7、M2 中）。春秋中期晚段開始也和上述的「無蓋附耳鼎」一樣，腹部變得極深，而且平蓋的做法也逐漸被三環鈕圓形蓋所取代（如鄭伯墓）。這種銅鼎還進一步南傳至楚國境內（下圖 6-1），演變為箍口的「鈇（繁）鼎」。戰國後則蹄足變矮，器腹趨於扁平，臥獸鈕開始出現，並一直沿用至秦漢時期。鋪首銜環的「鬲形鼎」和「敦形鼎」在戰國初年方才出現，主要流行於戰國早、中期，數量多為奇數。

簋、盆、敦、豆：關於簋、敦的區別，自宋代以來便爭說紛紜。劉敞、呂大臨等宋代金石學家皆誤將「𣪘」釋作敦，清人錢坫則改釋為簋〔註 54〕，後來黃紹箕作《說簋》一文，以戰國中期「陳侯因𦛃敦」為例，分析了簋、敦二器形制之別和簋、敦二字形、音之異，從而區別簋、敦為兩器，自此以後再無異議〔註 55〕。但近來高明先生又通過梳理考古材料指出了簋、敦二者之間的承襲關係，認為二者原屬一種器物，只是由於時代不同，形制有所變化而已〔註 56〕。

然而，這種說法所不能解釋的是，在新鄭李家樓鄭伯墓中 8 件三足簋、2 件扁體三足敦和 1 件平底盆形敦三者共出，琉璃閣乙墓中也是三足簋和平底盆形敦共用，南方的淅川下寺 M1、M2 內同樣是簋、扁體三足敦共存，均表明了這三者間具有著完全不同的禮制功能，並不能混作一談。

此外，今日所見到的自銘為「敦」的器物多集中於東周時期的山東地區，像齊侯敦（《集成》）·4638）、「歸父敦」（《集成》）·4640）、「荆公孫敦」（《集

〔註 52〕 洛陽市文物工作隊：《河南洛陽市潤陽廣場 C1M9950 號東周墓葬的發掘》，《考古》2009 年第 12 期。
〔註 53〕 劉彬徽：《山東地區東周青銅器研究》，《中國考古學會第九次年會論文集》，文物出版社，1993 年。
〔註 54〕 錢坫：《十六長樂堂古器疑識考》嘉慶元年自刻本。
〔註 55〕 黃紹箕：《說簋》，王懿榮輯《翠墨園語》，《古學彙刊》第一集金石類，上海國粹學報排印版，1912 年。
〔註 56〕 高明：《中原地區東周時代青銅禮器研究》，《考古與為文物》1981 年 2、3、4 期。

成》）‧4642）、「陳侯因[育]敦」（《集成》）‧4649）、「陳侯午敦」（《集成》）‧4646）等，春秋時期爲平底盆形（如歸父敦）或扁體帶三足形（如荊公孫敦），戰國後則變爲上下同體的西瓜形，與「簋」迥然有異，且二者往往共出〔註57〕。凡此均表明簋、敦二者形制有別，並非一物。

從現有材料來看，「敦」應該是源於齊魯一帶的器物專名，中原地區何時開始有「敦」的稱呼（或有其他專名）尚不得而知。但鑒於此類器形已經出現，故在現有材料下不妨仍暫稱之爲「敦」（敦的名稱出現早晚與器形出現時間不一定完全一致，探討某器物的來源還應從器形的出現爲準）。其具體又分爲「平底盆形敦」和「扁體三足敦」兩種類型：

平底的「盆形敦」從「盆」演化而來，如「黃太子伯克盆」、「樊君虁盆」、「曾孟嬭諫盆」、「息子行盆」等，原是漢淮地區盛行的一種粢盛器類型（自銘「飤盆」或「饋盆」）。春秋早期時傳入中原地區，並一直沿用至春秋晚期。

扁體三足的「盞形敦」是從楚地的「盞」借鑒而來，如「王子申盞盂」、「楚王熊審盞」等（即使到戰國階段變爲上下同體的西瓜形器也仍然不改其名，如包山簡、望山簡等）〔註58〕，且其最早見於春秋中期早段的當陽金家山M9、下寺M7等墓葬中，比中原地區的同類器年代略早。所以，盆形敦和盞形敦應均是受到地方文化強烈影響的結果〔註59〕，而並非是與簋一脈相承的器物。戰國之後，隨著上下同體的西瓜形敦開始流行（壽縣蔡侯墓中即已出現），中原地區也偶而能夠見到仿造此類器形的上下同體器（或圈足，或三足），故亦可稱之爲「敦」。

類　型	盆	簋	鋪
西周晚期		頌簋	晉侯墓地 M8	晉侯對鋪

〔註57〕 像臨淄淄河店墓地LZM3中方座簋（LZM3：3）和西瓜形敦（LZM3：11）同置於二層臺上，類似的現象還見於淄河店墓地LZM2、東夏莊墓地LDM4等墓葬中。參看山東省文物考古研究所編：《臨淄齊墓》（一），文物出版社，2007年。

〔註58〕 如包山遣策簡記載「二盛盞」，望山簡54記載「二合盞」等。劉彬徽：《東周青銅敦研究》，收入《早期文明與楚文化研究》，嶽麓書社，2001年，115～122頁。

〔註59〕 陳芳妹：《盆、敦與簋──論春秋早、中期間青銅粢盛器的變化》，《故宮學術季刊》1卷第3期；彭裕商：《東周青銅盆、盞、敦研究》，《考古學報》2008年第2期。

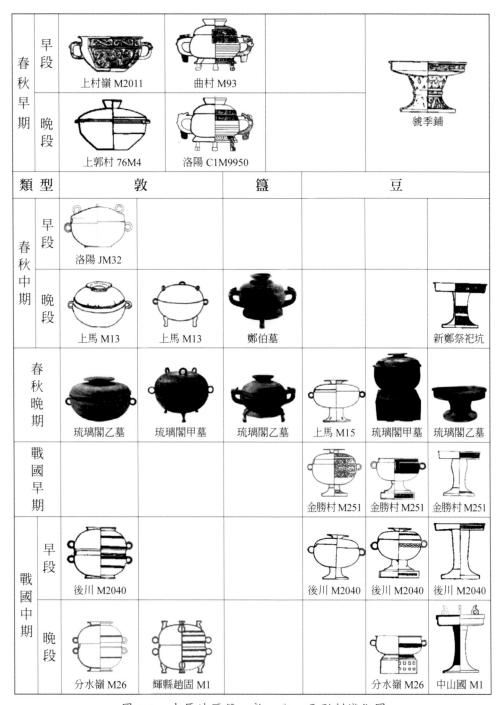

圖 5-2：中原地區簠、敦、盆、豆形制變化圖

　　蓋豆於春秋晚期晚段開始出現，並在戰國後急劇盛行，取代簋、敦。同時又仿造早已絕跡的方座簋而創造出底部帶有方座的一種新型蓋豆，集中於高級貴族墓葬中。西周晚期至春秋初年流行的銅鋪也被取用並加以改造成一種淺盤的無蓋高柄（無鏤孔）豆，這三者共同形成了一套新的與列鼎搭配的器物組合。

　　簋〔註60〕：最顯著的變化發生於器壁和上下器體交接處。從西周晚期直至戰國階段，器壁由斜直逐漸變爲豎直，上下器體交接處不斷增厚。器壁四耳至戰國中期以後消失。

　　壺：主要有「方壺」、「圓壺」兩種類型。「方壺」呈圓角方形，腹部多以十字寬條帶分割出八個裝飾方格。西周晚至春秋早期時十字寬條帶交接處多有方釘突起，裝飾方格內滿布各種變形龍紋，蓋沿及頸部則多用竊曲紋。耳部爲獸首銜環耳。從「梁其壺」（厲王時期〔註61〕）開始，壺蓋頂部出現蓮瓣裝飾，成爲後世三晉銅壺的特色所在。春秋中期晚段後壺體變得極爲瘦長，同時器蓋、器耳以及器身上流行各種寫實性的透雕動物紋樣，如新鄭鄭伯墓中的蓮鶴方壺，蓋頂爲一立鶴，器耳爲兩隻瑞獸，圈足底另有兩隻爬虎，栩栩如生，開一代風氣之先。腹部的十字寬條帶仍得以保持，但各裝飾方格內的紋樣變爲細密的蟠螭、蟠虺紋。戰國以後，方壺突然絕跡不見，僅在一些崇尚復古的墓葬如後川 M2040 中還有零星孑遺。至戰國中期晚段的中山王嚳方壺以及陳璋方壺（燕器）則已是四角皆方，器體任一斷面都成方形，爲後世鈁之先河。但中山王嚳方壺仍自銘「彝壺」〔註62〕，可見「鈁」應是秦漢時期的專稱。

　　圓壺橫斷面呈橢圓形。西周晚至春秋早期時流行獸首銜環耳，垂腹外鼓，最大徑在下腹中部。壺身多由三條環帶紋分隔成從上而下的三個裝飾區（「三

〔註60〕 關於簋的定名學界尚存在一定爭議，此處爲論述之便，暫沿用學界習稱。參見唐蘭：《略論西周微史家族窖藏銅器的重要意義》，《文物》1978年第3期及李學勤：《青銅器中的簋與鋪》，《中國古代文明研究》，華東師範大學出版社，2005；朱鳳瀚：《中國青銅器綜論》，上海古籍出版社，2009年；劉翔：《簋器略說》，《古文字研究》第十三輯，中華書局，1986年；周聰俊：《簋莆爲黍稷圓器說質疑》，《大陸雜誌》，100（3）；胡嘉麟：《兩周時期青銅簋研究》，陝西師範大學碩士論文，2007年。

〔註61〕 唐蘭：《陝西省博物館、陝西省文物管理委員會藏青銅器圖釋・序言》，文物出版社，1962年。

〔註62〕 河北省文物研究所：《嚳墓──戰國中山國國王之墓》，文物出版社，1995年。

段式」裝飾），頸部和腰部飾竊曲紋，下腹部則飾垂鱗紋或波浪紋。春秋中期晚段以後，與方壺一樣開始流行蓮瓣蓋和透雕動物耳，壺身的裝飾由「三段式」變爲「四段式」，如上馬村 M15 圓壺和趙孟介壺均是有從上而下的四個橫向裝飾帶，裏面密佈相互勾連的蟠虺紋。戰國以後，圓壺最大徑開始顯著上移，直至器身中上部，從而使壺體容積增大。爬獸耳逐漸被鋪首銜環取代，壺身的裝飾也進一步變爲多段式，但往往僅有幾條纖細的弦紋帶，主體裝飾大幅簡化。少數貴重者會出現宴飲、射獵、水陸攻戰等寫實性的圖案〔註63〕。

類型 年代	簋	壺		盤	匜
		方壺	圓壺		
西周晚期	史頌簋	頌壺	幾父壺	晉侯墓地 M31	晉侯墓地 M62
春秋早期	虢國墓地 M2012	曲村 M93	虢季圓壺	曲村 M93	曲村 M102
春秋中期（早段）	洛陽 JM32	洛陽 C1M3427		洛陽 JM32	洛陽 JM32
春秋中期（晚段）	鄭伯墓	上馬 M13	鄭伯墓	上馬 M13	上馬 M13

〔註63〕葉小燕：《東周刻紋銅器》，《考古》1983 年第 2 期；武紅麗：《東周畫像銅器研究》，中央美術學院碩士學位論文，2008 年；賀西林：《東周線刻畫像銅器研究》，《美術研究》1995 年第 1 期。

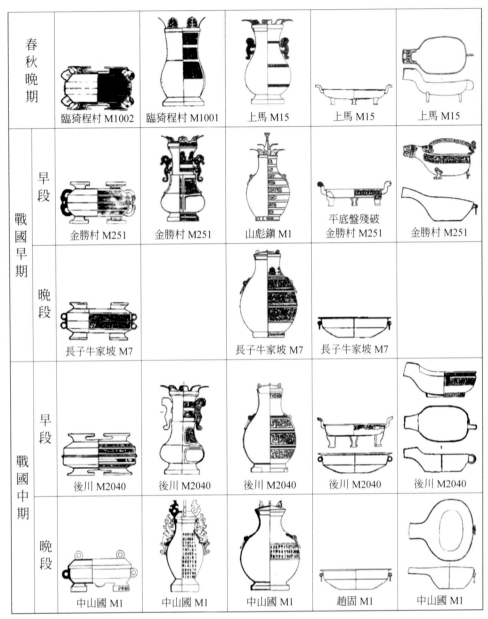

圖 5-3：中原地區簋、壺、盤、匜形制變化圖

盤、匜：均是盥手之器，變化趨勢大致相同。「盤」在西周晚期時流行附耳（耳部直上）高圈足，春秋初期後三小蹄足逐漸取代圈足，耳部也變爲外侈。戰國階段則蹄足消失，變爲平底。耳部也與鼎、壺一樣，流行使用鋪首銜環。「匜」在西周晚至春秋早期時爲四蹄足形，器體橫截面較長。春秋中期後獸首流開始出現，四蹄足也簡化爲三小蹄足。戰國以後則多爲平底，縱截

面變得更長，獸首流也進一步簡化直至消失。不過值得注意的是，在太原趙卿墓、後川 M2040 等墓葬中，會同時隨葬兩套形制不同的盤、匜，一套爲春秋時期流行的「古式」三蹄足盤、獸首流蹄足匜，一套爲戰國時期的「今式」素面平底盤、平底匜，關於它的功能和含義，在本文第六章還將有詳細的談論。

基於以上對青銅禮器形制演變的探討，我們還可以將其他若干重要的銅器群年代判斷如下：郟縣太僕鄉銅器群和登封告成 M3（均爲鄭墓），春秋早期中晚段〔註64〕；洛陽中州路 M2415，春秋中期早段〔註65〕；聞喜上郭村 M4、M6、M7、M12，春秋早中期之際（M12 →M4、M6→M7，M7 年代已到春秋中期早段）〔註66〕；尉氏河東周村墓青銅器群，春秋中期晚段〔註67〕；長治分水嶺 M269、M270，春秋中晚期之際，其中 M270 年代略早〔註68〕；1958年山西萬榮廟前 M1，春秋晚期偏早〔註69〕；臨猗程村墓地 M1001、M1002，春秋晚期中晚段，其中 M1001 的年代略早〔註70〕；侯馬上馬村 M1004（5 鼎）、M4006（3 鼎），春秋晚期晚段〔註71〕；洛陽 C1M3498，春秋晚期晚段〔註72〕；

〔註64〕《河南郟縣發現的古代銅器》，《文物參考資料》1954 年第 3 期；楊文勝：《郟縣太僕鄉出土青銅器研究》，《考古與文物》2002 年第 5 期；鄭州市文物考古研究所等：《河南登封告成春秋墓地三號墓》，《文物》2006 年第 4 期。告成 M3 內有「鄭伯公子子耳作盂鼎」等鄭國銅器，郟縣銅器群據唐蘭先生考證也是鄭器。郟縣在春秋初年鄭國東遷後爲鄭國所有，從器物形制看，與虢國墓地 M2001、平頂山 M8 等十分相近，故判斷爲春秋早期中晚段。

〔註65〕該墓爲洛陽中州路發掘的 8 座東周墓中年代最早的一座，其中盆形敦的年代最晚，可至春秋中期早段。中國科學院考古研究所編著：《洛陽中州路（西工段）》，科學出版社，1959 年。

〔註66〕朱華：《聞喜上郭村古墓群試掘》，《三晉考古》第一輯，山西人民出版社，1994 年；山西省考古研究所：《1976 年聞喜上郭村周代墓葬清理記》，《三晉考古》第一輯，山西人民出版社，1994 年；山西省考古研究所：《聞喜縣上郭村 1989 年發掘簡報》，《三晉考古》第一輯，山西人民出版社，1994 年。

〔註67〕鄭州市博物館：《尉氏出土一批春秋時期青銅器》，《中原文物》1982 年第 4 期。

〔註68〕山西文物工作委員會東南工作組：《長治分水嶺 269、270 號東周墓》，《考古學報》1974 年第 2 期。

〔註69〕楊富斗：《山西萬榮廟前村的戰國墓》，《文物》1958 年第 12 期。

〔註70〕中國社會科學院考古研究所編：《臨猗程村墓地》，中國大百科全書出版社，2003 年。這兩座墓葬是臨猗程村墓地中規模最大的兩座，均爲 5 鼎級別。

〔註71〕山西省文物管理委員會侯馬工作站：《山西侯馬上馬村東周墓》，《考古》1963 年第 5 期；山西省考古研究所：《上馬墓地》，文物出版社。

〔註72〕洛陽市文物工作隊：《洛陽西工區春秋墓發掘簡報》，《文物》2010 年第 8 期。

長子牛家村 M7，戰國早期偏晚〔註73〕；潞城潞河 M7，戰國早期偏晚〔註74〕；陝縣後川 M2041，戰國中期早段，略晚於 M2040〔註75〕；分水嶺 M25、M26，戰國中期偏晚〔註76〕；洛陽 C1M3750，戰國中期早段〔註77〕；萬榮廟前 61M1，戰國中期晚段〔註78〕。其他 1-3 鼎銅器墓葬，恕未能一一列舉。

二、南方楚文化區

鼎：楚國銅鼎依據自銘和功能的不同，主要分爲束頸折沿鼎、束腰平底鼎、箍口鼎和子母口高足蓋鼎四類（圖 6-1，另有小口湯鼎爲水器）〔註79〕。

附耳、束頸、折沿鼎從上述中原地區「無蓋附耳鼎」（「晉姜鼎」一系）演變而來，春秋時自銘爲「於鼎」，中期以後也和中原地區一樣器腹顯著變深，春秋晚期時蹄足外撇。戰國階段也被用作烹煮的鑊鼎，自銘爲「鑷鼎」，平底、無蓋，器腹容積增大，中高級貴族墓葬中多有 1-2 件。

束腰平底鼎從平底、外侈雙立耳的風格來看，與中原地區的「立耳鼎」頗有類似之處，而且在禮制功能上也均是作爲正鼎使用，自銘爲「升鼎」或「登鼎」，多爲奇數，與身份等級相對應。但其腹部的爬獸則又可能是借鑒於西周「扉棱平底鼎」的裝飾傳統。從春秋至戰國階段，其腹部逐漸變淺（扁平），爬獸趨於簡化，蹄足變高。

類型 時代	鼎			
	束頸折沿鼎	束腰平底鼎	箍口鼎	子母口高蹄足鼎
春秋早期	 趙家湾 M2			

〔註73〕山西省考古研究所：《山西長子東周墓》，《考古學報》1984 年第 4 期。

〔註74〕山西省考古研究所等：《山西省潞城縣潞河戰國墓》，《文物》1986 年第 6 期。

〔註75〕中國社會科學院考古研究所編著：《陝縣東周秦漢墓》，科學出版社，1994 年。

〔註76〕山西省文物管理委員會等：《山西長治分水嶺戰國墓第二次發掘》，《考古》1964 年第 3 期；山西省考古研究所等：《長治分水嶺東周墓地》，文物出版社，2010 年。

〔註77〕王炬：《洛陽市中州路東周墓》，《文物》1995 年第 8 期。

〔註78〕楊富斗：《山西萬榮廟前村東周墓地的調查發掘簡訊》，《考古》1963 年第 5 期。

〔註79〕高崇文：《楚墓的考古發現與研究》，《古代文明》（8），文物出版社，2010 年。

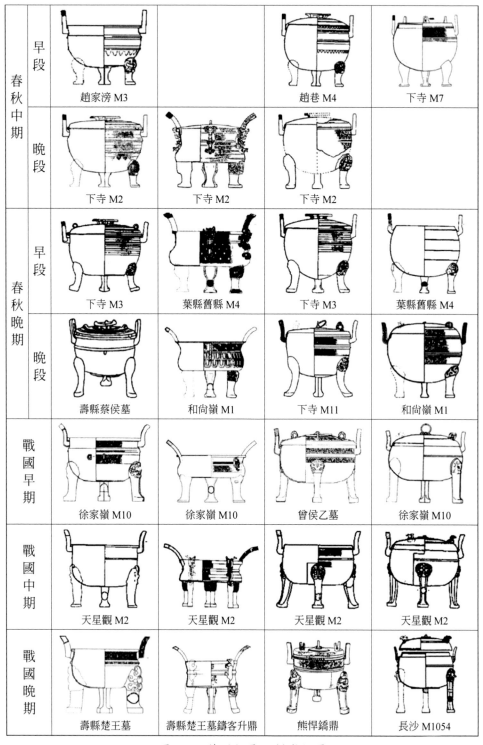

春秋中期	早段	趙家湣 M3		趙巷 M4	下寺 M7
	晚段	下寺 M2	下寺 M2	下寺 M2	
春秋晚期	早段	下寺 M3	葉縣舊縣 M4	下寺 M3	葉縣舊縣 M4
	晚段	壽縣蔡侯墓	和尚嶺 M1	下寺 M11	和尚嶺 M1
戰國早期		徐家嶺 M10	徐家嶺 M10	曾侯乙墓	徐家嶺 M10
戰國中期		天星觀 M2	天星觀 M2	天星觀 M2	天星觀 M2
戰國晚期		壽縣楚王墓	壽縣楚王墓鑄客升鼎	熊悍鎬鼎	長沙 M1054

圖 6-1：楚國銅鼎形制變化圖

「箍口鼎」的典型特徵是在口沿下部另設有一突出的箍棱來承蓋。其早期形態如春秋中期時趙巷 M4 中的箍口鼎腹部與蹄足與新鄭李家樓鄭伯墓中的有蓋深腹鼎頗爲相近,當有著深厚的淵源關係,春秋晚期後則僅見於楚系墓葬中(春秋晚期時三足外撇當是吸收了吳越銅器的風格)。戰國階段箍口鼎底部變平、蹄足變高、鼎蓋多裝飾三個螭鈕。其在春秋時期自銘爲「緐(繁)鼎」,戰國後改稱「鐈鼎」。

子母口高蹄足鼎在春秋時期僅有零星發現,且多集中於和中原地區毗鄰的地域。戰國時期才在楚地大規模普及,而且也與中原地區的「子母口蹄足蓋鼎」一樣,流行使用獸鈕和三環鈕裝飾,唯蹄足較高、器腹更爲扁平。

簋、簠、盞:簋爲周式傳統器物,在楚國僅有高級貴族方得使用。春秋時底部帶三小足(如下寺 M1、M2),春秋晚期晚段開始流行復古的方座簋[註 80],並且一直延續至戰國末年,唯簋的腹部容積逐漸減小。這種變化在山東地區也可以見到,如傳世的陳侯午簋(361BC)、莒侯少子簋(戰國早期偏晚)、禾簋(田和所鑄)等均帶以方座,而中原地區則流行使用方座蓋豆。

簠的變化趨勢與中原地區的幾乎完全一致,都是器壁由斜直變爲豎直、器體上下交接處由窄變厚。而且簠的容積在戰國之後也趨於減小。

盞是楚人對於敦的別稱。在春秋時期多爲扁體帶三足形,春秋晚期晚段後開始變爲上下同體的西瓜形,但名稱仍相沿未改[註 81]。戰國晚期階段即被盒所取代。

盤、匜:盤在春秋中期早段時與中原地區一樣爲直耳三蹄足形,晚期後則變爲銜環耳、獸首形環足,具有鮮明的地域特色。但戰國階段又簡化爲圜底或平底的素面盤。匜的演變趨勢與中原地區基本類似,由三足形逐漸變爲平底形,獸首流趨於簡化。另外,戰國初期在一些高級貴族墓葬中也同樣出現了兩套不同形制盤、匜兼用的現象。

[註80] 張懋鎔:《西周方座簋研究》,《考古》1999 年第 12 期;彭裕商:《西周銅簋年代研究》,《考古學報》2001 年第 1 期。

[註81] 如包山遣策簡記載「二盛盞」,望山簡 54 記載「二合盞」等。劉彬徽:《東周青銅敦研究》,收入《早期文明與楚文化研究》,嶽麓書社,2001 年,115~122 頁。

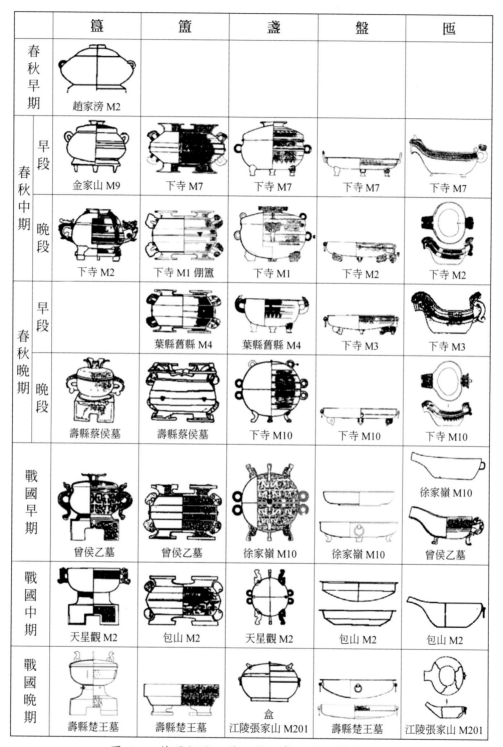

		簋	簠	盞	盤	匜
春秋早期		趙家湃 M2				
春秋中期	早段	金家山 M9	下寺 M7	下寺 M7	下寺 M7	下寺 M7
	晚段	下寺 M2	下寺 M1 佣簠	下寺 M1	下寺 M2	下寺 M2
春秋晚期	早段		葉縣舊縣 M4	葉縣舊縣 M4	下寺 M3	下寺 M3
	晚段	壽縣蔡侯墓	壽縣蔡侯墓	下寺 M10	下寺 M10	下寺 M10
戰國早期		曾侯乙墓	曾侯乙墓	徐家嶺 M10	徐家嶺 M10	徐家嶺 M10 / 曾侯乙墓
戰國中期		天星觀 M2	包山 M2	天星觀 M2	包山 M2	包山 M2
戰國晚期		壽縣楚王墓	壽縣楚王墓	盒 江陵張家山 M201	壽縣楚王墓	江陵張家山 M201

圖 6-2：楚國銅簋、簠、盞、盤、匜形制變化圖

方壺、圓壺、尊缶、盥缶：其中方壺、圓壺和尊缶爲酒器，盥缶爲水器。方壺從春秋早期一直延續至戰國末年，多出土於高級貴族墓葬中。春秋時期底部多帶有兩隻爬虎，戰國後則僅剩圈足，但透雕爬獸耳則一直保持。而且與中原地區一樣，壺體腹部使用十字寬條帶分割出八個不同的裝飾區間。圓壺於戰國初年方才在楚地出現，鋪首銜環耳，最大徑在壺體中上部，蓋頂多有螭鈕裝飾。整個戰國階段壺體漸趨瘦長，圈足增高。尊缶是楚地特有的器物，春秋時期器體較扁，腹部外鼓明顯，耳部也均爲銜環耳。春秋晚期晚段後器體變得瘦長，繞器體中部一周設有四個環形鼻鈕，蓋頂也設有三個環鈕。戰國晚期階段開始出現圈足。

		方壺	圓壺	尊缶	盥缶
春秋早期		宜城出土			
春秋中期	早段				下寺 M7
	晚段	下寺 M1		下寺 M2	下寺 M2
春秋晚期	早段			下寺 M3	下寺 M3
	晚段	壽縣蔡侯墓		壽縣蔡侯墓	壽縣蔡侯墓

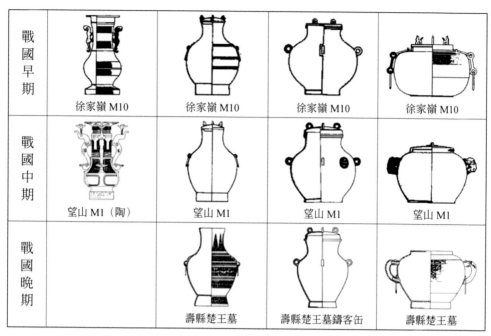

戰國早期	徐家嶺 M10	徐家嶺 M10	徐家嶺 M10	徐家嶺 M10
戰國中期	望山 M1（陶）	望山 M1	望山 M1	望山 M1
戰國晚期		壽縣楚王墓	壽縣楚王墓鑄客缶	壽縣楚王墓

圖 6-3：楚國方壺、圓壺、尊缶、盥缶形制變化圖

　　據以上對楚國銅器形制演變的分析，我們可以將其他若干重要銅器群的
年代判斷如下：鄖縣喬家院墓地，M4 爲春秋晚期早段，M5、M6 爲春秋晚期
晚段〔註82〕；淅川和尚嶺 M1，春秋晚期晚段〔註83〕；當陽曹家崗 M5，春秋
晚期晚段〔註84〕；麻城李家灣墓群，春秋晚期晚段〔註85〕；河南固始侯古堆
M1，春戰之際〔註86〕；平頂山應國墓地 M10，戰國初年〔註87〕；長沙瀏城橋
M1 和長沙馬益順巷 M1，戰國早期〔註88〕；長臺關 M1、M2，戰國中期偏晚

〔註82〕 湖北省文物考古研究所　湖北省文物局南水北調辦公室：《湖北鄖縣喬家院春
　　　　秋殉人墓》，《考古》2008 年第 4 期。
〔註83〕 河南省文物考古研究所等：《淅川和尚嶺與徐家嶺楚墓》，大象出版社，2004
　　　　年。
〔註84〕 湖北省宜昌地區博物館：《當陽曹家崗 5 號楚墓》，《考古學報》，1988 年第 4
　　　　期。
〔註85〕 湖北省文物考古研究所：《湖北麻城市李家灣春秋楚墓》，《考古》2000 年第 5
　　　　期。
〔註86〕 河南省文物考古研究所：《固始侯古堆一號墓》，大象出版社，2004 年。
〔註87〕 河南省文物考古研究所、平頂山市文物局：《平頂山應國墓地十號墓發掘簡
　　　　報》，《中原文物》2007 年第 4 期。
〔註88〕 湖南省博物館：《長沙瀏城橋一號墓》，《考古學報》1972 年第 1 期；長沙市文
　　　　物考古研究所：《長沙市馬益順巷一號楚墓》，《考古》2003 年第 4 期。

〔註89〕；荊州紀南城 M1、M2，戰國中期偏晚〔註90〕；隨州擂鼓墩 M2，戰國中期早段〔註91〕；荊門左冢 M1，戰國中期晚段〔註92〕；江陵藤店 M1 和沙冢 M1，戰國中期偏晚〔註93〕；江陵馬山 M1，戰國晚期〔註94〕。

小　結

從上述兩個地區的銅器分類與分期研究中可以看出，二者在禮器使用以及變化上存在著十分密切的交流與聯繫，從而在若干器類方面保持了高度的一致。我們可以將這種具有時代共性的銅器羅列如下（以戰國時期爲例，盤、匜、甗略）：

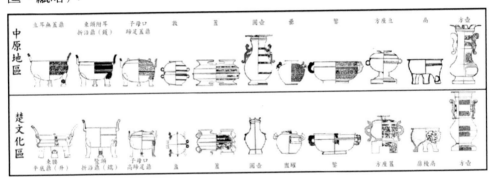

圖 7：中原地區與楚國相似銅器比較圖

銅鼎方面，中原地區從春秋一直延續至戰國的立耳無蓋鼎與南方楚國的束腰平底無蓋升鼎形制十分接近，且均爲奇數等差。作烹煮之用的鑊鼎皆是束頸、折沿、無蓋、深腹之制，唯楚地異稱爲「鐈鼎」。同時楚人又借鑒了中原地區的獸形鈕、子母口蓋鼎，但蹄足細高，而無中原地區日趨矮胖的風格；粢盛器方面，楚人雖亦長期使用倣仿自中原地區的銅簠，但銅簠才是其自身

〔註89〕河南省文物研究所：《信陽楚墓》，文物出版社，1986 年。

〔註90〕湖北省文物考古研究所：《湖北荊州紀南城一、二號楚墓發掘簡報》·《文物》1999 年第 4 期。

〔註91〕隨州市博物館編：《隨州擂鼓墩二號墓》，文物出版社，2008 年。

〔註92〕湖北省文物考古研究所等：《荊門左冢楚墓》，文物出版社，2006 年。該墓雖然銅器被盜，但出土的漆木器仍十分重要。

〔註93〕荊州地區博物館：《湖北江陵藤店一號墓發掘簡報》，《文物》1973 年第 9 期；湖北省文物考古研究所：《江陵望山沙冢楚墓》及附錄二，文物出版社，1996年。

〔註94〕湖北省荊州地區博物館編：《馬山一號墓》，文物出版社，1985 年。

禮制的特色所在。戰國時期楚地盛行的西瓜形、上下同體的敦亦爲中原地區所借鑒，而出現了上下兩平底敦相扣合的特殊器物。此外楚地戰國時期流行的方座簋亦與中原地區的方座豆頗爲類似；酒器方面，方壺與圓壺均居主要地位，且形制演變趨同，唯楚地另又有銅缶搭配；盥洗器方面，兩地皆流行使用罍（楚地稱盥缶或浴缶）和鑒。

　　此外，無論中原地區還是南方楚文化區，青銅禮器的器形、紋飾等均在春秋中期和戰國初年發生了較爲顯著的變化，可視爲是兩個「突變」階段，從而使其具有了與傳統文化截然不同的新特點。那麼，下一步我們就將開始關注這兩個地域間在青銅禮器的使用制度方面所存在的異同點。

第三章　犧牲之盛：鼎的使用制度

　　鼎是周代社會禮制生活的核心。冠、昏、喪、祭、鄉、射、朝、聘，凡此八禮皆需用鼎以備饗食，所以鼎遂成爲貴族身份乃至國家政權的象徵。而關於周代用鼎制度的研究，也一直是學術界關注的焦點。古之經學家的眾多注疏自不必論，近代以來，郭寶均、杜迺松、俞偉超、鄒衡、林澐、高明、李學勤、王世民、宋建、高崇文、王紅星、劉彬徽、梁雲、朱鳳瀚等諸位先生對這一問題也做了許多深入而透徹的分析〔註1〕。而其中尤以俞氏《周代用鼎制度研究》一文中所提倡的「周代鼎制三分法」最受矚目，歷來爲學界奉

〔註1〕郭寶鈞：《山彪鎮與琉璃閣》，中國社會科學院考古研究所編，科學出版社，1959年；郭寶鈞：《商周銅器群綜合研究》，文物出版社，1981年；杜迺松：《從列鼎制度看「克己復禮」的反動性》，《考古》1976年第1期；俞偉超、高明：《周代用鼎制度研究》，《北京大學學報》（哲學社會科學版）1978年1、2期、1979年1期。後收入俞偉超：《先秦兩漢考古學論集》，62～114頁，北京：文物出版社，1985年；北京大學歷史系考古教研室商周組：《商周考古》，文物出版社，1979年；高明：《中原地區東周時代青銅禮器研究》，《考古與文物》1981年2、3、4期；李學勤：《東周與秦代文明》，文物出版社，1984年；王世民：《關於西周春秋高級貴族禮器制度的一些看法》，收入王世民：《文物與考古論集》，文物出版社，1986年；林澐：《周代用鼎制度商榷》，《林澐學術文集》192～206頁，中國大百科全書出版社，1998年；宋建：《關於西周時期的用鼎問題》，《考古與文物》1983年1期；高崇文：《東周楚式鼎形態分析》，《江漢考古》1983年第1期；王紅星 胡雅麗：《由包山二號楚墓看楚系高級貴族墓的用鼎制度——兼論周代鼎制的發展》，湖北省荊沙鐵路考古隊：《包山楚墓》附錄一五，477～487頁，北京：文物出版社，1991年；劉彬徽：《楚系青銅器研究》，湖北教育出版社，1995年；梁雲：《周代用鼎制度的東西差別》，《考古與文物》2005年第3期；朱鳳瀚：《中國青銅器綜論》，上海古籍出版社，2009年12月。其他研究尚有許多，恕未能一一列舉。

爲「圭臬」。然而，隨著考古材料的日益豐富，其局限性也逐漸凸顯，尤其是在面對偶數鼎制時還有繼續深入探討的必要，這一點在林氏《周代用鼎制度商榷》一文中已多有提及。所以，在系統的整理考古材料以探討東周鼎制的變革之前，實有必要對文獻中有關鼎的分類的記載進行重新梳理和分析。

第一節　鼎實與鼎的類別

「鼎實」指盛於鼎內的饋饗，是辨別鼎的性質與類別的重要依據。在周代，依據鼎實的不同可以將鼎劃分爲四種類別：正鼎、鑊鼎、陪鼎與鉶鼎。

一、正鼎

正鼎又名升鼎，《儀禮·士冠禮》「煮於鑊曰烹，在鼎曰升」，《禮經釋例》「凡物在鼎謂之升」，故而得名，楚墓遣策中又稱爲「登鼎」。其在墓葬中往往以列鼎（形制、花紋相近，尺寸相同或遞減）的形式出現（圖 8）。正鼎的鼎實主要包括牲體、魚、臘、腸、胃、膚、肺諸類。

若單以牲體而言，有「太牢」、「少牢」、「特牲」三種。「牢」本是圈養牲畜之地，「有閑以防禽獸觸齧（《周禮·地官·充人職》鄭注）。」按禮制，將祭祀前必先擇牲繫於牢而芻之，故又以「牢」來代指祭牲。太牢者，用牛、羊、豕；少牢者，用羊、豕。然一牲不得以「牢」稱而唯名「特」，特猶一也。士冠、士昏、士喪禮皆用特豚（小豬），士虞、特牲饋食禮則用豕。鄉飲酒記、鄉射記、燕禮記中又有用犬之例，蓋爲取擇人之意〔註2〕。祭祀之時，凡牲又皆有其美號。《禮記·曲禮下》載：「凡祭宗廟之禮，牛曰一元大武，豕曰剛鬣，豚曰腯肥，羊曰柔毛，雞曰翰音，犬曰羹獻，雉曰疏趾，兔曰明視。」〔註3〕如《儀禮·少牢饋食禮》「敢用柔毛、剛鬣、嘉薦（菹醢）、普淖（黍稷），用薦歲事於皇祖伯某，以某妃配某氏，尚饗」即是此類祝辭。

〔註2〕　《儀禮·鄉射禮》：「其牲，狗也。」鄭注：「狗取擇人。」賈疏：「《鄉飲酒》、《鄉射》義取擇賢士爲賓，天子以下，燕亦用狗，亦取擇人可與燕者。」李學勤主編：《十三經注疏（標點本）——儀禮注疏》231頁，北京大學出版社，1999年。

〔註3〕　孔疏云：「牛肥則腳跡痕大，豕肥則毛鬣剛。腯，充滿貌也。羊肥則毛細而柔弱，雞肥則鳴聲長。人將所食羹餘與犬，犬食之肥，肥則可獻於鬼神。雉肥則兩足開張，趾相去疏，兔肥則目開而明視。」孫希旦《禮記集解》：「犬肥則肉美而可獻，故曰羹獻。」

圖 8：淅川下寺二號墓出土束腰平底升鼎

　　牲體在鑊中烹煮前皆需先依照骨節分解，稱為「折」。周代折解牲體之法有二〔註4〕：一為「豚解」，包括前後脛骨四、一脊、兩脅共七體；一為「體解」，包括前脛骨的肩、臂、臑，後脛骨的肫、胳、觳，四肢則十二體，再加上三脊，兩脅各三，共為二十一體。不同的用事場合則會採用不同的折解方法，如小斂奠、大斂奠、士虞禮記都是用「豚解」〔註5〕，而少牢饋食、特牲饋食、士虞禮均是用「體解」〔註6〕。《國語·周語》中又載：「禘郊之事則有全烝，王公立飫則有房烝，親戚燕饗則有肴烝。」韋昭注：「全烝，全其牲體而升之。凡郊禘皆血腥。（房烝）謂半解其體，升之房也。（肴烝）升體解節折之俎也，謂之折俎。」即郊禘之禮方得用帶血腥的全牲，天子、諸侯行享燕之禮可用半牲，而親戚宴饗之時則多用體解之法。

〔註4〕凌廷堪、陳祥道、朱文公等對此皆有精闢的論證，可參見凌廷堪：《儀禮釋例》「飲食之例下」，《皇清經解》卷七八八，167 頁。中華書局，1987 年。
〔註5〕《儀禮·士喪禮》：「（小斂奠）陳一鼎於寢門外……其實特豚，四鬄，去蹄，兩胉、脊、肺。」「（大遣奠）豕亦如之，豚解，無腸胃。」鄭注：「豚解，解之如解豚，亦前肩、後肫、脊、脅而已。」《儀禮·士虞禮·記》：「殺於廟門西，主人不視。豚解。」鄭注：「豚解，解前後脛脊脅而已。」此皆是豚解之例。
〔註6〕《儀禮·少牢饋食禮》：「司馬升羊右胖，髀不升，肩、臂、臑、肫、胳，正脊一、脡脊一、橫脊一、短脅一、正脅一、代脅一，皆二骨以並……實於一鼎。」《特牲饋食禮·記》：「尸俎：右肩、臂、臑、肫、胳，正脊兩骨，橫脊，長脅兩骨，短脅。」鄭注：「士之正祭禮九體，貶於大夫，有並骨二，亦得十一之名，合《少牢》之體數，此所謂放而不致者。」即少牢饋食禮用右胖去觳則為十一體，特牲饋食禮貶於大夫，不用脡脊、代脅則為九體，士虞禮略僅用左肩、臂、臑、肫、胳、脊、脅共七體，此皆是體解之法。

　　牲體由鑊陞於鼎（升）後，又進載於俎（載）以供食用。此時主要遵循「前貴於後，上貴於下」的原則，貴者取貴骨，賤者取賤骨。而其中尤以「肩」爲最貴，即《禮記·祭統》所云：「殷人貴髀，周人貴肩。」但貴者之俎不宜過重，賤者之俎又不虛，以示惠之必均〔註7〕。不過在食禮中，凡舉食都是由脊始而由肩終，尊於終始也〔註8〕。像特牲禮尸九飯而四舉，脊、脅、胳、肩；少牢禮尸十一飯而六舉，脊、脅、魚、臘、胳、肩。而且，若是事生人之禮，則載體進膝（柢），如鄉射、鄉飲酒、公食大夫禮、小斂、大斂奠（未忍遽異於生也，尙以生人之禮事尸）、士虞禮（變禮反吉）等。「膝」是皮膚之理，進其理則本（骨之上端）在前，肉多味美（生人尙味）之故。若是事鬼神之禮，則載體進末（下），如特牲、少牢饋食禮等，「末」是骨之終，尙質之故。事生與事死的差異是周禮中一個十分重要的原則，下文中還將見到其對鼎的使用會產生極其巨大的影響。

　　牲體之外，尙有肺、心舌、魚、臘、鮮魚、鮮臘、腸、胃、膚九種。

　　周禮祭祀尙肺，因爲肺以藏魄而爲氣之主。而心舌知滋味（舌之所嘗五味，乃是心之所知酸苦也，故心舌並言之），所以事尸尙心舌，設俎時都是肵俎（尸俎）首載心舌設於阼階西〔註9〕。肺又有兩種，一爲舉肺，一爲祭肺。舉肺又有三種別稱，一名舉肺，爲食而舉；一名離肺，即離而不提心；三名嚌肺，以齒嚌之。此三者皆據生人爲食而有之。它的形狀據《禮記·少儀》鄭注云：「提猶絕也。刉離之，不絕中央少者，使易絕以祭耳」可知，是從四周向中央切割牛的兩片肺葉而又不使切片斷裂下來（午割勿沒）〔註10〕以便舉肺時絕開。祭肺也有三種別稱，一名祭肺，爲祭先而有之；二名忖肺，忖，

〔註7〕如特牲饋食禮時，尸俎載右肩、臂、臑、肫、胳、正脊、橫脊、長脅、短脅、膚、肺、魚、臘；阼俎（主人）載臂、正脊、橫脊、長脅、短脅、膚、肺；祝俎載（臘）髀、脡脊、脅；主婦俎載觳折，脊、脅、膚、肺如主人俎；佐食俎載觳折、脊、脅三體，膚、肺；賓俎載胳；長兄弟及宗人俎載折，其餘如佐食俎；眾賓及眾兄弟等人則皆載肩脅。即見其意。

〔註8〕《少牢饋食禮》賈疏云：「正脊及肩，此體之貴者。故先舉正脊爲食之始，後舉肩爲食之終也。」

〔註9〕《儀禮少牢饋食禮》：「佐食上利升牢心、舌，載於肵俎。」鄭注：「《周禮》祭尙肺，事尸尙心舌，心舌知滋味。」

〔註10〕《儀禮·特牲饋食禮·記》：「離肺一」鄭注：「離猶刉也。小而長，午割之，亦不提心，謂之舉肺。」「午割」據鄭注云：「午割，從橫割之，亦勿沒。」賈疏：「云『亦勿沒』者，亦《少牢》文，謂四面皆鄉中央割之，不絕中央少許，謂之勿沒也。」

切之使斷；三名切肺，名雖與忖肺異，實則一也。此三者皆爲祭而有，都是直接將肺葉切成斷片。「切肺、離肺是指其形狀，而餘皆舉其義稱。」（《儀禮・士冠禮》賈疏）簡言之，即凡是有食禮（如尸、賓等舉食）時則祭肺、舉肺俱有，餘（如士喪禮設奠，冠禮醴，燕、鄉飲酒、鄉射、大射禮僅有飲酒禮等）則僅有祭肺。凡肺皆合盛於相應牲鼎中。

　　魚、臘、鮮魚、鮮臘都是單獨盛於一鼎中。其中魚、臘是乾肉，《周禮・臘人》鄭注：「小物全乾爲臘。」《儀禮・公食大夫禮》：「魚七，縮俎，寢右。」鄭注：「乾魚近腴，多骨鯁。」而鮮魚、鮮臘則是新取之肉，《儀禮・既夕禮》鄭注：「鮮，新殺者。」魚、鮮魚無論吉凶禮都用鮒，即鯽魚，以其味美之故。若生人食用則進「鬐」，也就是魚脊，少骨鯁且肉美，因爲生人尚味。若事鬼神則進「腴」，因爲腴是氣之所聚，而鬼神尚氣〔註11〕。其數量也均有定製，《儀禮・士昏禮》：「魚十有四」鄭注：「凡魚之正，十五而鼎，減一爲十四者，欲其敵偶也。」其他事生人之禮則各依其命數，《儀禮・公食大夫禮》：「魚七，縮俎，寢右。」「明日，賓朝服拜賜於朝……魚、腸胃、倫膚，若九若十有一，下大夫則若七若九。」鄭注：「此以命數爲差也。」若事鬼神則無論尊卑皆用十五條，如特牲、少牢禮。《儀禮・特牲饋食禮》：「魚十有五」鄭注：「魚，水物，以頭枚數，陰中之物，取數於月十有五日而盈。」士喪、士虞禮因喪祭略而僅用九隻〔註12〕。進載於俎時無論吉凶禮魚首皆向右，周禮尊右之故〔註13〕。

　　至於臘和鮮臘，士一等級或用兔，大夫用麋，大夫以上則尚未可知〔註14〕。食用時臘及鮮臘皆如牲體一樣折解，特牲記云：「臘如牲骨」是也。《儀禮・

〔註11〕　《儀禮・公食大夫禮》賈疏：「鬐，脊也。進脊在北，鄉賓，必以脊鄉賓者，鄭云『乾魚進腴，多骨鯁』，故不欲以腴鄉賓，取脊少骨鯁者鄉賓，優賓故也。若祭祀，則進腴，以鬼神尚氣，腴者，氣之所聚，故《少牢》進腴是也。」

〔註12〕　《儀禮・士虞禮》：「升魚：鱄鮒九，實於中鼎。」鄭注：「差減之。」賈疏：「案《特牲》魚十有五，今爲喪祭略而用九，故云差減之也。」

〔註13〕　《儀禮・少牢饋食禮》：「司士三人，升魚、臘、膚。魚用鮒，十有五而俎，縮載，右首，進腴。」賈疏：「生人、死人皆右首，陳設在地，地道尊右故也。」《儀禮・士喪禮》：「（大斂奠）載，魚左首，進鬐，三列。」鄭注：「左首進鬐，亦未異於生也。」賈疏：「下文注『載者統於執，設者統於席』，彼《公食》言右首，據席而言，此左首，據載者統於執，若設於席前，則亦右首也。」

〔註14〕　《儀禮・既夕禮》：「魚、臘，鮮獸，皆如初。」鄭注：「士臘用兔。」賈疏：「必知『士臘用兔』者，雖無正文，案《少牢禮》，大夫臘用麋，鄭云：『大夫用麋，士用兔與？』以無正文，故云『與』以疑之。此亦云士臘用兔，雖不云與，亦同疑可知。但士臘宜小，故疑用兔也。」可見關於士一等級臘的使用，鄭玄也只是推測之言，故記於此。

少牢饋食禮》：「司士又升魚、腊，魚十有五而鼎，腊一純而鼎，腊用麋。」《儀禮・士虞禮》：「升腊左胖，髀不升，實於下鼎。」故鄭注云：「凡腊用純（全牲）者，據上、下大夫以上祭祀及士之嘉禮，士祭禮則腊不用純，辟大夫。」進載於俎時亦如牲體之法（生人進腠，鬼神進下）〔註15〕。

　　腸、胃屬於牛羊，二者同載於一鼎之中。膚是豕的脅革肉〔註16〕。牛羊有腸胃而無膚，豕有膚而無腸胃，因爲「君子不食圂腴。」（《禮記・少儀》）鄭注云：「謂犬豕之屬，食米穀者也。腴有似人穢。」也就是說，犬豕和人一樣以米穀爲食，所以其腸胃和人的腸胃性質類似，爲產生污穢之處，被周人所排斥。「《士喪禮》特豚則無膚，以其皮薄故也。」（《儀禮・聘禮》賈疏）不過進載於俎時其數量尚未見到有何種規律〔註17〕。

表2：《儀禮》中諸儀節正鼎及鼎實簡表（斜體者表示經文未載，但可據禮經之例推測而出）

用　事		身　份	鼎　數	鼎　實
士冠禮		士	一	豚、（舉肺）
士昏禮	同牢	士	三	豚、魚（十四）、鮮腊（純），（舉肺二、祭肺二，夫妻各一）
	盥饋	士	一	豚，（祭肺、舉肺）
鄉射、鄉飲酒、燕禮、大射禮		未見記載，是否因其重飲且賓客身份不定之故？		有犬，（舉肺）
聘禮	設饗	賓（諸侯）	飪一牢，鼎九（又陪鼎三）	牛、羊、豕、魚、腊、腸胃、膚、鮮魚、鮮腊，（祭肺、舉肺）
			腥一牢，鼎七	牛、羊、豕、魚、腊、腸胃、膚，（祭肺、舉肺）
		上介（卿）	飪一牢，鼎七（又有陪鼎三）	牛、羊、豕、魚、腊、腸胃、膚，（祭肺、舉肺）

〔註15〕《儀禮・士喪禮》：「（小斂奠）皆覆，進柢。」「（大斂奠）腊進柢。」親始遠離，未忍遽異於生，故仍以生人之禮事死者。《少牢饋食禮》：「腊一純而俎，亦進下，肩在上。」鄭注：「如羊豕。凡腊之體，載體在此。」

〔註16〕《儀禮・少牢饋食禮》：「雍人倫膚九，實於一鼎。」鄭注：「倫，擇也。膚，脅革肉，擇之，取美者。」

〔註17〕公食大夫禮腸胃七，同俎，倫膚七。特牲饋食禮尸俎膚三，祝俎、佐俎、主婦俎、佐食俎都是膚一，降於尸。《少牢饋食禮》則腸三、胃三一俎，倫膚九一俎。有司徹尸俎腸一、胃一、膚五；侑俎、佐俎腸一、胃一、膚三；主婦俎腸一、胃一、膚一。

	眾介（大夫）	五	羊、豕、魚、臘、腸胃，（祭肺、舉肺）
君歸饔餼	賓（諸侯）	飪一牢，鼎九（又陪鼎三）	牛、羊、豕、魚、臘、腸胃、膚、鮮魚、鮮臘，（祭肺、舉肺）
		腥二牢，鼎二七（七鼎兩套）	牛、羊、豕、魚、臘、腸胃、膚，（祭肺、舉肺）
下大夫歸饔餼	上介（卿）	飪一牢，鼎七（又陪鼎三）	牛、羊、豕、魚、臘、腸胃、膚，（祭肺、舉肺）
		腥一牢，鼎七	牛、羊、豕、魚、臘、腸胃、膚，（祭肺、舉肺）
公食大夫禮	下大夫（大夫）	七	牛、羊、豕、魚、臘、腸胃、膚，（祭肺、舉肺）
	上大夫（卿）	九	牛、羊、豕、魚、臘、腸胃、膚、鮮魚、鮮臘，（祭肺、舉肺）
士喪禮	小斂奠　士	一	豚，（祭肺）
	大斂奠、朔月奠、遷祖奠、祖奠等　士	三	豚、魚（九）、臘（左胖），（祭肺）
	大遣奠　士	五	羊（兼有腸胃）、豕、魚（九）、臘（左胖）、鮮獸（鮮臘），（舉肺）
士虞禮	士	三	豕（兼有膚三）、魚（九）、臘（左胖），（舉肺，祭肺）
特牲饋食禮	士	三	豕（兼有膚）、魚（十五）、臘，（舉肺、祭肺）
少牢饋食禮	少牢　大夫	五	羊（兼有腸胃）、豕、魚（十五）、臘、膚，（舉肺一、祭肺三）
	有司徹　大夫	三	羊、豕、魚，（祭肺、舉肺）

　　由此，我們可以結合《儀禮》的記載（表2）將正鼎的鼎實歸納如下：太牢主要為九鼎和七鼎，而且鼎實比較固定，牛、羊、豕、魚、臘、腸胃、膚、鮮魚、鮮臘，七鼎則無鮮魚、鮮臘，肺與正牲（牛、羊、豕）同盛於一鼎中；少牢主要為五鼎，若禮殺則只用三鼎，如少牢既祭賓尸於堂之禮（有司徹）。其鼎實則略有變化，羊、豕、魚、臘之外，或用腸胃，或用膚，或用鮮臘，具體視禮節而定；特牲則有三鼎和一鼎兩種，三鼎的鼎實一般為豕或豚、魚、臘，一鼎則只有豚。但同時也存在許多將腸胃同放在牛、羊鼎，膚放在豕鼎的情況，這是我們在辨別文獻與考古材料時需要注意的。

二、鑊鼎

《周禮・烹人》鄭注:「鑊,所以煮肉及魚臘之器」,也就是說,鑊鼎是烹煮牲體、魚臘的鼎,一般在用事之前置於外門外的竈(孔子之後稱竈)上,吉禮於門東,變禮反吉則於門西〔註 18〕。烹煮肉食的稱為「雍爨」〔註 19〕,炊煮黍稷(用甑、甗)的稱為「饎爨」〔註 20〕或「廩爨」〔註 21〕。凡物經過鑊烹煮後稱為「飪」,《儀禮・特牲饋食禮》鄭注:「飪,孰也。」而未經烹煮的稱為「腥」。「腥,生也。」所以《儀禮・聘禮》中饗賓用飪一牢九鼎就應另有鑊鼎和羞鼎,而腥一牢七鼎則是沒有鑊鼎和羞鼎的(不食之故)。《禮記・禮運》載:「腥其俎,熟其殽,體其犬豕牛羊。」「腥其俎」即是指奉生食於俎上,是上古之食法;「熟其殽」即燗之而實未熟,中古之食法;「體其犬豕牛羊」則是體解牲體,分別骨肉之貴賤以為眾俎也,今世(周代)之食法〔註 22〕。由此可見設腥牢實是追尊古意,且卿(上大夫)以上方才有之。關於鑊鼎的數量,孫詒讓考證為:「王舉牢鼎九,當有七鑊:牛、羊、豕、魚、臘、鮮魚、鮮臘也。腸胃與牛、羊同鑊,膚與豕同鑊,其肴之則異鼎耳。」〔註 23〕歸納下來就是九鼎用七鑊,七鼎用五鑊,五鼎用四鑊或五鑊(如大遣奠),三鼎用三鑊,一鼎用一鑊。不過究竟如何來辨認墓葬中的鑊鼎,我想除了銘文材料外,還只能參考兩個很重要的特徵:一是有煙炱,二是形體巨大。因為鑊鼎的體積必須足夠容納的下牛、羊、豕等這樣形體巨大的牲體。但或許正是因為鑊鼎形體巨大且不具備身份等級意義,所以墓葬中未必會將它們全部放入隨葬,而可能只擇取一兩件以表其意即可。至於林澐先生所提到的「用什麼客觀標準來確定鑊鼎」〔註 24〕,恐怕現階段還難以有令人滿意的答案。

〔註 18〕 《儀禮・士虞禮》:「側烹於廟門外之右,東面。」鄭注:「烹於爨用鑊,不於門東,未可以吉也。」

〔註 19〕 《儀禮・少牢饋食禮》:「雍人摡鼎、匕、俎於雍爨」鄭注:「雍人,掌割烹之事。」

〔註 20〕 《儀禮・士虞禮》:「饎爨在東壁,西面。」鄭注:「炊黍稷曰饎。」《儀禮・特牲饋食禮》:「主婦視饎爨於西堂下。」

〔註 21〕 《儀禮・少牢饋食禮》:「廩人摡甑、甗、匕與敦於廩爨,廩爨在雍爨之北」鄭注:「廩人,掌米之入藏者。」

〔註 22〕 可參見孫希旦:《禮記集解》593～594 頁,中華書局,2007 年。但其認為「腥」是豚解,「熟」是體解,那「體其犬豕牛羊」又何解?

〔註 23〕 孫詒讓:《周禮正義》,《萬有文庫》本第 3 冊 9、10 頁,商務印書館 1933 年版。轉引自俞文。

〔註 24〕 林澐:《周代用鼎制度商榷》,《林澐學術文集》,192～206 頁,北京:中國大百科全書出版社,1998 年。

此外，鑊鼎還有一個很重要的用途往往被我們忽略了，那就是烹煮大羹。《周禮·烹人》：「（烹人）祭祀，共大羹、鉶羹。」鄭司農云：「大羹，不致五味也。鉶羹，加鹽菜也。」即大羹是不加鹽菜調和、無有五味的肉湆（肉汁）。彼賈疏云：「大羹，肉湆，盛於登，謂大古之羹，不調以鹽菜及五味，謂鑊中煮肉汁，一名湆，故鄭云大羹肉湆。」表明大羹也是在鑊鼎中烹煮後方才盛於登（瓦豆）〔註25〕中的。昏禮、士虞、公食大夫、特牲、少牢禮等均設有大羹，但大羹不祭、不嘗（嚌），設之僅取尚質敬古之意〔註26〕。不過既然鑊鼎又可以用來烹煮大羹，想必應是與烹煮牲體、魚、臘的鑊鼎有所區別吧，而且數量也應該僅有一件。在河北平山戰國中山王**𫘦**墓中曾發現了一件帶細孔流的銅鼎（圖9），口徑21、通高21.6釐米，三環紐、子母口、附耳、平底、三蹄足，腹部一側帶有一流，流有十細孔。鼎內殘存有干成結晶狀的肉羹汁，上部周壁和蓋頂部也有一層煙薰的黑灰。所以，這很可能就是一件用於烹煮大羹的鑊鼎，因為只有肉湆而沒有牲骨，所以腹部加設一流以使傾倒方便。由此我們還可以進一步推斷一些周代墓葬中出現的帶流的匜鼎恐怕也是此類用途（從現有資料推斷，匜鼎當起源於晉國），例如琉璃閣甲墓的蟠螭紋帶流小鼎〔註27〕、曾侯乙墓的提鏈匜鼎〔註28〕（C.142，底部有煙炱痕，按匜為盥洗器，不需烹煮，且楚人自有湯鼎煮水沐浴，所以此匜鼎應與匜的功能不相關）、壽縣楚幽王墓大匜鼎〔註29〕等。當然這種推測是否正確，還有待考古材料的進一步檢驗。

〔註25〕　《儀禮·聘禮》：「大羹湆不和，實於鐙。」鄭注：「瓦豆謂之鐙。」

〔註26〕　《儀禮·士昏禮》：「大羹湆在爨。」賈疏：「《左傳》恒二年臧哀伯云：『大羹不致』。《禮記·郊特牲》云：『大羹不和』，謂不致五味，故知不和鹽菜。唐虞以上曰大古，有此羹。三王以來更有鉶羹，則致以五味。雖有鉶羹，猶存大羹，不忘古也。」

〔註27〕　河南省博物館、臺北國立歷史博物館編：《琉璃閣甲、乙二墓》，大象出版社，2003年。

〔註28〕　湖北省博物館：《曾侯乙墓》，238頁，北京：文物出版社，1989年。

〔註29〕　轉引自劉彬徽：《楚系青銅器研究》圖五：8，138頁，湖北教育出版社，1995年。該器自銘為「匜鼎」。

圖9：河北平山戰國中山王嚳墓出土匜鼎

三、陪鼎與鉶鼎

　　陪鼎也就是羞鼎，《儀禮‧聘禮》鄭注：「羞鼎則陪鼎也，以其實言之，則曰羞；以其陳言之，則曰陪。」可見陪鼎是與列鼎（正鼎）相對應的概念，而所盛之物當屬於庶羞。關於羞鼎與鉶鼎的區別，林澐先生有十分精彩的考辯〔註30〕，本文在此僅略作補充。首先從鼎實上看二者即是完全不同的。羞鼎內所盛的是「臐、膮」，諸禮皆有明言。鄭玄在《公食大夫禮》的注中說：「臐、膮，今時臛也。」《楚辭‧招魂》「露雞臛蠵」漢王逸注：「有菜曰羹，無菜曰臛。」即羞鼎所盛的是沒有菜的肉羹，而鉶鼎恰是盛的菜羹。公食大夫、士虞、特牲、少牢禮均記載：「鉶芼，牛藿、羊苦、豕薇，皆有滑。」鄭注：「藿，豆葉也。苦，苦茶也。滑，菫荁之屬。」薇指山菜〔註31〕，滑指

〔註30〕林澐：《周代用鼎制度商榷》，《《林澐學術文集》192～206 頁，中國大百科全書出版社，1998 年。
〔註31〕陸機：《毛詩草木鳥獸蟲魚疏上》，引自俞偉超：《周代用鼎制度研究》74 頁，《先秦兩漢考古學論集》，北京：文物出版社，1985 年。

生葵與乾苣〔註32〕，和豆葉、苦荼均是蔬菜名。可見鉶羹其實就是有菜調和的肉羹〔註33〕。在周禮中，鉶羹（吉語名普薦）是與大羹相對應的概念，與陪鼎所載的庶羞毫不相干。升鼎、羞鼎皆是設匕而鉶鼎因為有菜所以設柶（類似勺），與醴尊是一樣的。但有一點必須注意的是，羞鼎和鉶鼎的鼎實都是指牛、羊、豕而言，特豚有沒有羞鼎和鉶鼎是值得懷疑的。所以林澐先生推測周代的一些兩鼎墓是一件升鼎和一件鑊鼎而沒有陪鼎是有道理的（三鼎方有豕），不過也沒有必要為此就懷疑所有的一鼎墓也是隨葬鑊鼎而不用升鼎的〔註34〕。

　　此外，更為關鍵的是，禮經中所記載的此二鼎的使用數量亦迥然有異。羞鼎之數蓋視升鼎而定。《儀禮·公食大夫禮》鄭注稱：「牛曰臐，羊曰臐，豕曰膮，皆香美之名也。」《聘禮》鄭玄又言：「陪鼎三牲，臛臐、臐、膮陪之，庶羞加也。」也就是說，羞鼎中盛牛的名臐，盛羊的名臐，盛豕的名膮。而周禮太牢方得用牛，故太牢當有羞鼎三；少牢只有羊、豕，故應該只有陪鼎二；特牲僅有豕或豚，所以也就只有陪鼎一了（特豚是否有陪鼎文獻無徵）。而鉶鼎在周禮中屬於「饋」，與豆、簋、簠、壺連用。如《儀禮·聘禮》「（饗賓）堂上之饋八」即包括八豆（昌本、菹醢之物）、八簋（盛黍稷）、六鉶、兩簠（盛稻粱）、八壺；「西夾（饋）六」包括六豆、六簋、四鉶（二牛、羊、豕）、兩簠、六壺；「眾介皆少牢」則堂上之饋四，四豆、四簋、兩鉶、四壺、無簠。少牢饋食禮正祭、祭畢賓尸皆用鉶鼎二，特牲饋食禮也有兩鉶〔註35〕，士虞禮略僅用一鉶〔註36〕。由此可見鉶鼎的數量有六、四、二之數，並且與升鼎的數量存在對應關係。當然同一用事之中鉶鼎可以是多套的（蓋如堂上之饋與西夾之饋），《周禮·掌客》中即提到上公用鉶四十二、侯伯用鉶二十八、子男用鉶十有八，肯定就不只是一套了。此外林澐先生還提到了鉶鼎和

〔註32〕　《儀禮·士虞禮·記》：「鉶芼，用苦若薇，有滑。夏用葵，冬用苣。」鄭注：「苣，堇類也。乾則滑。夏秋用生葵，冬春用乾苣。」

〔註33〕　《禮記·內則》鄭注：「芼，謂菜釀也。」《儀禮·特牲饋食禮》鄭注：「（鉶）謂肉味之有菜和者。」《儀禮·特牲饋食禮》鄭注：「（鉶）菜和羹之器。」

〔註34〕　林澐：《周代用鼎制度商榷》，《林澐學術文集》，192～206頁，北京：中國大百科全書出版社，1998年。

〔註35〕　《儀禮·特牲饋食禮》：「主婦設兩敦黍稷於俎南，西上，及兩鉶，芼設於豆南，南陳。」《儀禮·士虞禮》：「普薦」賈疏：「但虞禮一鉶，此云饋食，則與特牲同二鉶，故云『普薦』也。」

〔註36〕　《儀禮·士虞禮》：「贊設二敦於俎南，黍，其東稷。設一鉶於豆南。」

陪鼎在聘禮時的擺放位置不同（銗鼎在堂上和西夾，陪鼎當內廉），也可以進一步幫助我們理解這兩種鼎的區別。

第二節　鼎制組合

上文已經從鼎實的角度對鑊鼎、正鼎、陪鼎與銗鼎做出了明確的區分，下面我們將探討其在不同的身份等級、用事場合時的數量搭配關係。

首先來看正鼎的數量，俞先生已經指明其有九、七、五、三、一之數，並且分別與諸侯、卿（上大夫）、大夫、士這四個等級相對應〔註37〕（士兼用三鼎與一鼎之數，或有上士、中士、下士之別）。從鼎實的角度看亦是如此，《左傳·襄公三十年》載「唯君用鮮」，即諸侯等級祭祀才能用升鮮魚、鮮臘的九鼎。《春秋·掌客》所載「諸侯之禮」謂凡五等爵皆「鼎、簋十有二」，鄭注：「鼎十有二者，飪一牢，正鼎九與陪鼎三。」與《儀禮·聘禮》的記載是相吻合的（公食大夫禮饗上大夫也用到了鮮魚、鮮臘，蓋食禮尊賓攝盛之故）。

而王紅星先生通過對包山二號墓的研究發現一些高等級貴族墓葬中往往會有升鼎兩套，且數量多相差一個等級，這一意見是十分正確並富有建設性的。但他認爲其分別屬人器和鬼器。數量較多的一組爲人器，是大遣奠時生者祭祀死者所陳之祭器；數量較少的一組爲鬼器，代表墓主人的身份〔註38〕，此觀點還有待進一步研究。誠然，周禮之中確有事生人與事鬼神之禮有異的情況，如上文所提到的「載體生人進腠，鬼神進下」、「魚生人進鬐，鬼神進腴」等。尤其在士喪禮中，確是先以生人之禮事死者，因爲「親始遠離，未忍遽異於生也」。大斂奠後方才以鬼神之禮事死者。從這個意義上講，墓葬中出現人器和鬼器是說得通的。但問題是大遣奠應是遵循事鬼神之法，而小斂、大斂奠才是遵循事生人之法，所以又如何能將大遣奠陳放的祭器稱爲人器呢？而且，這種「大遣奠「加禮的說法需要有一個很重要的前提，那就是數

〔註37〕俞偉超、高明：《周代用鼎制度研究》，《北京大學學報》（哲學社會科學版）1978年1、2期、1979年1期。後收入俞偉超：《先秦兩漢考古學論集》，62～114頁，北京：文物出版社，1985年。

〔註38〕王紅星　胡雅麗：《由包山二號楚墓看楚系高級貴族墓的用鼎制度——兼論周代鼎制的發展》，湖北省荊沙鐵路考古隊：《包山楚墓》附錄一五，477～487頁，北京：文物出版社，1991年。

量較少的那一組鼎代表了死者的身份等級，而數量較多的那一組才是大遣奠攝盛所致。這樣就無形中限定了我們對於考古材料的判斷。萬一我們遇到了數量較多的那一組鼎才代表墓主人的身份的情況又該如何解釋呢？以趙卿墓和曾侯乙墓爲例：

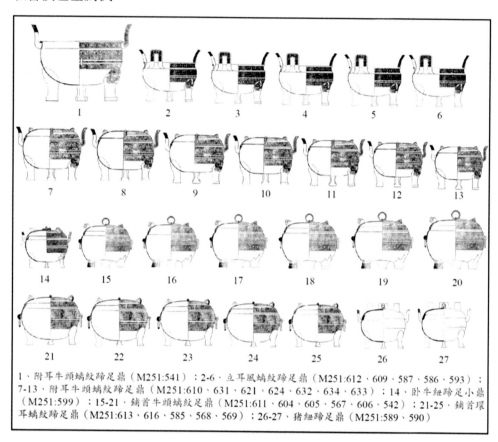

1、附耳牛頭螭紋蹄足鼎（M251:541）；2-6、立耳鳳螭紋蹄足鼎（M251:612、609、587、586、593）；7-13、附耳牛頭螭紋蹄足鼎（M251:610、631、621、624、632、634、633）；14、臥牛紐蹄足小鼎（M251:599）；15-21、鋪首牛頭螭紋足鼎（M251:611、604、605、567、606、542）；21-25、鋪首環耳螭紋蹄足鼎（M251:613、616、585、568、569）；26-27、豬紐蹄足鼎（M251:589、590）

圖 10：太原金勝村 M251 趙卿墓出土銅鼎

太原金勝村 251 號趙卿墓共出土銅鼎二十五件〔註39〕，可分爲七類：I式鑊鼎（原報告的附耳牛頭螭紋蹄足鑊鼎）一件（圖 10：1），無蓋附耳，口徑 102、通高 93 釐米；II式（原報告的立耳鳳螭紋蹄足羞鼎）五件（圖10：2-6），無蓋立耳，形制、大小完全相同，底部有煙炱痕，口徑 54～56、通高52～54 釐米；III式（原報告的附耳牛頭螭紋蹄足升鼎）七件（圖 10：7-13），有蓋附耳，口徑 45～24.4 釐米大小相次；IV式（原報告的鋪首牛頭螭紋蹄足

〔註39〕山西省考古研究所等：《太原晉國趙卿墓》，北京：文物出版社，1996 年。

升鼎）六件（圖 10：15-20），鋪首銜環，鬲形，口徑 32～24 釐米大小相次；
V 式（原報告的鋪首環耳螭紋蹄足升鼎）五件（圖 10：21-25），鋪首銜環，
敦形，口徑 30～22 釐米大小相次；VI式豬紐蹄足鼎兩件（圖 10：26-27），形
制、大小、花紋完全一樣，口徑 13 釐米左右；VII式一件（圖 10：14），臥牛
蓋小鼎，口徑 10.3 釐米。」林澐先生認爲II式也應是鑊鼎〔註40〕，儘管十分
符合孫詒讓的考證，但東周時期鑊以列鼎的形式出現於墓葬中還絕然未見，
且使用成套的無蓋列鼎在此時也是一個十分普遍的現象（古式），所以似還應
該將其歸入正鼎一類。不過無論怎樣，趙卿墓中的升鼎至少有五件和七件兩
套。一般認爲該墓的墓主人是趙簡子或趙襄子，爲晉國六卿之一，當不至於
以五鼎代表其身份吧？

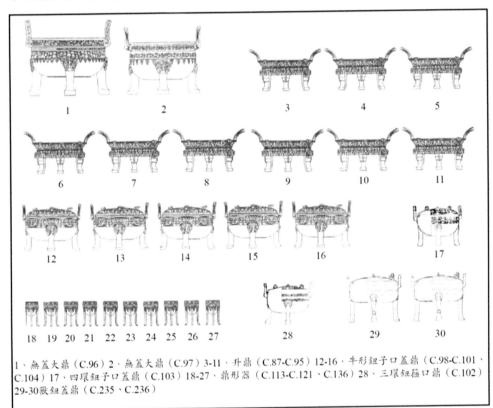

1、無蓋大鼎（C.96）2、無蓋大鼎（C.97）3-11、升鼎（C.87-C.95）12-16、牛形鈕子口蓋鼎（C.98-C.101、
C.104）17、四環鈕子口蓋鼎（C.103）18-27、鼎形器（C.113-C.121、C.136）28、三環鈕捆口鼎（C.102）
29-30獸鈕蓋鼎（C.235、C.236）

圖 11：曾侯乙墓出土銅鼎

〔註40〕 林澐：《周代用鼎制度商榷》200 頁，《林澐學術文集》，北京：中國大百科全
書出版社，1998 年。但其漏算了一件，不知是筆誤或是印刷錯誤？

　　曾侯乙墓共出土了 22 件銅鼎，除去水器湯鼎、匜鼎以及兩件燕遊用鼎（圖 11：29、30）外〔註41〕，餘下的尚可分爲五類：Ⅰ式鑊鼎 2 件（圖 11：1、2），形體巨大，有鼏（竹編的蓋子），底部有煙炱痕；Ⅱ式束腰平底升鼎 9 件（圖 11：3-11），大小基本相同，並有牛、羊、雞、豬等鼎實；Ⅲ式（原報告Ⅰ式）牛形紐蓋子母口鼎 5 件（圖 11：12-16），形制、花紋、大小以及銘文基本相同，口徑約 39、通高約 40 釐米，所盛的也是牛、豬、魚等牲體骨骼，可見也應該是自成升鼎一套，出土時位於中室南部偏東；Ⅳ式（原報告的Ⅱ式）四環紐蓋子母口鼎 1 件（圖 11：17），口徑 23.8、通高 23.2 釐米，器體明顯小於Ⅲ式鼎。蓋頂中心爲兩獸面形的橋型紐，與Ⅲ式鼎蓋中心的蛇形紐也不同，同時還缺少了Ⅲ式鼎腹部重要的蟠龍紋。銘文「侯「字左撇中間缺一段，鼎內盛的也是作爲庶羞的雁，出土時位於大鑊鼎以北，與Ⅲ式鼎相隔較遠，可見這二者並不能混爲一類；Ⅴ式（原報告的Ⅲ式）三環紐蓋箍口鼎 1 件（圖 11：28），大小、鑄造方法與Ⅳ式鼎接近但形制、花紋不同，銘文也有筆畫增減的情況，故也不能歸爲一類；所以這個墓內的正鼎應該是九鼎和五鼎各一套，而代表其身份的應該是束腰平底升鼎 9 件，與京山蘇家壠曾侯墓（兩周之際）出土的銅圓鼎九是一致的〔註42〕。

　　由此可見「大遣奠加禮一等」的說法並不能解釋上述的這些墓葬。其實禮經中所提到的「人器、鬼器」或許並不是這樣理解的。據《儀禮・士喪禮》記載，在遷祖奠時會將喪葬中所涉及的器物都擺放在院中，首先是明器（「陳明器於乘車之西」），即喪禮中專門置辦的致送鬼神之器，其最大的特點就是「器不成用」。《禮記・檀弓上》載：「孔子曰：『之死而致死之，不仁而不可爲也。之死而致生之，不知而不可爲也。是故竹不成用，瓦不成味，木不成斫，琴瑟張而不平，竽笙備而不和，有鍾磬而無簨虡。其曰明器，神明之也。』」《儀禮》中亦稱爲「行器」，《儀禮・士喪禮》：「(徹大遣奠時) 行器，茵、苞、

〔註41〕曾侯乙墓中出土了兩個食具箱（C.129、C.60），箱體結構一致並有銅扣可以穿繩。其中 C.129 內用隔板分成兩半，每半套各裝銅盒、銅鼎一件，並有淺槽嵌合。兩件銅鼎形制、花紋完全相同，但器身卻無任何銘文，與其他放置於中室的鼎迥然有異。出土時還分別盛有一隻去頭、蹄的乳豬（特豚合升）和一隻雁（庶羞），很顯然這兩件鼎自成特牲一套。另一個食具箱內則盛有一罐、勺、漆盒等水、食器，報告中推測它們是出外打獵或遊玩的野炊用具，可能是有道理的。參見湖北省博物館：《曾侯乙墓》359～360 頁，中國社會科學院考古研究所編，北京：文物出版社，1989 年。

〔註42〕湖北省博物館：《湖北京山發現曾國銅器》，《文物》1972 年 2 期。

器序從，車從。」鄭玄注：「目葬行明器，在道之次。」賈疏：「包牲訖，明器當行鄉壙，故云『行器』。」彭林先生認爲「明器不載於車，由人持而行之，故稱爲行器」〔註43〕，亦可。

　　然後是「用器」，包括「弓矢、耒耜、兩敦、兩杅、槃、匜。匜實於槃中，南流」，爲墓主人生前常用之器；再就是「祭器」，但「士禮略」所以「無祭器」，「大夫以上兼用鬼器、人器也。」鬼器即是上文提到的明器，爲致鬼神之器，東周時代普遍流行的塗車芻馬、人俑木劍即屬於這一類；人器則是祭器，《禮記・檀弓上》「仲憲言於曾子曰：『夏后氏用明器，示民無知也；殷人用祭器，示民有知也；周人兼用之，示民疑也。』曾子曰：『其不然乎？其不然乎？夫明器，鬼器也；祭器，人器也。夫古之人胡爲而死其親乎？』」大遣奠爲「奠」而非「祭」，其最大的區別就是不設「尸」，所以如何能言大遣奠時使用的是祭器呢？而且像曾侯乙墓、太原趙卿墓以及下文將要論及的大量墓葬中，其兩套銅正鼎均是器形厚重，裝飾精美，多具有使用痕跡，與明器的概念實在是相去甚遠。所以，關於它們的具體含義其實是需要重新審視的。

　　周天子的用鼎情況又如何呢？《周禮・膳夫》有載：「王日一舉，鼎十有二，物皆有俎。」鄭注：「殺牲盛饌曰舉……鼎十有二，牢鼎九，陪鼎三。物謂牢鼎之實，亦九俎。」可見這是描述天子的食禮。但陪鼎的鼎實（膷、臐、膮）屬於庶羞，盛於豆而並不載於俎〔註44〕，既然「物皆有俎」，何以鄭玄又言「亦九俎」呢？將其隸定爲十二個正鼎是否更符合經文的原意呢？《周禮・掌客》即明言：「王合諸侯而饗禮，則具十有二牢。」賈疏稱：「上公以九爲命，則十二者是王禮之數也。」又從祭禮的角度講，士特牲三鼎，大夫少牢五鼎，那麼是否也可以推測卿七鼎、諸侯九鼎而天子十二鼎呢？李學勤、王世民等先生對這一問題也均有詳盡的論證，在此不再一一徵引〔註45〕。但必須承認的是，上述文獻均是成書於戰國之後的，所以西周時期的用鼎情況是否如此我們並不清楚。唯一能夠確認的是，東周時期的天子應是可以用到正

〔註43〕彭林：《儀禮全譯》，貴州人民出版社，1997年。

〔註44〕《周禮・膳夫》：「物皆有俎」賈疏：「陪鼎三，膷、臐、膮者，謂庶羞在於豆，唯牢鼎之物各在俎。」

〔註45〕李學勤：《東周與秦代文明》，文物出版社，1984年。207～208頁；王世民：《關於西周春秋高級貴族禮器的一些看法》，《文物與考古論集》，文物出版社，1986年。舒梅之等先生利用曾侯乙墓的樂懸制度也佐證了這一觀點，詳見舒梅之、王紀潮《曾侯乙墓的發現與研究》，《鴻禧文物》第二期，臺灣鴻禧藝術館，1992年。

鼎十二個的（特定場合）。《續漢書·禮儀志下》有載：「（皇帝大喪）東園武士執事下明器……瓦鼎十二，容五升。」證明在東漢時期禮學家們亦是認為天子應用正鼎十二件。那麼，相應的問題就是這十二個正鼎的鼎實又是什麼呢？根據上述諸禮的「例」，前九鼎應該還是沿用牛、羊、豕、魚、臘、腸胃、膚、鮮魚、鮮臘，後三鼎則有兩種可能，一是繼續取牛、羊的體內部分（豕體內污穢，只取膚），二是另擇牲體。筆者比較傾向於後種意見，因為牛、羊體內除去腸胃、肺、心、舌外，五臟（藏）僅餘下了肝、脾、腎，雖然在禮經中也見到有取食肝和脾的記載，但均是作為庶羞在使用〔註46〕，未見到載於正俎，而且形體太小也難以單獨盛於一鼎中。至於另擇牲體，《周禮·膳夫》載：「凡王之饋，食用六穀，膳用六牲。」鄭注：「六牲，馬牛羊豕犬雞也。」《禮記·曲禮下》又提到祭祀用「一元大武」等八種牲畜，其中也有犬和雞（兔為臘、雉為庶羞），故此推測，是否天子另有馬、犬、雞呢？在河北平山戰國中山王**嚳**墓中最大的一件三環紐子母口蓋鼎內即發現有使用馬的痕跡〔註47〕不過這一問題的最終解決還只能寄希望於考古發現，而且東周以後王室衰微，實際情況是否如文獻所載亦未可知。

　　鑊鼎、羞鼎、鉶鼎的數量則均視正鼎的數量而定。由此我們就可以將周代用鼎制度的組合情況簡單歸納成下表：

表3：周代用鼎制度組合簡表

身　份	諸　侯	卿（上大夫）	大　夫	士	
鑊鼎	七	五	四或五（四為常制）	三	一
升鼎	九	七	五	三	一
羞鼎	三	三	二	一	？
鉶鼎	六	四	二	二	？
簋	八	六	四	二	二敦

　　然而必須注意的是，在周代除了身份等級的影響外，用事場合的不同亦會導致鼎數的差別。如附表一所示，即便同為大夫階層，公食大夫禮、殷祭即用到了七鼎，聘禮饗眾大夫、少牢饋食禮則用五鼎，祭祖禮畢後賓尸於堂

〔註46〕如三獻之禮主人初獻，賓長以肝從。
〔註47〕河北省文物研究所：《嚳墓——戰國中山國國王之墓》，111頁，文物出版社，1995年。

時（《儀禮・有司徹》）又只用三鼎。這在周禮之中分別被稱爲攝盛和殺禮，其實禮經中還有很多這樣的例子，如殷祭、奠（月半的祭、奠）加禮而繹祭（正祭次日之祭）殺禮等，平日燕居之時的用鼎亦殺於正禮。《禮記・玉藻》載：「天子……日少牢，朔月大（太）牢。」「（君）又朝服以食，特牲，三俎，祭肺，夕深衣，祭牢肉。朔月少牢，五俎四簋。」也就是說，在平日飲食的時候，天子僅用少牢五鼎，諸侯用特牲三鼎，只是朔月才加禮一等。那這樣推算下來，卿、大夫平日只有一鼎（鼎實有異？），士則無肉食之享而僅有籩豆黍稷之類了。也就是《禮記・玉藻》所言的：「君無故不殺牛，大夫無故不殺羊，士無故不殺犬豕。」鄭注：「故，謂祭祀之屬。」應該就是指和祭祀一樣的禮儀活動，君平日和朔月分別用特牲和少牢，所以說「無故不殺牛」，大夫、士之理亦然。《左傳・莊公十年》中提到的「肉食者」蓋由此而來〔註48〕。

　　這種現象也是可以出現在墓葬之中的。史書裏多有加禮或殺禮以葬的記載，如《左傳・哀公二年》：「志父無罪，君實圖之。若有罪，絞縊以戮，桐棺三寸，不設屬辟，素車樸馬，無入於兆，下卿之罰也。」誓者趙簡子（晉國上卿）即提到了若自己有罪即殺禮以葬的情況。《左傳・隱公六年》：「冬十二月辛巳，臧僖伯卒。公曰：『叔父有憾於寡人，寡人弗敢忘。』葬之加一等」則又是加禮以葬的現象。有週四百年中，戰亂、紛爭此起彼伏，賞賜、越禮等亦層出不窮，所以我們在面對紛繁複雜的考古材料時，一定要十分注意細節的斟酌。但同時這也給我們解釋一些不合常制的墓葬現象提供了依據，當然這種解釋是需要極其愼重的。

第三節　中原地區用鼎制度

　　通過以上對文獻的詳盡梳理，使我們得以正確地瞭解正（升）鼎、陪（羞）鼎、鑊鼎和鉶鼎之間的區別以及它們在宗廟祭祀場合的器用制度。而下面，我們將以此爲線索，來幫助理解和分析周代用鼎制度的考古發現與變遷情況。

一、西周古制

　　列鼎制度主要形成於西周中後期，爲「西周禮制改革」的重要組成部

―――――――――――

〔註48〕《左傳・莊公十年》：「十年春，齊師伐我，公將戰。曹劌請見。其鄉人曰：『肉食者謀之，又何間焉？』」

分〔註 49〕。早期多爲形制相近、大小相次遞減的形式，數量上一般與身份等級對應，但均僅有一套（表4）。

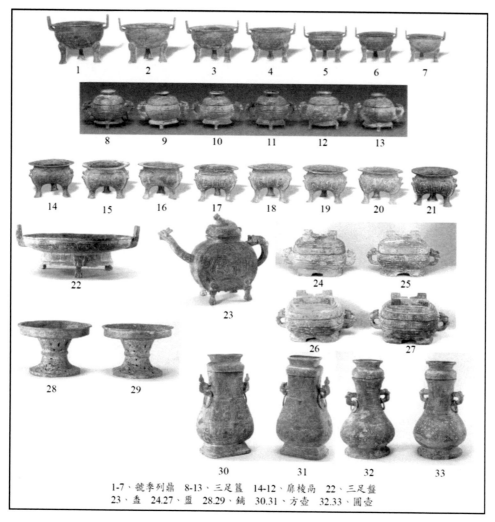

1-7、虢季列鼎　8-13、三足簋　14-12、扉棱鬲　22、三足盤
23、盉　24.27、盨　28.29、鋪　30.31、方壺　32.33、圓壺

圖12：上村嶺 M2001 虢季墓出土青銅禮器

〔註49〕盧連成、胡智生：《陝西地區西周墓葬和窖藏出土的青銅禮器》，《寶雞漁國墓地》附錄一，寶雞市博物館編輯，文物出版社，1988 年：470-529 頁；[英] 羅森：《古代中國禮器——來自商和西周時期墓葬和窖藏的證據》，劉新光譯，北京大學出版社 2002 年 7 月；[美]羅泰：《有關西周晚期禮制改革及莊白微氏青銅器年代的新假設：從世系銘文說起》，中央研究院歷史語言研究所編：中國考古學與歷史學之整合研究》，《中央研究院歷史語言研究所會議論文集（四）》，1997 年；曹瑋：《從青銅器的演化試論西周前後期之交的禮制變化》，《周秦文化研究》，陝西人民出版社，1998 年等。

表4：西周晚期至春秋早期部分貴族墓葬出土青銅禮器組合簡表

墓葬	列鼎	粢盛器	酒　器	水　器	炊煮器
晉侯墓地 M91	7 鼎	5 簋 1 鋪	2 方壺 2 圓壺	1 盤 1 匜	2 鬲 1 甗
三門峽 M2001 虢季墓	7 鼎	6 簋 4 盨 2 簠 2 鋪	2 方壺 2 圓壺	1 盤 1 盉	8 鬲 1 甗
三門峽 M2011	7 鼎	8 簋 1 鋪 1 盆	2 方壺 2 圓壺	1 盤 1 匜	8 鬲 1 甗
三門峽 M1052	7 鼎	6 簋 1 鋪	2 壺 ?	1 盤 1 盉	6 鬲 1 甗
梁帶村 M27	7 鼎	6 簋 1 盆	2 方壺	1 盤 1 盉	1 甗
三門峽 M2012	5 鼎	4 簋 2 簠 2 鋪	2 方壺	1 盤 1 匜	8 鬲 1 甗
三門峽 M1706	5 鼎	4 簋 1 鋪	2 方壺	1 盤 1 匜	4 鬲
三門峽 M1810	5 鼎	4 簋 1 鋪	2 方壺	1 盤 1 盉	4 鬲 1 甗
晉侯墓地 M64	5 鼎	4 簋 2 ? 簠	2 方壺	1 盤 1 匜	1 甗
晉侯墓地 M93	5 鼎	6 簋	2 方壺	1 盤 1 匜	1 甗
應國墓地 M8	5 鼎	4 簋	2 方壺	1 盤 1 匜	1 甗
應國墓地 M1	5 鼎	6 簋	2 方壺	1 盤 1 盉	1 甗
梁帶村 M26	5 鼎	4 簋 2 簠 2 盆	2 方壺	1 盤 1 盉	4 鬲 1 甗
梁帶村 M28	5 鼎	4 簋	2 方壺	1 盤 1 盉	4 鬲 1 甗
應國墓地 M95	3 鼎	4 簋 2 盨	2 方壺	1 盤 1 匜	4 鬲 1 甗
晉侯墓地 M102	3 鼎	4 簋	1 方壺	1 盤 1 匜	
晉侯墓地 M31	3 鼎	2 簋	2 圓壺	1 盤 1 盉	
晉侯墓地 M63	3 鼎	2 簋	2 圓壺	1 盤 1 盉	
晉侯墓地 M62	3 鼎	4 簋	?	1 盤 1 匜	
三門峽 M2006	3 鼎	2 盨 1 簠	2 圓壺	1 盤 1 盉	4 鬲 1 甗
三門峽 M1705	3 鼎	4 簋	2 圓壺	1 盤 1 盉	
三門峽 M1820	3 鼎	4 簋 1 鋪 2 簠	2 圓壺	1 盤 1 匜	2 鬲 1 甗
梁帶村 M19	3 鼎	4 簋 1 盆	2 方壺	1 盤 1 盉	4 鬲 1 甗
晉侯墓地 M92	2 鼎	2 盨	2 圓壺	1 盤 1 盉	

　　像河南三門峽虢國墓地（兩周之際）〔註50〕，M2001 爲國君虢季墓，實用禮器組合包括 7 鼎、6 簋、8 鬲、1 甗、4 盨、2 簠、2 鋪、2 圓壺、2 方壺、

〔註50〕河南省文物考古研究所等：《三門峽虢國墓》（第一卷），北京：文物出版社，1999 年；河南省文物考古研究所等：《上村嶺虢國墓地 M2006 的清理》，《文物》1995 年第 1 期。

1 盤、1 盉（圖 12）；M2012 為其夫人墓，身份略低，使用列鼎一套 5 件；而身份再低者如 M2006 孟姞墓內則為 3 鼎、1 甗、4 鬲、4 盨、1 簠、2 圓壺、1 盤、1 盉，雖然器物種類、數量和精美程度上不及於國君墓葬，但亦均為列鼎一套。此外在曲沃北趙晉侯墓地中〔註51〕，M91 被認為是厲王時期靖侯之墓，使用列鼎一套 7 件，但隨後的 M8、M64、M93 三位晉侯卻又都是列鼎一套 5 件。類似的情況亦見於陝西韓城梁帶村芮國墓地中。M27 為春秋早期芮桓公墓，7 鼎；M28 被認為是年代偏晚的又一芮國國君墓，卻僅有 5 鼎。同樣是身為諸侯的應侯、倗伯（夫人）墓內也均只用 5 鼎，不同於虢季墓（尤其平頂山 M8 與虢季墓年代相近）〔註52〕。可見西週一朝諸侯等級的列鼎數量並非是固定不變的，但這究竟是與命數、爵位有關，還是由於國勢、財富的差別造成的還有待進一步研究。

二、春秋中晚期的用鼎制度

　　春秋中期以後，西周傳統禮制開始發生重大變化。這不僅表現在青銅器的造型、紋飾上，同時列鼎的套數也開始增加。

　　新鄭李家樓鄭伯墓〔註53〕（春秋中期偏晚）：據俞先生統計現存銅鼎二十一件〔註54〕，其中 I 式無蓋、蟠虺紋、束頸曲耳、腹部有牛首紐的列鼎九件（缺一，圖 13：2、3），並配有 9 件夔龍紋銅鬲、8 件竊曲紋銅簋；II 式蟠螭紋立耳（沿耳）無蓋銅鼎 6 件，大小相近，腹有扉棱（圖 13：1）；III 式蟠虺紋有蓋深腹鼎 7 件，但大小略有區別（圖 13：4）。俞先生認為其有正鼎 9 件、7 件兩組，而 6 件沿耳鼎分為陪鼎兩套各三件。

〔註51〕歷次發掘資料可參見《文物》1993 年第 3 期、《文物》1994 年第 1 期、《文物》1994 年第 8 期、《文物》1995 年第 7 期、《文物》2001 年第 8 期、《文物》2009 年第 1 期。

〔註52〕梁帶村墓地發掘資料分別參見：《考古與文物》2007 年第 2、6 期，《文物》2008 年第 1 期，《考古》2009 年第 4 期；平頂山應國墓地資料參見《華夏考古》1988 年第 1 期，2007 年第 1 期；山西省文物考古研究所等：《山西絳縣橫水西周墓發掘簡報》，《文物》2006 年第 8 期。

〔註53〕河南省博物院、臺北國立歷史博物館編：《新鄭鄭公大墓青銅器》，大象出版社，2001 年。

〔註54〕俞偉超：《周代用鼎制度研究》，《先秦兩漢考古學論集》，93～94 頁，北京：文物出版社，1985 年；河南博物院、臺北歷史博物館編：《新鄭鄭公大墓青銅器》，大象出版社，2001 年。但在新鄭祭祀遺址中出土的銅列鼎（9 件組）卻也均是無蓋扉棱沿耳鼎，很顯然是作為祭祀正鼎使用的。二者年代相差不遠但銅鼎的性質變化何以如此之大？

1、蟠螭紋立耳無蓋鼎（6件）　2、無蓋附耳大鼎
3、無蓋束頸耳牛首鈕列鼎　4、蟠虺紋有蓋深腹鼎（7件）

圖 13：新鄭李家樓鄭伯墓出土銅鼎

　　琉璃閣墓地：關於這個墓地的年代與國屬一直存在爭議，主要有戰國魏墓、春秋中晚期到戰國時期衛墓以及春戰之際晉國范氏族墓地三種意見。而新近對於琉璃閣甲、乙墓的整理則爲我們進一步瞭解這個墓地提供了契機。其中甲墓的材料公佈最爲齊全，記有 I 式鑊鼎 1 件，口徑 52.5、通高 63.5 釐米；II 式蟠螭紋三環鈕蓋鼎一套 9 件，口徑約 32、通高約 40 釐米，形制基本同於鄭伯墓 III 式鼎（圖 14：4、5）；III 式蟠虺紋無蓋附耳鼎一套 5 件，形制略同於鄭伯墓 I 式鼎，口徑約 50、通高約 49 釐米（圖 14：1）；IV 式蟠虺紋環形捉手蓋鼎 2 件，形制與 II 式鼎十分接近，但口徑僅 25.5～27、通高 30 釐米（圖 14：2）；V 式蟠虺紋帶流小鼎 1 件（匜鼎，圖 14：7）。即此墓也有正鼎 9 件、5 件兩套，而 2 件較小的環形捉手蓋鼎則可能是配於正鼎 5 件的羞鼎〔註 55〕。

〔註 55〕河南省博物館、臺北國立歷史博物館編：《琉璃閣甲、乙二墓》，大象出版社，
　　　　2003 年。

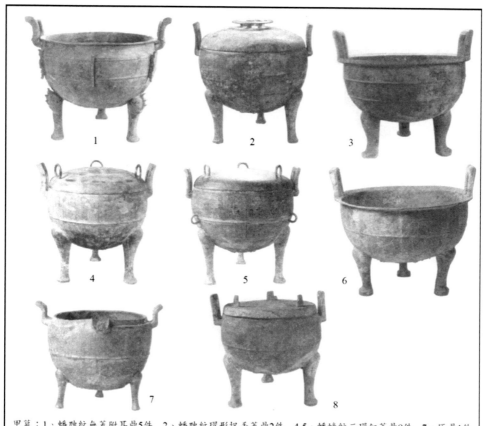

甲墓：1、蟠螭紋無蓋附耳鼎5件　2、蟠螭紋環形捉手蓋鼎2件　4-5、蟠螭紋三環鈕蓋鼎9件　7、匜鼎1件
乙墓：3、蟠螭紋沿耳無蓋鼎5件　6、弦紋素面沿耳鼎1件　8、平蓋深腹鼎5件

圖 14：琉璃閣甲、乙墓出土銅鼎

　　乙墓據介紹有平蓋鼎一套 5 件（圖 14：8），蟠虺紋沿耳無蓋鼎一套 5 件
（圖 14：3），另有一件弦紋素面沿耳鼎，花紋差異較大，疑似正鼎 5 件一套
的羞鼎（圖 14：6）。此外，據郭寶鈞先生的介紹〔註56〕，該墓地 M80 有「有
蓋列鼎 5 件（配 4 簋）、無蓋列鼎 7 件」；M55「有蓋列鼎 5 件（配 4 簋）、無
蓋列鼎 7 件、小鼎 2 件（配於列鼎 5 件的羞鼎）」；M75「有蓋列鼎 5 件、空足
有蓋列鼎（如鬲）7 件」；M60「大鼎 1 件，有蓋列鼎 5 件（配 6 簋）、有蓋列
鼎 9 件、無蓋列鼎 9 件、不成列鼎 5 件」。

　　長治分水嶺 M269、M270（春秋中晚期之際）〔註 57〕：M270 共出銅鼎

〔註56〕郭寶鈞著：《山彪鎮與琉璃閣》，54～55 頁，科學出版社，1959 年。
〔註57〕山西文物工作委員會東南工作組：《長治分水嶺 269、270 號東周墓》，《考古
　　　學報》1974 年第 2 期。

10 件，Ⅰ式立耳無蓋鼎 5 件，大小略同；Ⅱ式圓底、深腹、三環鈕蓋鼎 5 件，大小略有差別；M269 也基本相同（有蓋鼎缺 1 件），唯銅鼎皆是大小相次成列。所以可以認爲此二墓皆是正鼎兩套各 5 件。

壽縣蔡侯墓（春秋晚期晚段）〔註58〕與曾侯乙墓（戰國初期）：這兩座墓葬雖然位於南方楚文化區，但用鼎情況卻與中原地區更爲類似，故合記於此。蔡侯墓中現存鑊鼎（有自銘） 1 件，束腰平底升鼎 7 件（有自銘），再次 9 件均自銘爲「鼎」。所以此墓也是正鼎 9 件、7 件兩組，另有一小鼎無銘文，尚無法判斷。曾侯乙墓則有正鼎九件（Ⅱ式）和五件（Ⅲ式）兩套，兩件鑊鼎形制、花紋有異，可能正是分別配於這兩套正鼎的。該墓中另出土了 10 件小型的三足鼎形器（圖 11：18-27），亦位於中室，形制、大小、花紋基本相同，是否可以推測爲鉶鼎 6、4 兩套，分別配於 9、7（被兩件楚式鼎替換，詳見下文）兩組正鼎呢？

由以上諸例可以看出，這一時期中原地區的 5 鼎以上高級貴族墓葬內均有正鼎兩套，且數量多相差一個等級或相同。形制上十分流行一套爲無蓋沿耳圓底鼎，另一套則爲有蓋附耳深腹鼎。

而此種現象最早可能起源於洛陽周邊地區的中小型貴族墓葬中。像洛陽潤陽廣場 C1M9950（春秋早期晚段）中，5 件銅鼎分別由 3 件無蓋附耳鼎（圖 15：9、10、12）、1 件平蓋附耳鼎（圖 15：13）和 1 件罐形鼎（原簡報 C 型，圖 15：11）組成；洛陽紗廠路 JM32（春秋中期偏早）中，3 件銅鼎即分爲 2 件平蓋附耳深腹鼎（原簡報 A 型，圖 15：14）和 1 件無蓋立耳鼎（原簡報 B 型，圖 15：15）；又如洛陽 C1M3427（春秋中期偏早）中則是 3 件無蓋立耳外侈鼎（紋飾略有差別，圖 15：1、2、4），和 2 件平蓋三環鈕附耳鼎（圖 15：3）；洛陽 C1M6112（春秋中期偏早）三鼎墓中，2 件無蓋直口立耳鼎，大小不一。1 件平蓋附耳深腹鼎。且鼎的底部均有煙炱痕跡，鼎內盛裝牲骨，當均屬於實用器。春秋晚期晚段的洛陽西工區 C1M3498 中，5 件銅鼎亦分爲兩型，A 型 2 件無蓋立耳外侈鼎（圖 15：6），B 型 3 件有蓋三環鈕深腹蹄足鼎（圖 15：5、7、8）〔註59〕。由此也就可以理解在山西侯馬上馬墓地 M13（春秋中

〔註58〕 安徽省文物管理委員會、安徽省博物館：《壽縣蔡侯墓出土遺物》，科學出版社，1956 年。

〔註59〕 洛陽市第二文物工作隊：《洛陽市紗廠路東周墓（JM32）發掘簡報》，《文物》2002 年第 11 期；洛陽市文物工作隊：《河南洛陽市潤陽廣場 C1M9950 號東周墓葬的發掘》，《考古》2009 年第 12 期；洛陽市文物工作隊：《洛陽西工區春秋墓發掘簡報》，《文物》2010 年第 8 期；洛陽市文物工作隊：《洛陽市 613 所束周墓》，《文物》1999 年第 8 期。

期晚段）中爲何有 3 件（原報告III式）三環鈕蓋附耳深腹鼎和 2 件無蓋立耳圓底鼎（原報告II式，銘文「庚兒鼎」），以及河南郟縣太僕鄉（春秋早期晚段）5 鼎墓中出土有 3 件無蓋立耳深腹鼎和 2 件無蓋附耳淺圓腹鼎〔註60〕，均與洛陽地區的情況十分類似——用兩種形制不同的銅鼎來湊足應有列鼎之數。

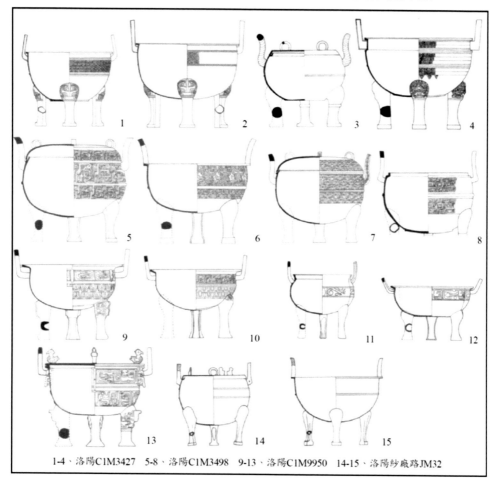

圖 15：洛陽地區部分春秋墓出土銅鼎

另從器物形態上考慮，立耳無蓋鼎的形制更接近於西周時期的禮制傳統，具有濃厚的復古韻味，而有蓋附耳鼎則代表了新的社會風尚。所以這種同一墓葬內兼用「古式」和「今式」兩套列鼎的做法應當是蘊含了十分特殊的禮制深意。

〔註60〕山西省文物管理委員會侯馬工作站：《山西侯馬上馬村東周墓》，《考古》1963 年第 5 期；楊文勝：《郟縣太僕鄉出土青銅器研究》，《考古與文物》2002 年第 5 期。

三、戰國時期的用鼎制度

戰國之後，鼎制組合更趨複雜。除去傳統的立耳無蓋鼎和有蓋附耳鼎（腹部變淺、蹄足變矮）外，鬲形或敦形鼎又被進一步加入到禮制組合中來。

像上述太原趙卿墓（春戰之際）中，共有正鼎七件（III式附耳牛頭蟠紋蹄足鼎）、五件（V式敦形）、五件（II式立耳鳳蟠紋蹄足鼎）三套，相較於春秋時期很顯然又添加了一套敦形正鼎，且三套正鼎之間的數量等差十分規範。另有 6 件IV式鬲形鼎和 2 件豬紐蹄足鼎（VI式）性質不明。至於最後的一件臥牛蓋小鼎（口徑 10.4、通高 11.3 釐米）裝飾華麗，出土時單獨與兩件精美的高柄小方壺放置在一起，恐怕是屬於「弄器」一類吧？

陝縣後川 M2040（戰國中期偏早）：共出土銅圓鼎 17 件，其中三環鈕蓋、鋪首銜環耳、鬲形鼎 7 件，器底均有煙薰痕跡，出土時鼎內尚存牲骨，口徑 16.5～29.6、通高 17～29.8 釐米；三鴨獸鈕蓋、附耳、矮蹄足鼎 5 件（類似於趙卿墓III式鼎），大小相次，口徑 25～38.5、通高 22.5～37.2 釐米，鼎底均有煙薰痕跡，出土時鼎內尚存牲骨；立耳無蓋鼎（類似於趙卿墓 II式鼎）5 件，大小相次，口徑 50～78、通高 38.2～62 釐米，底部亦均有煙薰痕跡。所以此墓與趙卿墓的情況十分相近，也是正鼎七、五、五三套（參看圖 3-10）。尤其五件立耳無蓋鼎的大小相次成列，可進一步佐證前文中有關其並非鑊鼎的論斷。

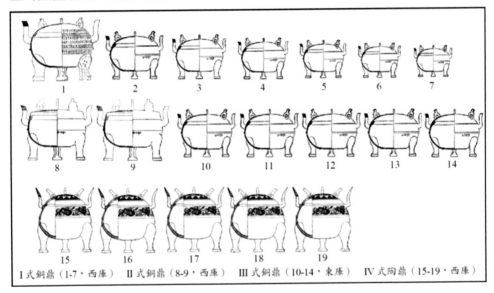

I式銅鼎（1-7，西庫） II式銅鼎（8-9，西庫） III式銅鼎（10-14，東庫） IV式陶鼎（15-19，西庫）

圖 16：河北平山 M1 中山王響墓出土銅鼎

河北平山 M1 戰國中山王𰌸墓（戰國中期晚段）〔註61〕：報告中稱銅升鼎共有 9 件，實則不然。西庫內銅鼎 XK：2、XK：3（圖 16：8、9）形制明顯與其他 7 件三環紐子母口蓋鼎不同，平蓋、深腹，底部並不斜收。而其他升鼎都是圓形蓋、收腹的。所以這兩件鼎應該單獨成套，而其餘七件（圖 16：1-7）則形制一致，雖然銅鼎 XK：1（圖 16：1，口徑 42、通高 51.5 釐米）的尺寸明顯大於其他幾件升鼎（通高 36～17.4、口徑 32.8～15.8 釐米，大小相次），恐怕是由於鑄刻長篇銘文的緣故吧？由此可以發現，此墓的銅正鼎之數實為 7 件、5 件兩套（出土位置不同，7 件套在西庫，5 件套在東庫，圖 16：10-14）。再加上西庫內的 5 件陶鼎（圖 16：15-19）當亦是正鼎 7、5、5 三套。

河北平山 M6 成公墓〔註62〕：年代較 M1 略早，但鼎制組合十分接近。西庫內西壁中部有銅鼎 9 件，但 2-8 號形制一致，附耳三環鈕，圓鼓腹，平底，矮蹄足，器身素面，通高 33～20 釐米，口徑 32.8～18.6 釐米，大小依次遞減。而第一件（通高 46、口徑 41.8 釐米，腹部有一道凸弦紋）和最後一件（大侈耳、高蹄足）明顯為隨後配入的，與 M1 西庫內的 9 件銅鼎情況相同，應當是出於特殊的禮制考慮；西庫內另有形制、大小完全一樣的臥獸鈕蓋鼎 5 件，通高約 12、口徑約 9 釐米，附耳、鼓腹、圓底、三蹄足，整個器體近似球形，蓋面和腹部裝飾有四道橢圓形鳥紋，十分華麗；東庫內則為泥質灰陶列鼎 5 件，大小依次遞減。很顯然，該墓主人的原有禮制組合應為正鼎 7、5、5 三套。

易縣燕下都九女臺 M16（戰國晚期）〔註63〕：大小相次的圓蓋陶列鼎 9 件一套；無蓋無耳的小型大牢 7 鼎兩套，一套腹有三扉，一套無扉；另有四件方鼎性質不明。

山西長子牛家坡 M7（戰國早期偏晚）〔註64〕：墓底長 5.74、寬 4.28 米，共出土銅鼎 7 件，其中 I 式列鼎一套 5 件，通高 30～20.2、口徑 31.6～20.2 釐米，大小依次遞減。三環鈕、鼓腹、圓底、蹄足，器身裝飾蟠螭紋；II 式

〔註61〕 河北省文物研究所：《𰌸墓——戰國中山國國王之墓》，111 頁，文物出版社，1995 年。

〔註62〕 河北省文物研究所：《戰國中山國靈壽城——1975～1993 年考古發掘報告》，文物出版社，2005 年。

〔註63〕 河北省文化局文物工作隊：《河北易縣燕下都第十六號墓發掘》，《考古學報》1965 年第 2 期。

〔註64〕 山西省考古研究所：《山西長子東周墓》，《考古學報》1984 年第 4 期。

鋪首銜環、臥牛鈕鬲形鼎 1 件，通高 19.2、口徑 18.3 釐米；III式絢紋小鼎 1 件，通高 8.9、口徑 8.3 釐米，和趙卿墓中的臥牛蓋小鼎一樣可能並不具有禮制意義。相較於同一時期的其他貴族墓葬，該墓內缺少了立耳無蓋鼎一套。也即是說，該墓中的正鼎僅為 5、1 兩套。

潞城潞河 M7（戰國早期偏晚）〔註65〕：墓底長 6.4、寬 5.7 米，共出土銅鼎 13 件，分為 4 式。I 式束頸、平折沿、無蓋附耳大鼎 1 件，口徑 65、通高 58 釐米，下腹及底部留有厚厚的煙炱痕跡，當屬於鑊鼎（圖 17：1）；II式立耳外侈無蓋圓底鼎 2 件，形制同於趙卿墓II式鼎（圖 17：2）；III式圓蓋、三環鈕附耳蹄足鼎 4 件，形制同於趙卿墓III式鼎，器身裝飾雲雷紋地夔龍紋，口徑 27～23、通高 27.5～24 釐米，大小依次遞減（圖 17：3）；IV式敦形鼎 4 件，同於趙卿墓V式鼎，腹中部飾一周絢索紋，口徑 23.6～17.2、通高 24～17 釐米，大小依次遞減（圖 17：4）。該墓正鼎無論從器物形制還是裝飾花紋上看，均與趙卿墓十分接近，當亦為正鼎 4（圓蓋三環鈕附耳蹄足鼎）、4（敦形鼎）、2（立耳外侈無蓋鼎）三套。但其數量均用偶數不知何故。

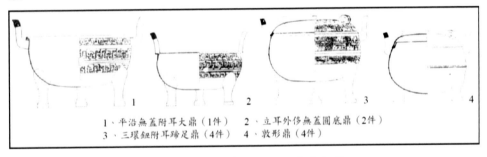

1、平沿無蓋附耳大鼎（1件）　　2、立耳外侈無蓋圓底鼎（2件）
3、三環鈕附耳蹄足鼎（4件）　　4、敦形鼎（4件）

圖 17：山西潞城潞河 M7 出土銅鼎

分水嶺 M25、M26（戰國中期）〔註66〕：M26 中共有銅鼎 7 件，分為兩式。I 式立耳無蓋鼎 2 件，但蹄足較高，且膝面為饕餮獸面，紋飾比較獨特。鼎內存有獸骨，為實用器；II式扁圓形矮蹄足、圓蓋三環鈕鼎 5 件，器身素面，大小相次成列。M25 中共有銅鼎 6 件，亦分為兩式。I 式立耳外侈無蓋鼎 1 件，器身裝飾夔龍紋三周，形制、花紋均與上述貴族墓中的立耳外侈無

〔註65〕山西省考古研究所等：《山西省潞城縣潞河戰國墓》，《文物》1986 年第 6 期。
〔註66〕山西省文物管理委員會等：《山西長治分水嶺戰國墓第二次發掘》，《考古》1964 年第 3 期；西省考古研究所等：《長治分水嶺東周墓地》，文物出版社，2010 年。

蓋鼎一致，鼎內存有獸骨，爲實用器；II式扁圓形矮蹄足、圓蓋三環鈕鼎 5 件，大小相次成列，蓋、腹部裝飾有銳角 S 紋帶（近似絢索紋，戰國以後流行）。這兩座墓葬與山西長子牛家坡 M7 十分接近，5 鼎級別，使用正鼎兩套，一套爲立耳外侈無蓋鼎或鬲形鼎，數量 1-2 件，另一套爲 5 件戰國階段流行的三環鈕圓蓋矮蹄足鼎。

相關墓葬可參見下表（有疑問部分皆用斜體標出）：

表5：中原地區鼎制組合簡表

墓葬＼鼎制	鄭伯墓		蔡侯墓		琉璃閣M80		曾侯乙墓		分水嶺M269、M270		上馬M13		洛陽C1M3 498		琉璃閣M甲		琉璃閣乙	
鑊鼎			1				1		1						1			
升鼎	9	7	9	7	7	5	9	5	5	5或4	3	2	3	2	9	5	5	5
羞鼎	*3*	*3*													2			
銅鼎			1				*6*	*4*			*1*						1	
匜鼎							1								1			

墓葬＼鼎制	趙卿墓			後川M2040			易縣M16			潞城潞河M7			長子M7		平山中山M1、M6		分水嶺M25、M26	
鑊鼎	1						1			1								
升鼎	7	5	5	7	5	5	9	7	7	4	4	2	5	1	7（+2）	5，陶5	5	1或2
羞鼎	2																	
銅鼎	6						*2，4*											
匜鼎															1			

由上述諸例可以發現，戰國以來中原地區 7 鼎及以上高級貴族墓葬中多有正鼎三套，且數量分別爲9、7、7和7、5、5，等差有序。形制上除延續春秋以來的立耳無蓋鼎和三環鈕圓蓋深腹蹄足鼎以外，進一步增加了鬲形或敦形鼎做爲第三套正鼎。雖然燕、趙地區鼎的形制會略有區別，但器用制度上仍和韓、魏一帶保持一致。5 鼎級別墓葬中則僅有正鼎兩套，且立耳無蓋鼎的數量多不規則（戰國中期晚段以後消失）。其他 3 鼎及以下小貴族墓內均只有一套正鼎。

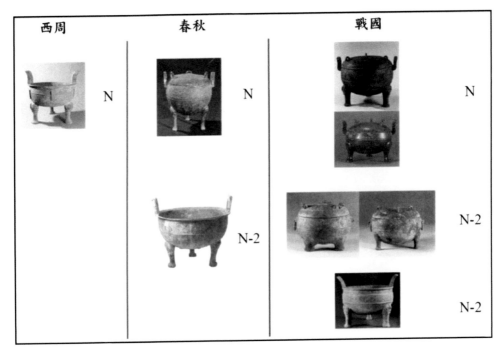

圖 18：中原地區東周時期鼎制變化示意圖

由此我們可以將中原地區西周至戰國以來用鼎制度的變遷情況簡單概括如下（圖 18）：西周中後期至春秋初年的貴族墓葬中無論身份高低均只有一套正鼎，且數量與身份等級相對應；春秋中期以後 5 鼎以上高級貴族墓葬中開始出現兩套正鼎，一套爲「古式」的立耳無蓋鼎，另一套爲「今式」的圓蓋（或平蓋）三環鈕、深腹、高蹄足鼎，數量上多相差一個等級或相同（較少）。這種現象可能最早肇始於洛陽周邊地區的 3-5 鼎貴族墓葬中用兩種形制不同的銅鼎來湊足應有列鼎之數的做法；戰國以後 7 鼎公卿以上貴族墓葬中進一步增加了鬲形或敦形鼎作爲第三套正鼎，且數量多爲 9、7、7 或 7、5、5，等差有序。而 5 鼎大夫級別墓葬則一般僅有正鼎 2 套。戰國中期晚段以後這種多套正鼎的現象就逐漸消失。

最後從這些墓葬殘存的鼎實情況來看〔註 67〕，所用的牲體主要還是牛、羊、豬，但放置的情況卻與禮經的記載難以吻合，很多時候會將兩種牲體同置於一件鼎中，所以這也直接導致了鑊鼎數量均爲一件。不過我們在正鼎中

〔註67〕高耀亭等：《曾侯乙墓出土動物骨骼的鑒定》；中國科學院水生動物研究所第一研究室：《曾侯乙墓出土魚骨的鑒定》，湖北省博物館：《曾侯乙墓》附錄一七、一八，651～654 頁，文物出版社，1989 年。

確實見到有升牲體的「髀」和「𣪘」的情況（如太原趙卿墓 M251：586、604、624 等），這也可以幫助解決經學家們關於「體解之法」的爭論。臘和魚也有見到使用，並且大夫等級的臘確實是用鹿（如擂鼓墩 M2：54、55 等）〔註68〕，魚也主要是用鯽魚（如曾侯乙墓 C：93）。雁的使用十分頻繁，而且似乎不光是作爲庶羞。這些都有助於我們對於周代飲食的進一步瞭解。

第四節　楚國用鼎制度

　　楚是東周時期長江流域最爲重要的諸侯國，其國力強盛之時，曾盡有南土，飲馬黃河，成爲華夏諸族強勁的競爭對手。雖然在其成長歷程中曾受到了姬周文化的強烈影響，但成熟時期的楚國卻又與周人刻意保持著諸多方面的不同，尤其是在禮儀制度的核心——青銅器器用制度上更是如此。對於這一點，在本文的以下諸多章節都將可以清晰地觀察到。

　　首先來看楚國獨特的用鼎制度，分析的主要依據來自於包山二號墓遣策中的記載。包山二號墓爲戰國中期晚段楚國左尹邵佗之墓，墓中出土了比較完整的記載隨葬物品的遣策，其中有關鼎的部分包括「食、飮室之金器」與「大兆之金器」兩欄，均出土於東室，與遣策亦相對應（「相尾之器所以行」欄下無銅鼎記載，且主要對應西室和北室，爲墓主人日常使用之物）。由於「大兆之金器」一欄保存較好，所以首先來看它的組成情況。共記有：「一牛鑐、一豕鑐、二鐈鼎、二□薦鼎、二貴鼎、二登鼎……一湯鼎、一貫耳鼎、一□□鼎。」其中「二鑐鼎」就是墓中出土的兩件折沿附耳無蓋大鼎（圖 19：1、6）；「二登鼎」即兩件束腰平底升鼎（圖 19：2、3）；「二鐈鼎」目前尚有爭議，原報告認爲是兩件鐵足銅鼎（圖 19：10、11），劉彬徽先生則考證爲是兩件籃口鼎（圖 19：7、8）。似後說爲善，因爲壽縣楚幽王墓中出土的兩件籃口大鼎就自銘爲「鐈」，武漢市文物商店徵集的「鄧子午文飤鐈」鼎亦是籃口大鼎；「一湯鼎」指平頂蓋上有四環紐的小口鼎（圖 19：13），屬水器（祭祀前煮湯沐浴之用）；「一貫耳鼎」爲一件蓋沿有對稱方形平耳的子母口鼎（圖 19：9）；另一鼎不詳；所以最後僅餘下「二□薦鼎」和「二貴鼎」有待重新認識了。

〔註68〕隨州市博物館編：《隨州擂鼓墩二號墓》附表一，文物出版社，2008 年；周本雄：《太原晉國趙卿墓動物骨骼鑒定》，山西省考古研究所等：《太原晉國趙卿墓》附錄 2，248～252 頁，文物出版社，1996 年。

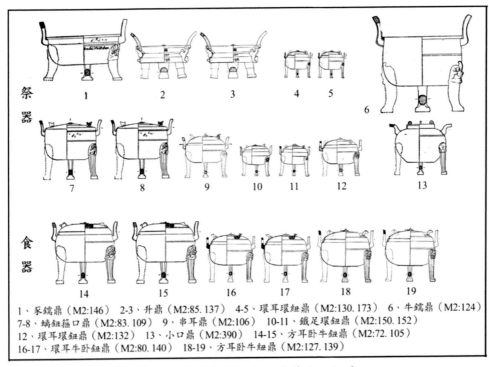

1、桑鑑鼎（M2:146） 2-3、升鼎（M2:85.137） 4-5、環耳環鈕鼎（M2:130.173） 6、牛鑑鼎（M2:124）
7-8、蝸鈕揜口鼎（M2:83.109） 9、串耳鼎（M2:106） 10-11、鐵足環鈕鼎（M2:150.152）
12、環耳環鈕鼎（M2:132） 13、小口鼎（M2:390） 14-15、方耳臥牛鈕鼎（M2:72.105）
16-17、環耳牛臥鈕鼎（M2:80.140） 18-19、方耳臥牛鈕鼎（M2:127.139）

圖 19：湖北荊門包山二號墓出土銅鼎

「薦」爲薦食之意。凌廷堪《禮經釋例》卷五「飲食之例下」中稱「凡
脯醢謂之薦出自東房。」《周禮·庖人》又載：「庖人……以共王之膳與其薦
羞之物及後、世子之膳羞。」鄭注：「薦亦進也。備品物謂之薦，致滋味乃爲
羞。」可見「薦」是指進各種致滋味的品物，它不僅僅包括脯醢，也包括各
種牲體庶羞。賈疏引鄭玄云：「羞出於牲及禽獸，以備滋味，謂之庶羞。」《周
禮·籩人》「凡祭祀，共其籩薦羞之實」鄭注更明言：「未飲未食曰薦，已飲
已食曰羞。」所以薦和羞對文則異，散文則通。薦鼎應該就是盛庶羞之屬的
羞鼎吧？「貴」即是饋，其意義就更加明確了，因爲上文已經提到了銅鼎正
是屬於「饋」的。所以貴鼎也就是周禮中的銅鼎了。望山二號墓遣策中也記
載（簡46）：「金器六貴（貴鼎）、有蓋。」[註69] 藉由此還可進一步瞭解楚墓
中銅鼎的形制。通過比較，筆者以爲兩件環耳環鈕銅鼎最爲接近。也就是說，
包山二號墓中的大兆之器包括「二鑊鼎、二鑑鼎、二羞鼎、二銅鼎、二升鼎、
一湯鼎」以及其他兩件性質尚不明的單體鼎。

[註69] 湖北省文物考古研究所：《江陵望山沙冢楚墓》及附錄二，文物出版社，1996
年。

　　而恰好該墓中所出的 19 件銅鼎根據鑄造工藝可分爲兩組，一組器形厚重，器表有光澤，底部有黑煙炊痕，應爲實用器，包括一牛鑵、一湯鼎、一較大的環耳環紐鼎（圖 19：12）、二環耳臥牛紐鼎、四（兩組）方耳臥牛紐鼎；而另一組器形輕薄，器內外均殘留鑄沙，無

　　實用痕跡，包括一豕鑵、二束腰平底鼎、二螭紋箍口鼎、二鐵足環紐鼎、二環耳環紐鼎（略小）。

　　這樣參照對比下來，我們就可以明白後者即是遣策中所記載的「大兆之金器」組，爲特定時候所用的祭器（兆或即祧，宗廟之意，《左傳・襄公九年》）；而六件帶有臥牛紐的子母口銅鼎則均屬於「食室之金器」組，爲實用性的食器，分爲三組，兩兩成對，遵循楚人自身的禮制特色。舊藏鄬季子鼎（戰國中晚期）蓋部亦有三臥獸紐，銘文「王四月，鄬季子以庚寅之日，命鑄飤鼎鷊」（《商周彝器通考》圖 106）；四川新都戰國墓出土臥獸紐子母口高足銅鼎，銘文即爲「昭之飤鼎」，皆可佐證上述之結論。薦鼎和饋鼎雖然都是三環紐子母口蓋鼎，但大小和足部裝飾略有差異。

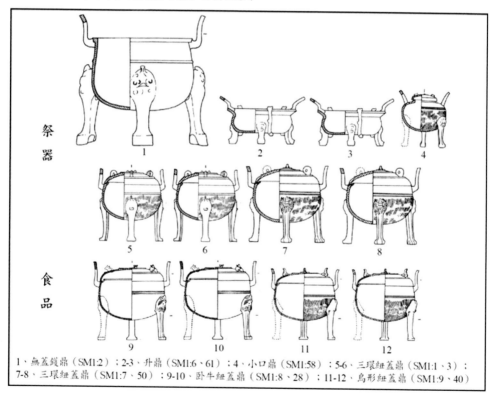

1、無蓋鑵鼎（SM1:2）；2-3、升鼎（SM1:6、61）；4、小口鼎（SM1:58）；5-6、三環紐蓋鼎（SM1:1、3）；7-8、三環紐蓋鼎（SM1:7、50）；9-10、臥牛紐蓋鼎（SM1:8、28）；11-12、鳥形紐蓋鼎（SM1:9、40）

圖 20：江陵沙冢一號墓出土仿銅陶鼎

　　那麼其他的楚墓是否也符合這樣的分類原則呢？首先來看約同一時期的沙冢一號墓（3室墓）〔註70〕，銅器基本被盜而仿銅陶禮器保存完整，分佈於頭箱和邊箱之中。筆者曾嘗試著按照其出土位置來對陶鼎進行分類，但發現明顯屬於祭器的一件升鼎和水器小口鼎也放在了主要盛生活用品的邊箱（望山一號墓中銅鼎和陶鼎均是置於頭箱，包山二號墓銅禮器均是置於東室），所以最後決定還是將這些陶鼎放置在一起綜合考慮。共計有：束腰平底升鼎 2 件（圖20：2、3）；無蓋、方形附耳的大鑊鼎 1 件（圖20：1，口徑44.8、通高 55.2釐米）；小口鼎 1 件（圖20：4）；三環紐獸蹄足鼎 2 件（圖20：7、8）；三環紐簡化獸蹄足鼎 2 件（圖20：5、6）；鳥形紐和臥牛紐鼎各 2 件（圖20：9-12），蓋面微平，異於三環紐鼎。所以，筆者認爲該墓中祭器包括一鑊鼎、二升鼎、薦鼎饋鼎各二（即兩組三環紐子母口蓋鼎）、一小口鼎，但並無箍口的鐈鼎；而另兩組四件的鳥形紐鼎和臥牛紐鼎則均是食器。與包山二號墓的情況一樣，紐的形制是區別鼎的類別的重要依據。這一原則在雨台山〔註71〕、九店〔註72〕、當陽岱家山〔註73〕、丹鳳古城〔註74〕等楚國墓地中（戰國墓）均是十分適用的。參見下表：

表6：戰國時期楚國鼎制組合簡表

鼎制　　　墓葬	祭器						食器		
	鑊鼎	升鼎	鐈鼎	薦鼎	饋鼎	湯鼎	臥牛或臥獸紐	鳥形或變形鳥形紐	
	無蓋		箍口	三環紐	三環紐	小口			
包山二號墓	2	2	2	2	2	1	6銅，三組		
擂鼓墩 M2〔註75〕	1	9				1	6銅，三組		殘
侯古堆 M1〔註76〕	1		2		3		3，圓蓋		殘

〔註70〕湖北省文物考古研究所：《江陵望山沙冢楚墓》及附錄二：《望山1、2號墓竹簡釋文與考釋》，文物出版社，1996年。

〔註71〕湖北省荊州地區博物館：《江陵雨台山楚墓》，中國社會科學院考古研究所編，文物出版社，1984年。

〔註72〕湖北省文物考古研究所：《江陵九店東周墓》，科學出版社，1995年。

〔註73〕湖北省宜昌博物館：《當陽岱家山楚漢墓》，科學出版社，2006年。

〔註74〕陝西省考古研究所　商洛市博物館：《丹鳳古城楚墓》，三秦出版社，2006年。

〔註75〕隨州市博物館編著：《隨州擂鼓墩二號墓》，文物出版社，2008年1月。

〔註76〕河南省文物考古研究所：《固始侯古堆一號墓》，大象出版社，2004年。

曹家崗 M5〔註 77〕					1	4銅，兩組		殘
瀏城橋 M1〔註 78〕	1	3		2銅	2	2銅	4陶	殘
望山一號墓	2	3	2		1+1	2銅	4+2	
望山二號墓	2	2	不明	2	6+2	1			殘
長沙楚墓 M396				2銅		1	2陶	
馬益順巷 M1	1		2			1	1銅2陶	1銅	殘
沙冢一號墓	1	2	無	2	2	1	2陶	2	殘
藤店一號墓〔註 79〕	1		2	2	2		2陶		殘
馬山一號墓〔註 80〕							2銅	2陶	
太暉觀 M50〔註 81〕							2陶	2陶	
白獅子地 M1〔註 82〕							2銅		
安徽天長〔註 83〕				2			2	2(各1件)	
荊州高臺 M1〔註 84〕							6陶		漢
荊州高臺 M4								2銅	漢

可以發現，戰國楚墓中的鼎均爲兩套，分屬於祭器和食器兩類，並以鼎蓋紐的形制爲主要區分標準。祭器一組（陶製或銅製明器爲主）多效法中原禮制，而食器一組（銅製）則具有自身的禮制特色。所以衡量楚國貴族身份

〔註 77〕 黃岡市博物館等：《湖北黃岡兩座中型楚墓》，《考古學報》2000 年第 2 期。
〔註 78〕 湖南省博物館等編著：《長沙楚墓》，文物出版社，2000 年 1 月。
〔註 79〕 荊州地區博物館：《湖北江陵藤店一號墓發掘簡報》，《文物》1973 年第 9 期。
〔註 80〕 湖北省荊州地區博物館編：《馬山一號墓》，文物出版社，1985 年 2 月。
〔註 81〕 荊州地區博物館：《湖北江陵太暉觀楚墓發掘簡報》，《考古》1973 年第 6 期。
〔註 82〕 信陽地區文管會等：《固始白獅子地一號和二號墓清理簡報》，《中原文物》1981 年第 4 期。
〔註 83〕 天長市博物館、天長市文物管理所：《安徽天長出土一批戰國青銅器》，《文物》2009 年第 6 期。
〔註 84〕 湖北省荊州博物館編著：《荊州高臺秦漢墓：宜黃公路荊州段田野考古報告之一》，科學出版社，2009 年 4 月。

等級的不僅僅是祭器中束腰平底升鼎的件數，食器類臥牛紐或臥獸紐蓋鼎的對數也是一個十分重要的參考指標。當然若要論起這種鼎的源流，恐怕還是從中原地區學習來的。因爲春秋時期的楚國貴族墓中根本沒有見到有這種形制的鼎蓋，而目前所見最早者正是春戰之交的趙卿墓中。鳥形或變形鳥形紐子母口蓋鼎則可能是楚人改造的結果，並多見於楚國小型貴族墓中。

祭器一套中，若單從器物的配置來看倒是比較符合周禮規範的（箍口的鐈鼎又是楚人的自身特色），然而在器物數量上卻又與周禮相去甚遠。升鼎一套確實多能與身份等級相對應，如壽縣楚幽王墓 9 件、曾侯乙墓 9 件、壽縣蔡侯墓 7 件、下寺 M2 令尹墓 7 件、天星觀二號封君夫人墓 5 件、望山 M1 和長沙瀏城橋 M1 均 3 件等，這應該是向周人學習的結果，只是推行的不夠徹底而已（很多貴族墓仍然只使用兩件升鼎）。但薦鼎和饋鼎雖然名義上與周禮中的羞鼎、鉶鼎一致，卻幾乎所有的貴族墓中均只有 2 件，可以說，楚人是「雖得其名，卻未用其實」。

此外嚴格來講，偶鼎制度也並非由楚人所創造，很可能是與漢淮諸國有關：目前所見最早使用偶鼎的正是春秋早期的黃君孟夫婦墓〔註 85〕。而且偶鼎隨葬的現象在江淮地區十分盛行，只是隨著楚人的崛起和強大，才將周禮與漢淮禮制融爲一體，並對周邊文化不斷產生影響（如蔡侯墓中 9 件正鼎 6 件成對）。現在我們再回過頭去看曾侯乙墓的用鼎時，就會豁然明白它餘下的 1 件三環紐箍口鼎和 1 件臥牛紐子母口蓋鼎明顯是受到了楚制的影響，但其文化的核心仍然是周禮制度（不過考慮到曾侯乙墓中用音律不成套的楚惠王大鎛鍾替代原有鎛鍾的情況，這兩件楚式鼎爲楚人贈賻之物並替代原有 7 鼎中的兩件正鼎亦極有可能）。而年代略晚的擂鼓墩二號墓則已經完全被楚式化了。

不過以上所述的只是戰國時期楚國貴族的用鼎情況，春秋之季又如何呢？很顯然依靠紐形來區別的方法是行不通的，因爲它在春秋時期還尚未出現，所以我們只能從器物銘文和器形入手。以淅川下寺墓地〔註 86〕和兩嶺墓地〔註 87〕爲例：

淅川下寺 M1、M2、M3 中所有青銅禮器按照自銘是否帶「飤」字均可分爲不同的兩組：A 組（非飤器組）和 B 組（飤器組）。

〔註 85〕 河南信陽地區文管會 光山縣文管會：《春秋早期黃君孟夫婦墓發掘報告》，《考古》1984 年第 4 期。

〔註 86〕 河南省文物研究所等：《淅川下寺春秋楚墓》，文物出版社，1991 年。

〔註 87〕 河南省文物考古研究所等：《淅川和尚嶺與徐家嶺楚墓》，大象出版社，2004 年。

　　M1 飲器一組包括箍口的鯀鼎 2 件（M1：61、64），口徑約 27、通高約
33 釐米，殘損未修復（M2 鯀鼎 4 件，分爲兩組，較小的一組自銘爲「飲鯀」，
較大的一組無銘文，由此推測 M1 的情況也與此類似）；箍口小鼎 1 件（M1：
58），口徑 17、通高 22 釐米，鼎內盛有綠色糊狀結塊，很明顯不屬於正鼎；
折沿的飲於鼎 2 件（M1：66、65），口徑約 50、通高約 45 釐米。

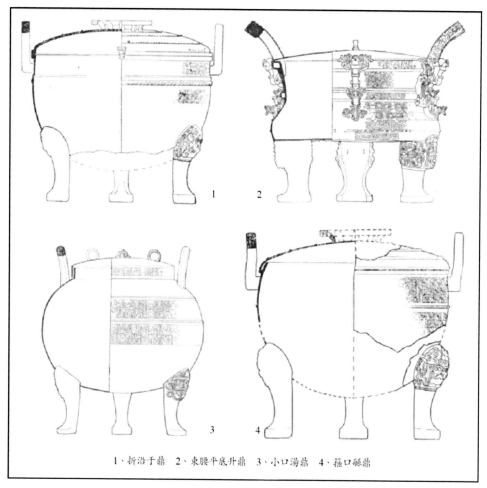

1、折沿于鼎　2、束腰平底升鼎　3、小口湯鼎　4、箍口鯀鼎

圖 21：淅川下寺二號墓出土銅鼎

　　而非飲器組則包括箍口的鯀鼎 2 件（M1：57、67），口徑 33、通高約
41.5 釐米，均修復、無銘文；折沿的於鼎兩件（M1：62、63），口徑約 31、
通高 28 釐米；小口㵼（湯）鼎 1 件；束腰平底升鼎 2 件，一大一小；立耳無
蓋大鼎 1 件，口徑 44、通高 49.6 釐米，應是 1 件鑊鼎。

　　M2（圖21）飤器一組包括籃口的緐鼎2件（M2：43、47），口徑39、通高約44釐米；飤於鼎6件，（M2：46銘文殘損），分爲兩組，一組口徑約52釐米（M2：42、48），一組口徑約46釐米（M2：44、46）。另兩件於鼎僅剩鼎蓋殘片（M2：45、233），口徑約48釐米，未復原。但其大小明顯是介於上面兩組「飤於」之間的，所以恐怕也應該是兩件飤於鼎；籃口小鼎1件（M2：203），口徑約25、通高約25釐米。非飤器組則包括小口濰鼎1件（M2：56），王子午升鼎7件，自銘「用享以孝於我皇祖文考」。

　　M3飤器一組僅有籃口的小鼎1件（M3：12），口徑26、通高27釐米。而非飤器組包括緐鼎2件（M3：9、10），均無銘文，口徑34.3、通高約41釐米；於鼎2件（M3：10、11），無銘文，口徑47、通高46釐米；小口鼎1件（M3：4）。

表7：春秋時期楚國鼎制組合簡表

鼎制　　　墓葬	A組					B組（飤器組）		
	緐鼎	於鼎	升鼎	鑊鼎	濰鼎	飤鼎	飤緐	飤於
	籃口	折沿		無蓋折沿	小口	中立環紐，籃口	籃口	折沿
下寺M1	2	2	2	1	1	1	2	2
下寺M2	2	2	7		1	1	2	*6，三組*
下寺M3	2	2			1	1		
南陽彭射墓〔註88〕	3				1			2
下寺M11	2					1		
徐家嶺M10			5	1		2子母口	臥牛紐蓋鼎3件	
徐家嶺M6	陶三環紐子母口蓋鼎2件				1		銅臥牛紐蓋鼎2件	
徐家嶺M1	三環紐1					1		臥牛紐3
徐家嶺M9			3			1		

　　很顯然，飤器一組均是生人進食的食器，因爲包山二號墓遣策「飤室」欄下所記載的全是各類食物，所以可以明白飤字應是表示與飲食有關。而 A

〔註88〕南陽市文物考古研究所：《河南南陽春秋楚彭射墓發掘簡報》，《文物》2011第3期。

組應該就是祭器，這和戰國時期的禮制是一致的。而且「飤於」鼎在這裡也基本充當了臥牛或臥獸紐子母口蓋鼎的地位，而箍口鼎的做法也被完整的延續下來，並且數量一直只有兩件（江陵、長沙地區）。高級貴族依然用束腰平底升鼎來代表其身份，而中小貴族則傾向於只使用 2 件。但究竟如何將春秋與戰國時代的禮制整合起來恐怕還需要頗費一番周折。結合徐家嶺墓地的材料來看（見表 7），似乎 A 組中折沿的於鼎地位相當於戰國時期的三環紐薦鼎或饙鼎。而 B 組中折沿的「飤於」鼎似乎演變為臥牛紐蓋鼎，並也以對數來表明身份等級。箍口的小「飤鼎」功用及演變目前還均不清楚，而箍口的「飤鮝」鼎是否演變為鳥形或變形鳥形紐蓋鼎也尚未可知。

關於楚人為何在食器上使用自己的禮制系統時，文獻中亦是有所反映的。《國語·晉語》中載「（重耳）遂如楚，楚成王以周禮享之，九獻，庭實旅百。」試想如果不是存在自己的享食之禮，又何需特書改以周禮呢？

小　結

通過以上的研究，我們可以初步歸納出以下幾點認識：

1、周代用鼎制度並非是一套靜止不變的社會等級工具，而是隨著經濟的繁榮與社會的複雜而不斷發展、變化的。

2、中原地區周代用鼎制度可分為西周中晚期至春秋早期、春秋中晚期和戰國時期三個大的階段。西周至春秋早期時均僅有一套正鼎，且數量與身份等級對應；春秋中期後五鼎以上高級貴族墓葬中開始出現兩套正鼎，一套為「古式」的立耳無蓋鼎，另一套為「今式」的圜蓋（或平蓋）三環鈕、深腹、高蹄足鼎，數量上多相差一個等級或相同（較少）；戰國以後七鼎公卿以上貴族墓葬中進一步增加了鬲形或敦形鼎作為第三套正鼎，且數量多為 9、7、7 或 7、5、5，等差有序〔註89〕。而五鼎大夫級別墓葬則一般仍為正鼎兩套。戰國中期晚段以後這種多套正鼎的現象就逐漸消失（漢初略有復興）。鑊鼎春秋

〔註89〕同樣的變化趨勢亦見於戰國時期的洛陽地區。如洛陽針織廠 C1M5269 中，5 件銅鼎分為 3 型，包括臥獸鈕蓋、子母口、扁圓腹蹄足鼎 1 件，長方形附耳；鋪首銜環鬲形鼎 3 件，紋飾與蓋鈕略有不同；橢圓形鋪首銜環敦形鼎 1 件，蓋頂三個臥獸鈕，蓋、腹部裝飾連續的梅花紋並間以蟠螭紋帶。這與該地區自春秋以來一直以不同形制的銅鼎拼湊列鼎之數的傳統是一致的。參見洛陽市文物工作隊：《洛陽市針織廠東周墓（C1M5269）的清理》，《文物》2001 年 12 期。但由於該墓嚴重被盜，具體禮器數量不明，故僅記於此。

中期晚段以後開始出現，一般每墓一件，體型巨大，底部並有煙炱痕跡；羞鼎和鉶鼎從現有材料看尚難以完全辨別。同時匜鼎烹煮大羹的作用亦不容忽視。

　　3、南方楚墓中的鼎可分為祭器和食器兩套，戰國階段主要通過紐的形制來劃分鼎的類別，這遠比中原地區要規整和嚴謹。祭器一組包括鑐鼎（高級楚墓中均有2件，中小型楚墓中則僅1件）、束腰平底升鼎、箍口鼎、小口湯鼎、薦鼎和饋鼎，仿傚周制卻並不徹底；而食器一組包括臥牛（獸）鈕子口蓋鼎和鳥形（變形鳥形）鈕子口蓋鼎兩種，使用楚人特有的偶鼎制度。春秋時期雖然遵循同樣的分類原則，但亦有細微的差別存在。

　　4、從考古材料可以看出，《儀禮》中有關用鼎制度的記載應主要局限於中原地區，而與南方楚國無涉。尤其是《少牢饋食禮》中提到的大夫等級宗廟祭祀時分別使用正鼎五、三兩套的記載，更表明該篇的創作年代至少應在春秋中期之後。

　　5、在東周時期，偶鼎制度主要流行於南方楚國、齊魯地區〔註90〕和淮河流域，而在中原腹地較為罕見，很可能代表的是商代以來的舊有禮俗。禮經中有關「鉶鼎」偶數使用的撰述恐怕只是出於彌合地區間禮制差異的考慮，正如其在鼎實上與楚墓中的「饋鼎」極為相近。

〔註90〕中國社會科學院考古研究所編著：《中國考古學‧兩周卷》，「齊魯地區東周墓的埋葬制度」，299～319頁，中國社會科學出版社，2004年。

第四章　粢盛：簋、簠、盨、敦的使用制度

　　西周青銅禮制的核心特徵之一是以鼎、簋爲代表的重食組合取代了商代以觚、爵爲代表的重酒組合，並成爲身份等級新的象徵。俞偉超先生在《周代用鼎制度研究》一文中稱：「對正鼎而言，九鼎配八簋、七鼎配六簋、五鼎配四簋、三鼎配兩簋、一鼎無簋，是周代常制」，此大體反映了西周時期的古禮面貌〔註1〕。然而在東周時代用鼎制度發生劇烈變革的歷史背景下，簋的使用會出現怎樣的變化呢？它與新興的粢盛器——「敦」之間存在怎樣的聯繫與區別呢？這是本章中將要集中探討的問題之一。

　　此外，根據禮制文獻的記載，簋內主要盛放黍稷（北方地區貴族的主食），而在具體禮儀活動時又需輔以盛放稻粱（多產自南方）的簠來作爲「加食」所用〔註2〕。故《周禮・春官・舍人》鄭注云：「方曰簠，圓曰簋。盛黍稷稻粱也。」其意則簋、簠當區別使用。但《詩經・秦風・權輿》：「每食四簋」，毛傳又稱：「黍稷稻粱」，即簋、簠又可以通用。所以能否從現實的墓葬材料中歸納出銅簠的器用制度並進而幫助解決一些禮制文獻的疑難問題，亦是本章的另一主旨所在。

〔註1〕　俞偉超、高明：《周代用鼎制度研究》，《北京大學學報》（哲學社會科學版）1978 年 1、2 期、1979 年 1 期。後收入俞偉超：《先秦兩漢考古學論集》，62 ～114 頁，文物出版社，1985 年。

〔註2〕　如《儀禮・公食大夫禮》：「宰夫設黍稷六簋於俎西，二以並，東北上……宰夫授公飯粱，公設之於湆西。賓北面辭，坐遷之。公與賓皆復初位。宰夫膳稻於粱西。」鄭注：「既告具矣，而又設此，殷勤之加也。」

第一節　中原地區粢盛器制度

《公羊傳・桓公十四年》載:「御廩者何?粢盛委之所藏也。」何休注云:「黍稷曰粢,在器曰盛。」可見「黍稷稻粱之盛」又可以簡稱爲「粢盛」,該詞習見於《左傳》、《國語》、《周禮》等文獻之中,爲春秋以後的通語。所以後文中爲求簡便,皆使用這一名稱〔註3〕。

第一章中已經對簋、盆、盞、敦的區別與聯繫做了詳細的梳理和分析,可以確認的是,「盞」和「敦」分別屬楚人和齊魯地區的器物專名,中原地區在春秋早中期時分別借鑒盆和盞而創造出平底盆形敦和扁體三足盞形敦,但其是否可與齊魯地區一樣就稱爲「敦」尚不得而知。所以在現階段,不妨仍按照其形制作出區分。由此我們再來分析其器用制度在東周時期的變化情況。參見下表〔註4〕:

表8:中原地區春秋中期、晚期偏早階段中小貴族墓葬內隨葬品組合簡表（按年代早晚排列）

墓　葬	列鼎	粢盛器	酒　器	水　器	炊煮器
洛陽中州路 M2415	1鼎	1平底敦 1鋪		1盤 1匜	
聞喜上郭村 M4	1鼎	1平底敦 1鋪		1盤 1匜	
聞喜上郭村 M7	1鼎	1平底敦 1鋪	1扁平壺	1盤 1匜	
洛陽 C1M6112	3鼎	2簋 1平底敦 1鋪	2方壺	1盤 1匜	
洛陽紗廠路 JM32	2鼎	2簋 1平底敦 1鋪		1罍 1盤 1匜	
洛陽 C1M7256	1鼎	1平底敦 1鋪		1盤 1匜	

〔註3〕　《孟子・盡心下》:「諸侯危社稷,則變置。犧牲既成,粢盛既絜,祭祀以時,然而旱乾水溢,則變置社稷。」此處粢盛又與犧牲相對,僅指黍稷稻粱等物。所以爲避免混淆和理解上的偏差,本文統稱爲「粢盛器」。

〔註4〕　山西省文物管理委員會侯馬工作站:《山西侯馬上馬村東周墓》,《考古》1963年第5期;山西省考古研究所:《上馬墓地》,文物出版社。1994年,未列入表格墓葬還包括上馬 M1006、M2016 等;洛陽市文物工作隊:《洛陽王城廣場東周墓》,文物出版社,2009年;楊富斗:《山西萬榮廟前村東周墓地的調查發掘簡訊》,《考古》1963年第5期;中國社會科學院考古研究所編:《臨猗程村墓地》,中國大百科全書出版社,2003年;中國科學院考古研究所編著:《洛陽中州路(西工段)》,科學出版社,1959年;樊溫泉、徐承泰:《新鄭市鄭韓路六號春秋墓》,《文物》2005年第8期;洛陽市文物工作隊:《洛陽西工區春秋墓發掘簡報》,《文物》2010年第8期;洛陽市文物工作隊:《洛陽市 613所東周墓》,《文物》1999年第8期;山西省文物工作委員會晉東南工作組等:《長治分水嶺269、270號東周墓》,《考古學報》1974年第2期。

上馬 M1010	1 鼎	1 平底敦 1 鋪		1 盤 1 匜	1 甗
洛陽中州路 M4	1 鼎	2 簠 1 平底敦 1 鋪		1 盤 1 匜 1 鑑	
上馬 M13	5 鼎	2 簠 2 平底敦 2 三足敦 2 鋪	2 方壺	1 盤 1 匜	2 鬲 1 甗
尉氏河東周村墓	2 鼎	2 簠 2 平底敦 2 三足敦 3 鋪	1 扁平壺	2 盤 4 匜	1 甗（？）
臨猗程村 M0020	3 鼎	1 平底敦 1 盞形敦（足缺）			
上馬墓地 M1006	2 鼎	1 平底敦 1 鋪		1 盤 1 匜	
上馬 M5	3 鼎	2 三足敦		1 盤 1 匜	
洛陽中州路 M1、M6	1 鼎	1 三足敦 1 鋪		1 盤 1 匜	
臨猗程村 M0019	1 鼎	1 三足敦 1 鋪		1 盤 1 匜	
臨猗程村 M0021	1 鼎	1 三足敦 1 鋪			
臨猗程村 M1024	1 鼎	1 三足敦 1 鋪		1 盤 1 匜	
上馬 M2148、M1011	1 鼎	1 三足敦 1 鋪			
上馬 M1027	2 鼎	2 三足敦 1 鋪		1 盤 1 匜	
上馬 M1026	1 鼎	1 三足敦 1 鋪		1 盤 1 匜	
臨猗程村 M1024	1 鼎	1 三足敦 1 鋪		1 盤 1 匜	
臨猗程村 M0003	3 鼎	1 三足敦 1 鋪		1 盤 1 匜	1 甗
臨猗程村 M1082	1 鼎	1 三足敦 1 鋪		1 盤 1 匜	
長治分水嶺 M269	5 鼎	2 簠 2 三足敦 1 鋪	2 方壺	1 鑒 1 盤 1 盉	4 鬲 1 甗
長治分水嶺 M270	5 鼎	2 簠 2 三足敦 1 鋪	2 方壺	2 鑑 1 盤 1 匜	
臨猗程村 M1002	5 鼎	1 三足敦 1 鋪		1 盤 1 匜	
上馬 M2008	3 鼎	2 三足敦 1 鋪		1 盤 1 匜	
1958 萬榮廟前 M1	5 鼎	2 三足敦 2 鋪	2 方壺	2 鑑 1 盤 1 匜	3 鬲
輝縣琉璃閣 M130	2 鼎	2 敦（形制不明）1 鋪		1 盤 1 匜 2 鑑	
新鄭鄭韓路 M6	1 鼎	1 三足敦 1 鋪		1 盤 1 匜	
洛陽西工區 LBM4	2 鼎	1 三足敦 1 鋪		1 盤 1 匜	
新鄭李家村春秋墓	1 鼎	1 西瓜形敦 1 鋪		1 盤 1 匜	

　　由上表可以看出，從春秋中期早段開始，5 鼎以下的貴族墓葬中基本不見與列鼎搭配的銅簠，而改之以平底的盆形敦，春秋晚期早段後又一變爲扁體三足的盞形敦（圖 22），數量上多能與列鼎相應（5 鼎 4 敦、3 鼎 2 敦、2 鼎和 1 鼎均爲 1 敦）。雖然有像長治分水嶺 M269、M270、臨猗程村 M1002 這樣

的 5 鼎墓僅用 1 或 2 件敦的現象，但可能是由於盜損的緣故。在春秋中期晚段的上馬 M13、尉氏河東周村墓中還可以清晰地觀察到這兩種處於交替期的器物共存的現象。同時這樣的變化也遍及中原鄭、晉、周等諸國。至春秋晚期後西瓜形敦開始出現，但卻並未得到迅速普及，而反被蓋豆所完全取代。

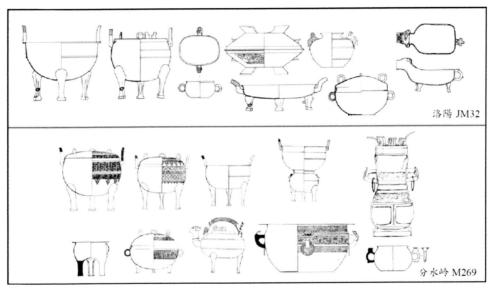

圖 22：平底敦、扁體三足敦的代表性墓葬

（洛陽 JM32，春秋中期晚段；長治分水嶺 M269，春秋晚期早段）

　　不過相較於中小貴族的銳意改革而言（代表鼎制改革先聲的多種形制銅鼎兼用的現象亦是首先出現在洛陽地區的中小貴族墓葬內），高級貴族們則顯得更爲保守，多傾向於在使用新制的同時，又保留傳統的粢盛器——簋。當然這樣的安排同樣是爲了保持其禮制上的特殊性和等差性。如以下墓葬：

　　春秋中期晚段的新鄭李家樓鄭伯墓中〔註5〕，除去列鼎 9、7 兩套以及酒器方壺 4、圓壺 2 之外，另有 8 簋、2 扁體三足敦、1 平底盆形敦、鍫5（6？）、9 鬲（8 件聯襠鬲，1 件分襠鬲）、1 甗、簠 3（6？）、2 鑒（折沿鑒和圓底鑒各一）、2 罍、3 盤（均有三足，另有一方爐盤）、4 匜（獸首流 2，槽形流 2 應爲斗，配於罍）。簋皆是西周晚期以來的圈足下帶三支足的傳統形制，且與正鼎 9 件搭配。同時與上述春秋中期晚段的其他墓葬一樣，扁體三足敦和平底盆形敦得以共存（交替期）。

〔註 5〕河南博物院、臺北國立歷史博物館：《新鄭鄭公大墓青銅器》，大象出版社，2001 年。

　　春秋晚期的琉璃閣乙墓〔註6〕：列鼎5、5兩套，鬲4、甗1、簋4（竊曲紋2，瓦棱紋2）、簠3（4？）、平底盆形敦2（復古）、鋪1（復古）、鉶1、鑒1、罍2、盤1、匜1。

　　春秋晚期晚段的琉璃閣甲墓中現存列鼎9、5兩套以及扉棱鬲5、甗1、方座簋6（郭氏認爲有8件〔註7〕）、簠5、鉶1、附耳蓋豆8、鋪1、平底盆形敦1、扁體三足敦2、罍1、方爐1、鑒2（兩種形制）。雖然蓋豆已經開始出現，但簋、敦仍得以保留，且簋的形制採用了更具復古色彩的方座器（圖23）。

琉璃閣甲墓：1、蟠虺紋無蓋附耳鼎　2、蟠虺紋環形抓手蓋鼎　3、蟠虺紋三環鈕蓋鼎　4、匜鼎
　　　　　5、方座簋　6、蓋豆　7、簠　8、鋪　9、三足敦
琉璃閣乙墓：10、立耳無蓋折沿鼎　11、平蓋三環鈕深腹鼎　12、簠　13、扉棱鬲　14、簋　15、簋
　　　　　16、盆形敦　17、鋪

圖23：琉璃閣甲乙墓出土銅鼎與粢盛器

　　琉璃閣M80〔註8〕：列鼎7、5兩套，鬲6、甗1、簋4、簠4、敦2、鉶1、鑒2、罍2、盤1、匜1、盉1。

　　琉璃閣M55：列鼎7、5兩套，2小鼎，鬲6、簋4、簠4、蓋豆2、壺2、鑒2、盤1、匜1。

　　琉璃閣M60：列鼎似有9、9、5三套，形制不明。鬲6、甗1、簋4、簠6、蓋豆1、罍2、方壺3、鑒3、盤2、鉶1、盉1。

〔註6〕　河南博物院、臺北國立歷史博物館：《輝縣琉璃閣甲乙墓》，大象出版社，2003年。
〔註7〕　郭寶鈞：《山彪鎮與琉璃閣》，中國社會科學院考古研究所編，科學出版社，1959年。
〔註8〕　郭寶鈞：《山彪鎮與琉璃閣》，中國社會科學院考古研究所編，科學出版社，1959年。

　　可以看出，在這些7鼎、9鼎的高級貴族墓葬內，平底或扁體敦雖有使用，但並未能取代簋的主導地位，高級貴族們仍然恪守傳統的粢盛器制度。所以《儀禮》一書中有關簋、敦使用的記載當如陳芳妹所述〔註9〕：「基於春秋晚葉到戰國期間〔註10〕，簋在大型墓與敦在中小型墓分別作爲主要粢盛器、成雙成套與列鼎相伴的情形看，我們以爲儀禮所記載的用簋和用敦的情形，或許正反映此時的禮制。在當時階層較高的諸侯之禮，如聘禮、公食大夫禮，有簋無敦……正表現當時的諸侯國採用古禮，保存用簋配鼎的古制，他們並不採用新興的敦。」像琉璃閣甲、乙墓中的「鋪」同樣也是此種力圖復興古制的體現。而戰國之後流行的方座豆和有柄蓋豆的區別恐怕也是簋敦制度的延續（詳見第五章）。但是考慮到《儀禮》一書中又有大量關於豆的分類和使用的記載（「凡饋以豆爲本」）〔註11〕，所以可以推測其編撰的具體年代應該在戰國之後，這與鼎制變化所反映的特徵是一致的，只是在粢盛器方面參考了一些業已佚失的春秋古禮罷了〔註12〕。另一個顯著的例證是《儀禮·燕禮》和《儀禮·大射儀》兩篇中有關於「方壺、圓壺」兼用的記載〔註13〕，而這同樣也是春秋時期才在中原地區推行過的制度，戰國之後即已不存（參見第六章）。

〔註9〕　陳芳妹：《盆、敦與簋──論春秋早、中期間青銅粢盛器的變化》，《故宮學術季刊》1卷第3期。

〔註10〕　實際上應該在春秋中晚期，戰國以後簋、敦均被豆所取代。

〔註11〕　《儀禮·聘禮》：「（爲賓設饗兼用九、七鼎時）堂上之饋八，西夾六」鄭注：「八、六者，豆數也。凡饋以豆爲本。」很顯然「豆」的重要性居於首位，這是戰國之後才出現的禮制情況。

〔註12〕　馮峰在其博士論文《東周喪葬禮俗的考古學觀察》一文中指出這應該參考的是戰國時候山東地區的禮制實踐情況，因爲在該地有大量的復古的方座簋出現。但需要注意的是，方座簋在東周時期南方的楚文化區中同樣十分盛行，且自成一套制度。山東地區的情況是否與楚國類似恐怕還有待進一步考察。而且在戰國以後的山東地區同樣也未見到有使用方壺的現象，那麼《儀禮·燕禮》和《儀禮·大射禮》中的記載又該作如何解釋呢？但因爲本文中並未詳加收集山東地區的墓葬資料，故此處茲備一說。

〔註13〕　如《儀禮·大射儀》：「厥明，司宮尊於東楹之西，兩方壺。膳尊兩甒在南，有豐。冪用錫若絺，綴諸箭。蓋冪加勺，又反之。皆玄尊。酒在北。尊士旅食於西鑮之南，北面，兩圓壺。」鄭注：「膳尊，君尊也。後陳之，尊之也。豐以承尊也……圓壺，變於方也，賤無玄酒。」《儀禮·燕禮》：「司宮尊於東楹之西，兩方壺，左玄酒，南上。公尊瓦大兩，有豐，冪用綌若錫，在尊南，南上。尊士旅食於門西，兩圓壺。」鄭注：「尊方壺，爲卿大夫士也……旅，眾也。士眾食，謂未得正祿，所謂庶人在官者也。」

　　另一方面，儘管至戰國階段簋、敦均被豆所取代，但一種模仿新興的西瓜形敦的上下同體器（或圈足或三足，每半部分均類似於扁體敦或矮柄蓋豆的器身），又偶而在中原地區的一些貴族墓葬中出現（圖24：4）：像洛陽中州路 C1M3750（3 鼎墓）中的 1 件（C1M3750：11）、陝縣後川墓地 M2040（7 鼎墓）中的 2 件（M2040：273、274）、長子牛家坡 M7（5 鼎墓）中的 1 件（M7：66）、分水嶺 M25、M26（5 鼎墓）中各 2 件、輝縣趙固 M1（3 鼎墓）中的 2 件、萬榮廟前 61M1（1 鼎墓，殘）中的 1 件（61M1：42）、邯鄲百家村 M3（1 鼎墓）中的 1 件（M3：16）等〔註14〕，多為 1-2 件隨葬，並無身份等級的差別，且僅見於中原地區。雖然並不盛行，但這或許成為戰國後編撰的禮經中仍然能夠存有關於敦的記載的基礎（古老器形的孑遺）。

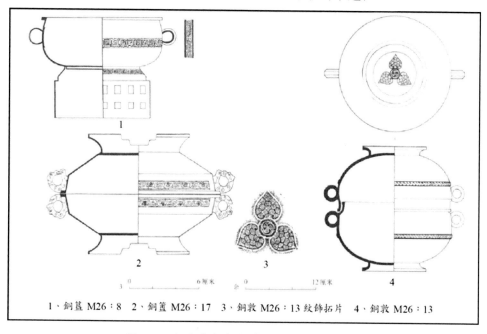

1、銅簋 M26：8　2、銅簠 M26：17　3、銅敦 M26：13 紋飾拓片　4、銅敦 M26：13

圖 24：戰國時期分水嶺 M26 出土粢盛器

〔註14〕中國科學院考古研究所編著：《洛陽中州路（西工段）》，科學出版社，1959年；中國社會科學院考古研究所編著：《陝縣東周秦漢墓》，科學出版社，1994年；山西省考古研究所：《山西長子縣東周墓》，《考古學報》1984 年 4 期；山西省文物管理委員會等：《山西長治分水嶺戰國墓第二次發掘》，《考古》1964年第 3 期；郭寶鈞：《山彪鎮與琉璃閣》，科學出版社，1959 年；楊富斗：《山西萬榮廟前村東周墓地的調查發掘簡訊》，《考古》1963 年第 5 期；孫德海：《河北邯鄲百家村戰國墓》，《考古》1962 年第 12 期。

最後來看簠的使用情況。簠，又名瑚，爲方形的盛稻粱之器，文獻、金文中皆有明言〔註15〕。《禮記・明堂位》：「有虞氏之兩敦，夏后氏之四璉，殷之六瑚，周之八簋」，其實應均是指周代才盛行的粢盛器種類，卻牽強附會賦予其年代差別，與考古所見不合。關於簠的使用制度，《儀禮》一書中略有記載，茲整理如下：

《儀禮・聘禮》：「（爲賓設饗兼用九、七鼎時）堂上之饋八，西夾六」鄭注：「八、六者，豆數也。凡饋以豆爲本，堂上八豆、八簋、六鉶、兩簠、八壺。西夾六豆、六簋、四鉶、兩簠、六壺」；下文「君歸饗餼」時賓「飪一牢，鼎九，設於西階前，陪鼎當內廉……腥二牢，鼎二七，無鮮魚鮮臘，設於阼階前」，堂上則爲「八豆、八簋、六鉶、兩簠（粱在北）、八壺」，西夾「六豆、六簋、四鉶、兩簠、六壺」（此處皆經文所載而非鄭玄之注）；而衆介則僅有少牢五鼎，「堂上之饋」鄭玄認爲有「四豆、四簋、兩鉶、四壺、無簠」。賈疏云：「知無簠者，以賓簠有二，《曲禮》云：『歲凶，大夫不食粱。』非歲凶，大夫食粱。粱，大夫常食，大夫禮多，與賓同簠，盛稻粱。則上介亦二簠，與賓同。士非直不合食粱，差降，亦無簠也。」

即《儀禮》一書以及鄭玄、賈公彥所指明的簠的使用制度應是：簠僅備於大夫及以上等級，且只有兩件，而士非在特殊情況下不得享用稻粱精食。此外《公食大夫禮》一章中亦提及有簠的使用，卻並未言明其數量，而像《特牲饋食禮》和《少牢饋食禮》等宗廟祭祀場合卻均未見到使用簠的迹象，似可表明在《儀禮》的編撰年代，簠的禮制地位實則已經嚴重衰落了。

再根據前文中對於簠的出土的統計，可以看出其在春秋時期尚有一定的等差制度存在，像李家樓鄭伯墓、琉璃閣甲墓等9鼎墓均是使用6件簠，7鼎級別的琉璃閣M80、M55隨葬4件簠，而郟縣太僕鄉春秋墓（5鼎）、長治分水嶺M269、M270（均爲5鼎）、上馬M13（5鼎）、上馬M5218（1鼎）、M4078（3鼎）、洛陽紗廠JM32（2鼎）等均是2件簠。很顯然這與《儀禮》中的記載是並不吻合的。

〔註15〕關於簠的定名問題學界尚存在爭論，此處爲論述之便，仍沿用學界的習稱。簠、瑚之通用可參見唐蘭：《略論西周微史家族窖藏銅器的重要意義》，《文物》1978年第3期及李學勤：《青銅器中的簠與鋪》，《中國古代文明研究》，華東師範大學出版社，2005；朱鳳瀚：《中國青銅器綜論》，上海古籍出版社，2009年；劉翔：《簠器略説》，《古文字研究》第十三輯，中華書局，1986年；周聰俊：《簠莆爲黍稷圓器説質疑》，《大陸雜誌》，100（3）；胡嘉麟：《兩周時期青銅簠研究》，陝西師範大學碩士論文，2007年。

　　而至戰國以後，簠的出土數量急劇減少且主要局限於高等級貴族墓葬中，像太原趙卿墓（7鼎）2件、陝縣後川 M2040（7鼎）2件、中山國 M1、M6（7鼎）2件、長治分水嶺 M12、M26（5鼎）2件、潞城潞河 M7（5鼎）2件、長子牛家村 M7（5鼎）2件等，未見到有出土銅簠在四件或以上的情況，三鼎以下的貴族墓中則幾乎不隨葬。因此，可以看出《儀禮》中關於「簠」的記載恐怕根據的是戰國時候中原地區的禮制實際情況，而與西周傳統制度存在顯著差別。

第二節　楚國粢盛器制度

　　與中原地區交替使用簋、平底盆形敦、扁體盞形敦、豆等粢盛器所不同的是，東周時期南方的楚人一直堅持將簋、簠、盞來與不同形制的銅鼎搭配，並自成一套獨特而嚴格的粢盛器制度。

　　在江陵雨台山、九店、太暉觀、當陽趙家湖、岱家山等地的小型楚墓中〔註16〕，存在兩種截然不同的仿銅陶禮器組合形式（圖25）：A 類為箍口鼎（頸部一周條狀箍以承蓋）、簠、尊缶（腹部有四穿鼻）組合；B 類為子母口鼎、盞（楚地對敦的別稱）〔註17〕、圓壺組合。其標準配置皆為兩件成組，具有濃鬱的楚地特色。A 類組合出現時間較早，從春秋中期一直延續至戰國晚期；B 類則戰國初年方才出現，戰國末期又被鼎、盒、壺、鈁的組合所取代。在上述地區，A 類組合佔有多數，但這並不意味著使用 B 類組合的人群身份略低，處於從屬地位。例如趙家湖墓地 JM15 使用 A 類組合 2 箍口鼎、2 簠、2 尊缶，無墓道，墓底面積為 2.7×1.2m^2，而 JM36 使用 B 類組合 2 子母口鼎、2 盞、2 圓壺，亦無墓道，墓底面積 2.9×1.5m^2，比 JM15 略大。同樣使用 B 類組合的 LM13 中除了仿銅陶禮器外，還有銅車馬器和玉器隨葬，似又較 JM15 墓主略顯富裕。又如雨台山 M544，使用 B 類組合，墓底面積僅為 2.8×1.35m^2，但卻有一條南向的墓道。而使用 A 類組合的 M516 雖墓底面積達到 3.04×1.6m^2，隨葬品亦多於 M544，卻並未使用墓道。九店 M295 隨葬 B 類組合，

〔註16〕　湖北省荊州地區博物館：《江陵雨台山楚墓》，中國社會科學院考古研究所編，文物出版社，1984 年；湖北省文物考古研究所：《江陵九店東周墓》，科學出版社，1995 年；湖北省博物館：《江陵太暉觀楚墓清理簡報》，《考古》1973 年第 9 期；湖北省宜昌博物館：《當陽岱家山楚漢墓》，科學出版社，2006 年；湖北省宜昌地區博物館 北京大學考古系：《當陽趙家湖楚墓》，文物出版社，1992 年。

〔註17〕　如春秋時期的仲姬盞、戰國時期的大府盞、包山遣策中的「二盛盞」、望山遣策中的「二合盞」等。可參見劉彬徽《楚系青銅器研究》152～154 頁，湖北教育出版社，1995 年。

墓底長 308、寬 130 釐米，墓內分槨室、頭箱兩部分，使用懸底弧棺和雕花苓床，同時還有虎座鳥架鼓、鎮墓獸等器物，與九店 M262、M537、M618 等使用 A 類組合的墓葬都幾無差別。

　　由此可見，隨葬 A、B 兩類組合的人群間並無地位上的高低之別，而僅是喪葬習俗的差異所致。不過從分佈範圍上看，春秋時期居於主導地位的 A 類組合至戰國階段後僅見於江陵及其周邊地區，而在楚國的其他地域代表新興風尚的 B 類組合卻尤爲世人所重。像長沙地區隨葬仿銅陶禮器的楚墓共 1688座，隨葬簠的僅有 5 座〔註18〕；安徽潛山公山崗 101 座楚墓中未見一例單獨使用 A 類組合的墓葬〔註19〕；襄陽北部六大楚墓區 128 座陶器墓在戰國時期也均以鼎、敦、壺組合爲大宗，不見 A 類組合〔註20〕。很顯然，使用 A 類組合的人群在固守自己的傳統和活動區域，而當時整個楚國社會的主流卻應該是 B 類組合。

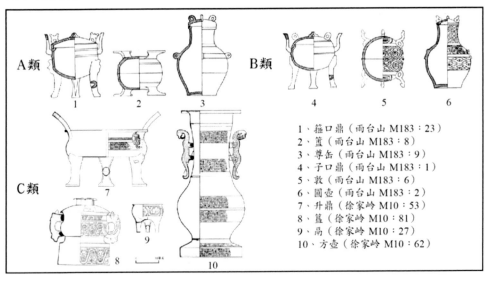

1、箍口鼎（雨台山 M183：23）
2、簠（雨台山 M183：8）
3、尊缶（雨台山 M183：9）
4、子口鼎（雨台山 M183：1）
5、敦（雨台山 M183：6）
6、圓壺（雨台山 M183：2）
7、升鼎（徐家嶺 M10：53）
8、簠（徐家嶺 M10：81）
9、盏（徐家嶺 M10：27）
10、方壺（徐家嶺 M10：62）

圖 25：楚墓中的三類隨葬品組合

　　但是，另一種現象是上述墓地中身份略高者（有墓道、墓內分室、墓底面積在 6 平方米左右）如雨台山 M388、M140、M159、趙家湖 JM229、JM49、

〔註18〕湖南省博物館、湖南省考古研究所編：《長沙楚墓》，文物出版社，2000 年。長沙地區楚墓喪葬習俗自成特點，容另文專述。

〔註19〕安徽省文物考古研究所：《安徽潛山公山崗戰國墓發掘報告》，《考古學報》2002年第 1 期。

〔註20〕王先福：《襄北楚陶器墓綜述》，《江漢考古》2000 年第 2 期。

JM202、九店 M410、M296、M526 等則會同時兼用 A、B 兩類組合。同樣的
現象亦見於江陵藤店 M1〔註21〕、荊州紀城 M1〔註22〕等三室墓中。以荊州紀
城 M1 爲例，墓底長 4.4、寬 2.7 米，南向墓道，槨內分頭箱、左邊箱、右邊
箱三部分，頭箱主要放置仿銅陶禮器，左邊箱內爲樂器，右邊箱內爲車馬器
和兵器，并然有序。仿銅陶禮器共包括 A 類 2 箍口鼎（原簡報 A 型鼎）、2 簋、
2 尊缶；B 類 2 子母口鼎（原簡報 B 型鼎）、2 敦、2 彩繪圓壺。

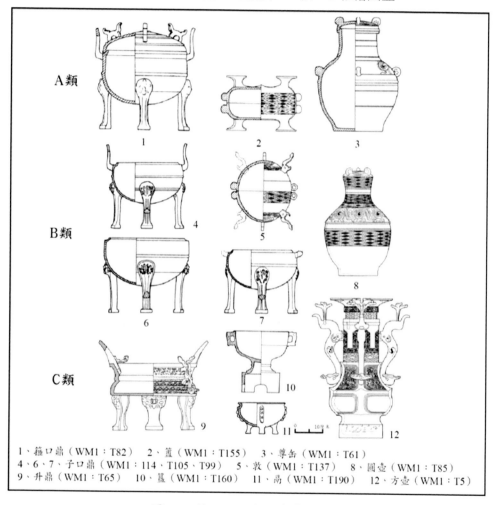

1、箍口鼎（WM1：T82）　2、簋（WM1：T155）　3、尊缶（WM1：T61）
4、6、7、子口鼎（WM1：114、T105、T99）　5、敦（WM1：T137）　8、圓壺（WM1：T85）
9、升鼎（WM1：T65）　10、簠（WM1：T160）　11、鬲（WM1：T190）　12、方壺（WM1：T5）

圖 26：望山 M1 出土隨葬品組合

〔註21〕荊州地區博物館：《湖北江陵藤店一號墓發掘簡報》，《文物》1973 年第 9 期。
〔註22〕湖北省文物考古研究所：《湖北荊州紀南城一、二號楚墓發掘簡報》·《文物》，
　　　　1999 年第 4 期。

　　而更高等級的貴族又會在此基礎上，於墓葬中添加另一類新的組合（C類）：束腰平底升鼎、方座簋（春秋時主要爲三足簋）、扉棱鬲和方壺，且數量隨身份爵秩而變化。

　　如戰國初年的平頂山 M10 中〔註23〕，除 A 類箍口鼎 4（形制、紋飾略有不同）、簋 2、尊缶 2 及 B 類子母口鼎 1、敦 2、圓壺缺失兩種組合外，還有陶質的仿銅禮器升鼎 3、方座簋 4、扉棱鬲 2、方壺 2 組合一套，不僅器形上多傚仿周制，器物數量也比較嚴格地遵循周禮規範。當然這種現象早在春秋時期就已經出現，只不過局限於 5 鼎以上的大夫級別墓葬中。像淅川下寺 M1、M2 楚國令尹蒍子馮夫婦墓中〔註24〕，就同時使用了 A、C 兩類組合。但 M1 內是升鼎 2、圈足簋 1、扉棱鬲 1、方壺 2，M2 內爲王子午升鼎 7、扉棱薦鬲 2、三足簋 2、方壺 1（殘），似又同時雜用了周制和楚制。到了戰國之後，C 類組合則進一步向 3 鼎貴族墓中擴展。

　　如戰國早期偏晚的長沙瀏城橋 M1〔註25〕，三室墓，東向，有墓道，使用江陵地區常見的懸底弧棺（長沙地區楚墓流行長方形盒狀棺），其隨葬的仿銅陶禮器包括：C 類升鼎 3、方座簋 6、扉棱鬲 8、方壺 2；A 類箍口鼎缺、簋 3、尊缶 2；B 類鳥形鈕子母口蓋鼎 4（按大小分爲兩組）、敦 2、圓壺 2。

　　戰國中期晚段的江陵望山 M1（三室墓）中〔註26〕，仿銅陶禮器包括：C 類升鼎 3、方座簋 6、扉棱鬲 6、方壺 2；A 類箍口鼎 2、簋 2、尊缶 2；B 類子母口鼎 6 件（分 3 組，大小略有差異，蓋鈕不明）、敦 2、圓壺 2（圖 26）。

　　望山 M2 雖然被盜，但其出土的遣策中也完整地記錄了這些組合。據簡 51-55 記載：「□（牛？）盉、豕盉（兩件無蓋折沿鑊鼎）、二□、二□、二□、二升 、二監（鑒）、二卵缶、二□□簋、二合盞、一迅缶、一湯鼎、一盤、一匜」，從禮制組合以及其他相應楚墓出土物來看，卵缶當指尊缶，迅缶當指盥或浴缶〔註27〕。而此處所記的應全是墓中的仿銅陶禮器，因爲銅器被單獨

〔註23〕河南省文物考古研究所、平頂山市文物局：《平頂山應國墓地十號墓發掘簡報》，《中原文物》2007 年第 4 期。

〔註24〕河南省文物研究所等：《淅川下寺春秋楚墓》，文物出版社，1991 年。

〔註25〕湖南省博物館：《長沙瀏城橋一號墓》，《考古學報》1972 年第 1 期。

〔註26〕湖北省文物考古研究所：《江陵望山沙塚楚墓》及附錄二：《望山 1、2 號墓竹簡釋文與考釋》，文物出版社，1996 年。

〔註27〕望山 M2 中即殘存尊缶 2 件。另信陽簡 214 中亦記載「一迅缶」，而尊缶二、盥缶一是春秋晚期以來楚墓中常見的配置，像望山 M1、沙塚 M1、徐家嶺 M6 和尚嶺 M2、喬家院 M5、M6 等，而極少見到尊缶使用 1 件的例子。可

記在「金器」簡 46 中了。與包山 M2 一樣，C 類組合僅有升鼎 2 件，方座簋、
方壺、扉棱鬲等都缺失；A 類箍口鼎現存 2 件，另有簋 2、卵缶 2、尊缶 1；B
類子母口鼎數量不明，或據簡 46「金器六貴（鼎），有蓋」推斷爲 6 件（參見
第二章第四節），敦 2 件，鋪首圓壺現存 2 件，另有 2 件壺蓋不知配於何物。

　　沙冢 M1 亦是戰國中期晚段的 3 室墓〔註28〕，墓中銅器基本被盜，殘餘
的仿銅陶禮器包括：C 類升鼎 2、方壺 2；A 類簋 2、尊缶 2；B 類子母口蓋鼎
8 件 4 組（分爲三環鈕 2 組、臥牛鈕 1 組、鳥形鈕 1 組）、圓壺 2。

　　天星觀 M2 爲戰國中期邸陽君番（潘）勅夫人墓〔註29〕，5 室，被盜嚴重，
殘餘的銅器包括：C 類升鼎 5、方座簋 5、扉棱鬲 5；A 類箍口鼎 1；B 類子母
口鼎 6 件（3 組，一組裝飾臥牛鈕，另兩組不明，但器形略小）、敦 2。

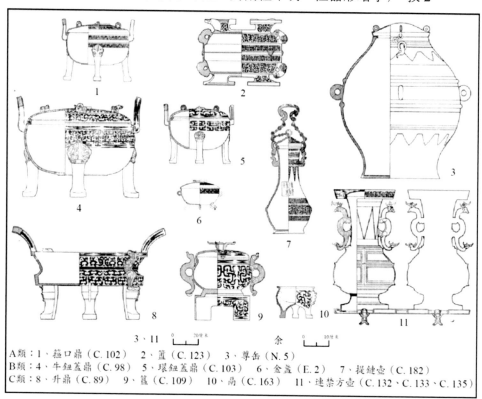

A 類：1、箍口鼎（C.102）　2、簋（C.123）　3、尊缶（N.5）
B 類：4、牛鈕蓋鼎（C.98）　5、環鈕蓋鼎（C.103）　6、盒蓋（E.2）　7、提鏈壺（C.182）
C 類：8、升鼎（C.89）　9、簋（C.109）　10、鬲（C.163）　11、連禁方壺（C.132、C.133、C.135）

圖 27：曾侯乙墓出土三類隨葬品組合

參見傅玥：《試析望山 M2 遣策與青銅禮器的對應問題》，《江漢考古》2010 年
　　　第 1 期。
〔註28〕湖北省文物考古研究所：《江陵望山沙冢楚墓》，文物出版社，1996 年。
〔註29〕湖北省荊州博物館：《荊州天星觀二號楚墓》，文物出版社，2003 年。

　　由上述諸例可以看出，楚人對源於周制的 C 類組合遵循得並不嚴格，不僅鼎、簋之數難以配套，升鼎的件數也會往往使用楚制的兩件。而淪為楚國附庸的曾、蔡兩國貴族墓中卻表現出與此不同的傾向〔註 30〕。像隨縣曾侯乙墓中，C 類組合銅升鼎 9、方座簋 8、連禁方壺 2、扉棱鬲 9，與周制絲毫不差，且器形厚重而精美；A 類組合卻是箍口鼎 1、簋 4、尊缶 2（單獨放在北室），B 類組合中提鏈壺 2、金盞 1，但子母口蓋鼎卻是牛形鈕 5 件（用周制）和四環鈕 1 件，與上述楚墓迥然不同（圖 27）。考慮到該墓遣策中所記載的大量助喪之人以及用音色不配套的楚惠王大鑄鍾來代替原有鑄鍾組合的情況，A、B 組合中部分器物為楚人所贈送亦不無可能。又如安徽壽縣蔡侯墓中，殘餘銅器包括 C 類升鼎 7、簋 8、扉棱鬲 8、方壺 2；A 類為箍口鼎 1、簋 4、方、圓缶各 2（置於鑒內）；B 類子母口鼎 9，中原式樣，敦 2，圓壺缺失。在器用制度上尤其是列鼎的件數與曾侯乙墓頗為相近。與其類似的還有楚國北境與中原地區毗鄰的一些高級貴族墓葬，如淅川徐家嶺 M10（戰國早期）中〔註 31〕，A 類組合為箍口鼎缺、簋 2、尊缶 2、盥缶 2；B 類組合三臥牛鈕子母口高足鼎 5 件，係拼湊而成，紋飾、大小不一。敦 2 件，亦紋飾不同，高圈足螭鈕圓壺 2 件；C 類組合束腰平底升鼎 5、方座簋 4、扉棱鬲 5、方壺 2。雖然亦是兼用三套禮器組合，但子母口鼎的數量卻是周制的奇數 5 件，同時不用楚式箍口鼎，當是受中原禮制影響更甚於江陵地區之故。新近發掘的南陽楚彭射墓中（春秋晚期）〔註 32〕，隨葬 3 件箍口鼎，且自銘「行毓」，另有簋 4、尊缶 2、盥缶 2，恐怕也是雜用楚制、周制的結果。

　　此外，上述楚墓隨葬品中另一個顯著之處是 B 類組合在戰國之後變得日益繁縟，子母口蓋鼎會按照鈕的形制區分成不同的幾組，其功能也應當是有所區別的。見下表：

〔註 30〕　湖北省博物館：《曾侯乙墓》，文物出版社，1989 年；安徽省文物管理委員會、安徽省博物館：《壽縣蔡侯墓出土遺物》，科學出版社，1956 年。

〔註 31〕　河南省文物考古研究所等：《淅川和尚嶺與徐家嶺楚墓》，大象出版社，2004年。

〔註 32〕　南陽市文物考古研究所：《河南南陽春秋楚彭射墓發掘簡報》，《文物》2011年第 3 期。

表9：東周楚墓隨葬品分類簡表

墓葬 ＼ 隨葬品組合	C類				A類			B類		
	升鼎	簋	鬲	方壺	箍口鼎	簠	尊缶	子口鼎	盞	圓壺
春秋　下寺 M2	7	2	2	1	4，分兩組	1	2		1	
下寺 M1	2	1	1	2	4，分兩組	2	2		1	
下寺 M36					2	2	2浴缶			
山灣 M6					2	2	2浴缶			
下寺 M3					2	4	2		1	
南陽彭射墓					3，「行鎣」	4	2		1	
下寺 M10					4，分兩組	2	2		1	
和尚嶺 M2					4，分兩組	2	2		1	
團山 M1					2	2	2			
余崗 M180					1	1	1			
山灣 M33					2	1	1浴缶		1	
壽縣蔡侯墓	7	8	8	2	1	4	2+2	9	2	缺
戰國　徐家嶺 M10	5	4	5	2	2	2	2	3	2	2
平頂山 M10	3	4	4	2	4	2	2	1	2	缺
瀏城橋 M1	3	6	8	2		3	2	4，2組	2	2
包山 M2	2				2			6，3組	2	2
望山 M1（陶）	3	6	6	2	2	2	2	6，3組	2	2
望山 M2（陶）	2				2	2	2	6，3組	2	2
沙冢 M1（陶）	2			2				8，4組		2
曾侯乙墓	9	8	9	2	1	4	2	5＋1	1	2
天星觀 M2	5	5	5		1			6，3組	2	
紀城 M1（陶）					2	2	2	2	2	2
藤店 M1（陶）					2	2	2	4，2組	2	2
九店 M10、M43、M44 等（陶）					2	2	2	2	2	2
趙家湖 JM15、雨台山 M516、九店 M485、M229					2	2	2			
趙家湖 JM36、LM13、雨台山 M544、九店 M19								2	2	2

　　那麼這三類組合在楚國的禮制中究竟擔當了何種功能呢？或者說，楚國貴族是如何在禮儀活動中來使用這些器物的呢？包山二號墓出土的遣策爲瞭解這一問題提供了重要參考〔註33〕。

　　包山二號墓爲戰國中期晚段楚國左尹邵（昭）佗之墓，下葬於公元前316年6月。墓主人爲昭王之後，祖上封君、縣公輩出，屬於典型的楚國公族，而其本人身份則在大夫等級。墓內分5室，東、南、西三室內擺設的器物下都放有對應的遣策，是以可根據簡文中的記載來瞭解隨葬器物的組合和功用情況。其中西室下爲「相尾之器所以行」組簡（簡259-264），出土物主要是墓主人生前的日常起居用品，包括冠飾、衣物、鞋、梳妝用具、床、枕、幾等，但也有少量器物放置在北室；南室內主要爲車馬器和兵器，對應著簡267-277；東室內爲「食室之金器」以及「飲室之飤」組簡（簡251-258），應主要指墓主人生前宴飲所用的銅器和各種美食，可惜簡文殘損，難以一一對應；另在南室內還放有「大兆之金器」組簡（265、266），但所記之物均在東室，共包括「一牛鑐、一豕鑐、二鐈鼎、二□薦鼎、二貴鼎、二登鼎、二鑒、二卵缶、二迅缶、一湯鼎、一貫耳鼎、二鉼銅、二合簠、一□□鼎、二少勺、二盛盞、一盤、一匜、一□甒。」其中「一牛鑐」和「一豕鑐」是指墓中的兩件無蓋束頸折沿鑊鼎（M2：124、146），從春秋時期的「於鼎」變化而來，這種記述方法也於楚簡中多見；「二鐈鼎」根據壽縣楚幽王墓中出土的同名器知道是兩件籃口鼎（M2：83、109）；「二登鼎」就是兩件升鼎（M2：85、137）；「二□薦鼎」和「二貴鼎」據前文考證爲兩對三環鈕子母口蓋鼎（M2：130、173、150、152）。那麼很顯然「大兆之金器」組中就已經完全包括了上述的三類組合：A類二鐈鼎（籃口鼎）、二合簠、二卵缶；B類二□薦鼎、二貴鼎、二盛盞、二鉼銅（M2：153、154）；C類僅二登鼎，缺少方座簋、方壺和扉棱鬲。也即是說，（在生前）楚人是將這三套不同的組合使用於同一類禮儀場合的。如果「兆」字所釋正確的話，根據《左傳·襄公九年》的記載：「君冠，必以裸享之禮行之，以金石之樂節之，以先君之祧處之。」杜預注：「諸侯以始祖之廟爲祧」，兆或即「祧」，當指先祖宗廟之意，那麼這三類組合就很可能均是楚人的宗廟祭器，與宴飲所用的「飲器」相對應。而且薦鼎和饋鼎兩類也可以部分解釋上述的B類組合不斷分化的現象。當然目前的材料還不足

〔註33〕湖北省荊沙鐵路考古隊：《包山楚墓》及附錄一：《包山二號楚墓簡牘釋文與考釋》，文物出版社，1991年。

以瞭解這三套組合究竟是同時在廟堂上陳設，還是分別用於幾個不同的程序或祭祀儀式中（如楚簡中有薦祭、饋祭、嘗祭等不同的祭祀名稱）。

　　隨之而來的另一個問題是，戰國時候的楚人爲什麼要同時使用這三套不同的組合來作爲祭祀先祖之器呢？在解釋這一問題前，首先需要明晰這些禮器組合的各自發展道路。

　　其中箍口鼎、簋、尊缶組合爲春秋以來楚國公族的代表組合形式。在淅川下寺、兩嶺的蒍氏家族墓地以及襄樊、南陽周邊的春秋楚國貴族墓中〔註34〕，隨葬品基本組合均爲鼎、簋、缶、盤、匜，但具體形制和數量又有所不同。鼎在春秋中期時有折沿（於鼎）、串耳、箍口、子母口等不同形制，春秋晚期後即統一爲箍口鼎（高級貴族墓中另有折沿鑊鼎、平底升鼎），2 件成組，自銘爲「䱉」或「飤䱉」；簋的自銘以「飤簋」最爲常見，如「申公彭宇飤簋」、「何次飤簋」、「彭公之孫無所飤簋」、「子季嬴青飤簋」、「申王之孫叔姜飤簋」等，似可與「飤䱉」鼎一起自成一套特殊的禮儀器具，上述戰國時代「飤器組銅器」可能正來源於此。但其數量卻又比較凌亂：下寺 M8、M3、物資城 M1〔註35〕內簋均有 4 件，其中下寺 M3 內四件簋均自銘爲「飤簋」，且形制、大小基本接近；物資城 M1 內四件簋均爲「彭公之孫無所自做飤簋」，而 M8 內兩件形制大小一致的自銘爲「何次飤簋」，一件器形較大、足高而身矮者爲叔番嬭妃媵器，另一件自銘爲「何次饋簋」，顯係拼湊而成；山灣 M33 內（2 箍口鼎）的「子季嬴青飤簋」又僅有一件〔註36〕。另外像下寺 M4、毛坪 M18〔註37〕、山灣 M14、M23、余崗 M180〔註38〕等僅使用一鼎隨葬的墓內也均只有 1 件簋。可見戰國時期嚴格的兩簋成套的制度在春秋時期還處於形成階段。

　　至於缶，在年代略早的下寺 M8、M7、M36 內均使用的是水器類的浴缶，春秋晚期後才固定爲酒器類的尊缶。顯然從組合的完整性上考慮，後者更爲成熟與合理。同樣的差別亦見於春秋中晚期的鄖縣喬家院墓地〔註39〕，其中

〔註34〕劉彬徽：《楚系青銅器研究》，湖北教育出版社，1995 年。
〔註35〕董全生、李長周：《南陽市物資城一號墓及其相關問題》，《中原文物》2004年 2 期。
〔註36〕湖北省博物館：《襄陽山灣東周墓葬發掘報告》，《江漢考古》1983 年 2 期。
〔註37〕淅川縣博物館　南陽地區文物隊：《淅川縣毛坪楚墓發掘簡報》，《中原文物》1982 年第 1 期。
〔註38〕楊權喜：《襄陽余崗東周青銅器的初步研究》，《江漢考古》1990 年 4 期。
〔註39〕湖北省文物考古研究所　湖北省文物局南水北調辦公室：《湖北鄖縣喬家院春秋殉人墓》，《考古》2008 年第 4 期。

年代較早的 M4 內為折沿鼎 2、簋 2、浴缶 2，而略晚的 M5、M6 則均為箍口鼎 2、簋 2、尊缶 2、浴缶 1 的組合。因此嚴格來講，A 類組合其實直到春秋晚期才真正形成，是楚人對於西周鼎、簋、壺、盤、匜的傳統禮制不斷學習、改造的結果，尊缶的出現以填補自身組合中酒器類的空白就極好地說明了這一點。但同時，楚人又不滿足於完全照搬周式禮制，他們極其希望能夠擁有一套自己的禮制文化，所以又通過借鑒江淮地區原有的偶器制度，才最後創造出這樣一種特殊的器物組合，並成為戰國後的定式。

盞雖然在很多墓葬中都有出土，但數量卻無論身份高低均僅有 1 件。像下寺 M1、M2、M3、M7、M10、M11、山灣 M15、M19、M22、M33、物質城 M1、余崗 M175、M177、M215 等。其形制皆為扁體三足形，而並非戰國時代普遍流行的圓體西瓜形敦。同時有許多春秋楚墓中並不隨葬盞。所以，盞在這一時期可能尚處於一種「從屬地位」，而並未形成自己獨立的禮制組合。子母口高足鼎、圓體敦、鋪首圓壺搭配的出現應當並非是楚人自身禮制發展的結果。

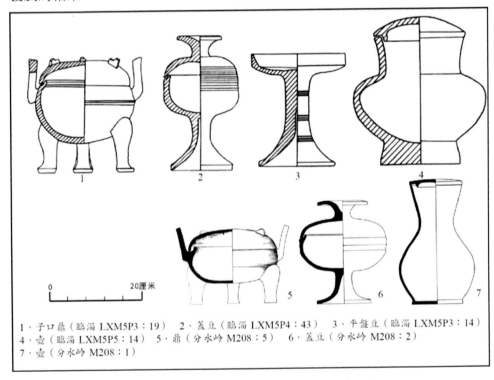

1、子口鼎（臨淄 LXM5P3：19）　2、蓋豆（臨淄 LXM5P4：43）　3、平盤豆（臨淄 LXM5P3：14）
4、壺（臨淄 LXM5P5：14）　5、鼎（分水嶺 M208：5）　6、蓋豆（分水嶺 M208：2）
7、壺（分水嶺 M208：1）

圖 28：戰國時期中原地區的鼎、豆、壺組合

　　那麼鼎、盨、壺的組合究竟從何而來呢？讓我們暫時把目光轉移到楚國以外的地域。中原三晉兩周地區在春秋晚期晚段也經歷了一場隨葬品的大變革：子母口蓋鼎、蓋豆、圓壺的出現取代了原有的立耳無蓋鼎、三足簋（高級貴族墓）或扁體敦（中小型墓）組合，並在戰國初年迅速向庶人階層中普及，成為仿銅陶禮器的標準組合形式。高明先生對此已經作了十分深入的研究，這裡就不再贅述〔註40〕。而從器物形制上看，楚人所使用的子母口高足蓋鼎、鋪首圓壺均與中原地區的同類器十分接近，甚至連鼎蓋鈕（三環鈕、臥牛鈕）都完全一致，唯鼎足較高、鼎蓋圓收而已，而這些器類均不見於春秋楚墓中（圖28）。

　　所以，合理的推測是，戰國初年在某種促因下，楚人再次借鑒和模仿了中原地區新出現的禮器組合，同時加以改造，去掉楚地並不常見的蓋豆，而換以原本就在楚國禮制中佔有一席之地的「盨」，但數量上依然使用傳統的兩件成套制度。不過盨的形制為何突然由春秋時代的扁體盆形演變為戰國時候的圓體球形，這究竟是自身發展的結果還是受到了外來影響，目前尚難以解釋。而楚國的庶人們也和中原地區一樣，在戰國初年開始使用這一套新出現的器物作為他們仿銅陶禮器的基本組合（新制），僅在江陵周邊地區仍有部分「守舊者」堅持固守原有的 A 類組合（舊制）。或許這些人的出身或信仰是一個值得深入探討的問題。

　　簡單歸納下來即是，B 類組合在戰國初期被新「創造」出來並加入到楚人的禮制中的，使原本只使用一套祭器（A）的中小型墓中增加至兩套（A+B），而原本使用兩套祭器（A+C）的高等級貴族墓葬中進一步變成三套（A+B+C）。很顯然這是一次重大的禮制「複雜化」運動。

　　而如果再回到用鼎制度一章，就會驚奇地發現：春戰之際中原地區亦有著十分類似的禮制改革運動，其具體表現也是禮器套數的增加。像春秋時期的李家樓鄭伯墓、琉璃閣甲、乙墓、長治分水嶺 M269、M270、壽縣蔡侯墓、侯馬上馬 M13、洛陽 C1M3498 等中高級貴族墓葬中均使用兩套正鼎（代表兩套青銅禮器）；而到了戰國之後，像山西太原趙卿墓、後川 M2040、河北平山 M1、M6 中山國國君墓、易縣燕下都九女臺 M16、潞城潞河 M7 等 7 鼎以上高級貴族墓葬中又進一步添加了一套新的列鼎，從而使得禮器套數由兩套變

〔註40〕　高明：《中原地區東周時代青銅禮器研究》，《考古與文物》1981 年 2、3、4 期。

為三套。也即是說，中原地區的禮器組合同樣經歷了由春秋時代的兩套發展至戰國時代的三套，但其每一套均遵循周禮規範，唯形制和數量之間存在一定差異。

　　相信正是在這樣一個禮制大變革的背景下，才促使楚人又一次調整自己的制度來順應時代的發展。當然，為什麼戰國時代的人們要把禮儀制度變得越來越繁縟複雜？這與孔子所抨擊的「禮崩樂壞」是否相互矛盾？為什麼原本僅屬於貴族特權的「禮儀」不僅在深度上不斷「分化」，在廣度上亦不斷向庶人階層靠近呢？這些都是值得我們進一步思考的問題。

餘論：壽縣楚王墓的禮器組合

　　上文中已經簡要探討了楚國公卿及以下級別的禮制組合情況，那麼楚王墓葬是否也遵循同樣的分類原則呢？抑或在統一的制度框架下，較其他社會階層有所增減呢？安徽壽縣楚王墓出土的青銅器將爲我們瞭解這一問題提供重要的幫助。

　　該墓在二十世紀三十年代曾屢遭盜掘，出土器物也散落至各地博物館和收藏家手中，爲深入研究帶了一定的困難〔註41〕。八十年代以來，曹淑琴、殷瑋璋、李零、劉彬徽、孫華、吳長青、劉和惠等學者開始對這批器物進行整理和統計，並逐步在一些主要青銅禮器的形制、數量上達成了一致意見〔註42〕。而本節也將以此爲基礎，將壽縣楚王墓所出土的青銅禮器納入到前述整個楚國禮制系統中來分析，不僅嘗試探討楚王級別所應使用的禮制組合情況，同時也將考察在戰國末期楚國東徙壽春後國勢衰微的歷史背景下，楚王室針對這一喪葬活動所作出的各種「應對之舉」和「酌情增減」情況。

　　根據銘文中所記載的銅器歸屬者的不同，可將這批器物分爲考烈王器、王后太后器、太子器、幽王器、其他銅器五大類。

〔註41〕 李景聃：《壽縣楚墓調查報告》，《田野考古報告》第一冊，1936 年；鄧峙一：《李品仙盜掘楚王墓親歷記》，《安徽文史資料選輯》第一輯，安徽人民出版社，1960 年；朱拜石：《考訂壽縣出土古器物初稿》，1934 年，現存合肥市文物管理處；唐蘭：《壽縣出土銅器考略》，國立北京大學：《國學季刊》四卷一期，1934 年。

〔註42〕 劉節：《壽縣所出楚器考釋》，《古史考存》10～140 頁，人民出版社，1958 年；曹淑琴、殷瑋璋：《壽縣朱家集銅器群研究》，《考古學文化論集》199～220 頁，文物出版社，1987 年。以下簡稱《器群》；李零：《論東周時期楚國的典型銅器群》，《古文字研究》第十九輯 136～178 頁，中華書局，1992 年；劉和惠：《壽縣朱家集李三孤堆大墓墓主的再認識》，《東南文化》1991 年第 2 期；劉彬徽：《楚系青銅器研究》，湖北教育出版社，1995 年；胡欣民：《壽縣李三古堆大墓墓主考辨》，《楚文化研究論集》(6)，湖北教育出版社，2005 年；孫華：《壽縣李三孤堆楚墓墓主的初步分析》，《楚文化研究論集》(7)，嶽麓書社，2007 年；吳長青：《壽縣李三孤堆楚器的研究與探索》，《故宮博物院院刊》2006 年第 6 期，《壽縣李三孤堆楚國大墓出土銅器的初步研究——以安徽省博物館藏該墓青銅器爲中心》，北京大學碩士論文，2005 年。

一、考烈王器

壽縣出土有銘銅器中爲「酓前（或釋作『肯』）」所鑄者共四類七件，分別爲：箍口「鐈鼎」1 件，高 59.3、口徑 46.6 釐米，附耳，頸部有一圈凸棱承蓋，腹部裝飾細密的蟠虺紋，高獸面蹄足，現藏北京故宮博物院；帶流「匜鼎」1 件（圖 29：11），無蓋，大扁腹，高足，素面，高 38.5 釐米；「金簠」4 件（圖 30：8），形制、大小相同，飾蟠鳳紋、勾連雲紋，通高 11.7 釐米。其中三件編號有：戊寅（上下半器）、己、辛，由已見編號推算，甲至辛共八號，實當爲 4 件簠；圓底「鑄盤」1 件（圖 31：1），素面，無圈足，高 7.9 釐米，爲戰國中晚期流行式樣。

上述七器銘文格式均爲「酓前（肯）作鑄某器，以供歲嘗」，未見鑄、冶者姓名以及使用、保管場所的名稱，此其與「酓忓」器最大之不同，年代差別顯而易見。「酓前（肯）」學界多認爲即是楚考烈王熊元，應當無誤。而「嘗」爲周禮中秋祭之名，劉彬徽先生認爲「或通指歲祭」，「王子申鑒」銘曰：「鄂陵君王子申，攸載造金鑒，攸立歲嘗，以祀皇祖，以會父兄，永用之」（《集成》·10297），可以推知，這批器物的原來用途是被專設於祭祀場合的。

但需要注意的是，今日所見「酓前鐈鼎」頂部的「集脰」鼎蓋（蓋面微隆，飾三個工型鈕）無論從銘文字體、裝飾紋樣（器蓋爲方勾變形龍紋，而鼎身爲細密的蟠虺紋）來看均與鼎身有極大的不同，二者應分鑄於不同時期。唐蘭先生稱：「殆別一器之蓋，誤與此相配也。」劉彬徽先生認爲鼎蓋當屬於幽王之世，甚是，「集脰」之名即只見於幽王組銅器中，所以這二者應本非一套而很可能是幽王後補之作。

二、王后、太后器

現有銘文銅器中屬王后、太后者共六類十五件，分別爲：「太后脰官鼎」1 件（圖 29：2），通高 33 釐米，據《器群》描述「獸面高足，有流，素面」可知當是匜鼎 1 件，銘文「鑄客爲太后脰客爲之」，李零、劉彬徽等先生認爲是幽王在位時爲其母（考烈王后）所鑄之器，當是，歸「脰官」掌管（與「鑄客爲集脰爲之」格式一樣）；「王后少府升鼎」2 件（圖 29：3），通高 49 和 48 釐米，銘文「鑄客爲王后少府爲之」，當是幽王爲其王后所做之器，存於少府（內府）。據李景聃《壽縣楚墓調查報告》描述，該墓中束腰平底升鼎共是九

件，形制、紋飾相同，大小相似。但實際上其中兩件爲此「鑄客升鼎」，且腹內壁器耳交接處鑲有兩個獸面器，係直接在腹芯上雕出形狀，然後澆鑄器腹時形成；而另七件爲無銘文的「粟紋升鼎」（圖 29：6），腹內無獸面，內壁與外壁箍飾對應處也無凹槽，差異明顯。學界一般認爲楚王級別當用升鼎九件，若此，則說明幽王爲了自身的禮制需要而取用了王后之器以「湊足」應有之數。

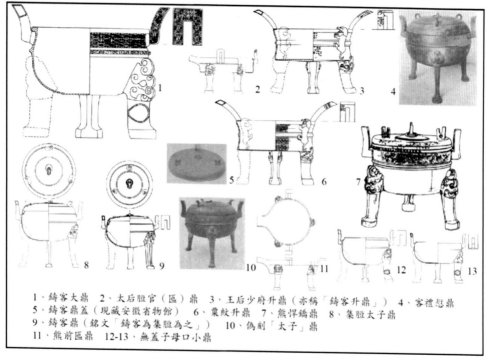

1、鑄客大鼎　2、太后脰官（區）鼎　3、王后少府升鼎（亦稱「鑄客升鼎」）　4、客禮怨鼎
5、鑄客鼎蓋（現藏安徽省物館）　6、粟紋升鼎　7、熊悍鎬鼎　8、集脰太子鼎
9、鑄客鼎（銘文「鑄客爲集脰爲之」）　10、偽刻「太子」鼎
11、熊前區鼎　12-13、無蓋子母口小鼎

圖 29：安徽壽縣楚王墓出土部分銅鼎

　　另據李零先生文章介紹尚有相同銘文的「王后少府鼎」1 件，形制、紋飾不詳，但其後隨葬銅禮器總表（表九）中卻又未見收錄，曹淑琴、殷瑋璋《器群》文中也無任何描述，故推測可能是李文筆誤將其與「太后脰官鼎」混淆在一起了（二者同列在標題「乙」下）。

　　「王后六室」之器包括菱格雲紋簠 4（圖 30：2）、豆 4、缶 2、鎬 2，都有相同的九字銘文「鑄客爲王后六室爲之」，應屬王后諸室所用之物。銅鎬高10.7 寸、口徑 21 寸，從形制、大小推斷可能是與鑒類似的溫酒、鎮酒之器。不過十分有趣的是，幽王組銅器中卻並未見到豆、缶等器物，簠也僅有「大府簠」1 件，並不成套。而東周時期箍口鼎、簠、尊缶的組合是楚國貴族墓葬

中十分固定的禮器組合形式：籃口鼎一般爲 2 件（未見等差），簠如曾侯乙墓、壽縣蔡侯墓等諸侯級別均是 4 件成套，尊缶亦均是 2 件，因此可以認爲與升鼎情況一樣，此王后諸器也是被幽王取來彌補自身禮器的不足。

三、太子器

銅器銘文中含有「太子」稱謂者共有三件：其中「集脰太子鼎」2 件（圖 29：8），一件銘文刻於兩耳上，五字，一耳爲「太子鼎」，一耳爲「集脰」；另一件銘文在蓋邊緣，一行五字，「集脰」、「太子鼎」。兩器均爲素面子母口有蓋圓腹鼎，形制、大小相同，通高 13.2 寸，且蓋頂飾有三個臥獸鈕。另有「集脰太子之鎬」1 件（圖 31：9），通高 22 釐米。至於另一件「集脰太子」小鼎（圖 29：10）則據李國梁先生考證，腹部「太子」二字爲僞刻，線條較粗且極不流暢，與左耳銘文不同，故去而不論〔註43〕。

有關太子其人，《器群》一文所論極是：「幽王死後由其弟猶繼位，表明熊悍生前未立太子。其弟猶繼位爲哀王，兩個月後被殺，他的年齡比熊悍還小，當也不可能立太子。這些情況，可反證壽縣銅器的主人不可能是哀王或負芻。同時，恰可說明太子組銅器應是熊悍爲太子時所鑄。」「太子之器」於登位後繼續沿用的現象在周代也並不鮮見，像著名的「芮太子白壺」、「上曾太子鼎」、吳「太子姑發孚反劍」（吳王諸樊之物）等。2005 年在陝西韓城梁帶村芮國墓地 M19（3 鼎墓）中曾出土了四件扉棱鬲，形制、紋飾、大小相同。其中一件口沿有順時鐘方向銘文 13 字，「芮公作鑄鬲，子子孫孫永寶用享」（M19：261），而另一件口沿爲逆時鐘方向銘文 13 字，「芮太子作鑄鬲，子子孫孫永寶用享」（M19：260）。很顯然，這是芮公在其任太子和國君兩個不同時期所製作的器物，死後則被同時放入了墓葬之中（儘管該墓被認爲是 M27 芮公次夫人之墓），與壽縣楚王墓的情況頗爲類似。

四、幽王器

首先來看無蓋折沿大鼎，共 2 件，一件爲著名的「鑄客」大鼎（圖 29：1），現藏安徽省博物館，飾菱形紋，通高 112、口徑 87 釐米，重達 400 公斤。口沿有銘文十二字，「鑄客爲集脰、侶脰、睘豚脰爲之」，具體含義不詳。不

〔註43〕李國梁：《「太子鼎」辨僞》，《楚文化研究論集》（一），荊楚書社，1987 年。

過從幽王組諸銅器來看，「集膴」二字很可能與「集胆」、「集䤅」、「集既」、「集糈」一樣，屬於膳廚類機構；另有 1 件「愆字大鼎」，飾雲紋，已殘，僅存三足與器口，口沿上有一「愆」字銘文。劉彬徽先生指出「從殘存的造型和紋飾看，與楚大鼎基本相似」，應是。其口徑 71 釐米，較鑄客大鼎略小，根據裝飾紋樣、銘文格式、字體判斷，此兩件無蓋大鼎當分鑄於不同時期。

由包山二號墓的遣策記載可知〔註44〕，此二鼎應名爲「牛鑐」、「豕鑐」（楚地自名），分別用於烹煮牛、豬骨肉，類似於周人的鑊鼎，在楚國高級貴族墓葬中十分普遍。

需要補充的是，與「愆字大鼎」銘文相近者另有 4 件「客禮愆鼎」（圖 29：4），口沿刻銘文 3 字：「客禮愆」。客當是「鑄客」之省，禮爲氏稱，愆爲名。與「愆字大鼎」同屬鑄客愆所鑄，只是大鼎僅書其名而未有「客禮」二字而已（可能鑄造時間略有不同）。這 4 件鼎大小相近，通高僅 33 釐米，素面，子母口，高蹄足，蓋頂部有三個三環鈕。在包山二號墓、望山二號墓、沙冢一號墓、藤店一號墓等典型楚國貴族墓葬中〔註45〕，這種「三環鈕子母口高足蓋鼎」也均是 4 件，兩兩成組，並且據包山遣策「大兆之金器」組記載，其分別名爲「薦鼎」、「饋鼎」〔註46〕，可能是用於楚地特殊的祭祀儀式中的。

再來看著名的「熊悍鐈鼎」（圖 29：7），共 2 件，通高 55.6 釐米和 51.8 釐米，鼎蓋與口沿銘文相同，均爲「楚王酓忏戰獲兵銅，正月吉日，作鑄鐈鼎（之蓋），以供歲嘗」，但器腹部的冶師、冶師之佐的名稱又各有差別。很顯然，正是由於鑄造者的不同，才導致了這兩件本應爲一套的銅器出現了大小不同的情況。關於「戰獲兵銅」一事，郭沫若先生認爲是指幽王三年的秦楚之戰，由於本和秦軍結盟的魏國被楚人策反，所以楚可能獲得了最後的勝利〔註47〕。

〔註44〕湖北省荊沙鐵路考古隊：《包山楚墓》附錄一：《包山二號楚墓簡牘釋文與考釋》，文物出版社，1991 年。

〔註45〕湖北省荊沙鐵路考古隊：《包山楚墓》，文物出版社，1991 年；湖北省文物考古研究所：《江陵望山沙冢楚墓》，文物出版社，1996 年；荊州地區博物館：《湖北江陵藤店一號墓發掘簡報》，《文物》1973 年第 9 期。

〔註46〕張聞捷：《試論楚墓的用鼎制度》，《江漢考古》2010 年第 4 期。

〔註47〕郭沫若：《兩周金文辭大系考釋》169 頁，上海書店出版社，1999 年。

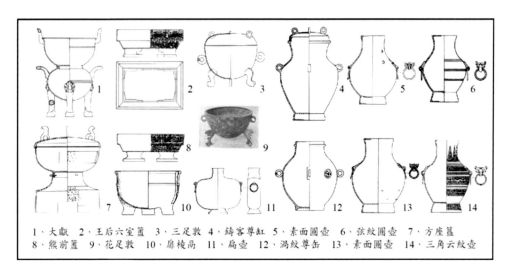

1、大甗　2、王后六室簠　3、三足敦　4、鑄客尊缸　5、素面圓壺　6、弦紋圓壺　7、方座簠
8、熊前簠　9、花足敦　10、扉棱鬲　11、扁壺　12、渦紋尊缶　13、素面圓壺　14、三角云紋壺

圖 30：安徽壽縣楚王墓出土部分粢盛器、酒器

　　另有學者根據安徽省博物館藏的一件「鑄客」鼎蓋（平蓋）上的三個工字型鈕（圖 29：5）推斷其也應屬於一件籃口鼎，因爲該墓所出子母口鼎的蓋鈕多爲環型或臥牛、羊鈕〔註 48〕。若是，則此鼎當配於前文中提到的「酓前（肯）鐈鼎」，湊成兩件成套使用。不過鑄客款銅器又均屬於幽王時期，且平蓋、菱形紋的裝飾風格也與「酓忎鐈鼎」接近，所以很可能是幽王爲了使先祖之器能夠得到使用而另補鑄了一件類似的籃口鼎，這與其爲「酓前（肯）鐈鼎」補作鼎蓋的用意是一致的。

　　該墓中其他有銘銅器尚包括：「鑄客爲集胒爲之」鼎 4 件，簡稱「鑄客鼎」（圖 29：9），以及相同銘文的方爐 1 件（圖 31：7）、鎬 1 件、「鑄客爲御室爲之」匜 1 件，對此諸家皆無異議。四件「鑄客鼎」按大小分爲兩組，均是臥獸鈕子母口高足蓋鼎；腹部有僞刻「太子」二字的「集朎」小鼎 1 件；「集醻」小鼎 1 件以及相同銘文的盉 1 件、爐 1 件；「集䊪」小鼎 1 件、甗 1 件；「集既」甗、方爐各 1 件（圖 31：8）。可惜後述諸小鼎的形制、紋飾皆不詳。

　　「集」字學界多釋爲「司」或「彙」，有總管之意〔註 49〕，爲楚地特殊的官職名，江陵天星觀一號墓遣策中即有「集䊪尹」的記載〔註 50〕。「胒」字據

〔註 48〕 袁艷玲：《壽縣楚王墓出土銅器群的綜合研究》，待刊。
〔註 49〕 李學勤：《戰國題銘概述》（下），《文物》1959 年第 9 期；陳秉新《壽縣楚器銘文考釋拾零》，《楚文化研究論集》（一），荆楚書社，1987 年；朱德熙、裘錫圭：《戰國文字研究（六種）》，《考古學報》1992 年第 1 期；程鵬萬：《安徽省壽縣朱家集李三孤堆出土青銅器銘文集釋》，吉林大學碩士學位論文，2003 年 4 件。
〔註 50〕 湖北省荆州地區博物館：《江陵天星觀一號楚墓》，《考古學報》1982 年第 1 期。

《廣雅·釋言》記載：「脰，饋也」，有饋食、飲食之意；「醻」字舊讀作「酋」，《說文》：「酋，繹酒也」，爲久釀之白酒；「糈」有精米之意（《離騷》王注），集糈之名亦多出現在甗、甑等器物上，所以「集糈」當是楚國王室內主管稻粱主食的機構；「既」字可讀作「餼」，「集既」應是總管各類餼廩的機構。可以發現，這些銅器均是存放於楚王室的膳廚類機構中，與楚王的日常飲食活動有著密切的聯繫，而不再像以前一樣，僅僅用於宗廟祭祀場合。

其他無銘銅鼎據劉彬徽先生統計爲 9 件，同李零文中表九所列的「有蓋中鼎」一欄「素鼎」3、「菱形紋鼎」1、「有蓋小鼎」一欄臥羊鈕「素鼎」5。吳長青曾親自去安徽省博物館對這批銅器進行了詳盡的整理，文中指出餘下的無銘銅鼎均是子母口高足蓋鼎，且蓋鈕以臥牛、臥獸居多〔註51〕。

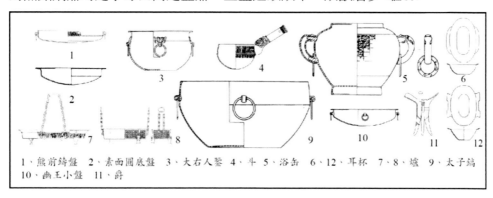

1、熊前鑄盤 2、素面圓底盤 3、大右人鑒 4、斗 5、浴缶 6、12、耳杯 7、8、爐 9、太子鎬
10、幽王小盤 11、爵

圖 31：安徽壽縣楚王墓出土部分水器、飲酒器

與升鼎搭配的簠據李景聃《壽縣楚墓調查報告》記載有「四足簠 3、三足簠 5」，對此吳長青已經指出三足簠應是敦，具體包括三環足敦 2 件（圖30：3）、三花足敦 2 件（圖 30：9）和「大府之盞（楚國對敦的專稱）」1 件。而實際安徽省博物館藏的方座簠有 4 件（原爲 3 件，後壽縣地方政府移交 1 件），再加上天津歷史博物館所藏 2 件（從李零文），則共是 6 件簠（圖 30：7）。不過考慮到這座墓葬中共出土了 9 件升鼎，似乎方座簠應當有 8 件爲宜。

該墓銅器中爭議最大者當屬 2 件「曾姬無卹方壺」，現存臺北，兩件同形同銘，通高 78.7 釐米。曾姬無卹本是楚聲王夫人，而這兩件器物則鑄造於楚宣王二十六年〔註52〕。因此有學者認爲其不應該屬於幽王墓所出，而是「某些古

〔註51〕吳長青：《壽縣李三孤堆楚國大墓出土銅器的初步研究——以安徽省博物館藏該墓青銅器爲中心》，北京大學碩士論文，2005 年。
〔註52〕劉彬徽《楚系青銅器研究》342 頁，湖北教育出版社，1995 年。

董商人爲著抬高其所售文物價格，把一些非出自李三古堆大墓之器，也飾言出自該墓」〔註53〕。但須知幽王墓中並無其他方壺出土，而隨葬兩件方壺又是戰國以來楚國高級貴族墓葬中的常制，再考慮到前文中所提到的該墓銅器多有拼湊之嫌，所以有理由推斷這兩件先祖的器物也是被幽王取來以湊足禮制之數的。

其他無銘銅器還包括浴缶4件（圖31：5）、渦紋尊缶1件（圖30：12）、扁壺1件（圖30：11）、圓壺11件（據吳長青的統計，素面壺4件，弦紋壺4件、三角雲紋壺2件，另一件借調。但前人統計中卻並未提及有三角雲紋壺，圖30：5、6、13、14）、鑑1件、小口湯鼎1件、盆2件（水器，均素面，口徑極大，大小各一，較大者腹部有四環）、素面鎬1件、淺盤高柄豆2件、素面圓鑒2件、爐、匕、勺、熊章劍（先王之器）、耳杯等器物不論。

由此，我們可以將壽縣楚王墓出土的銅器分組如下：

A組：無蓋折沿鑐鼎2件；升鼎9件，7件無銘文，2件屬王后所有，且形制略有差別；方座簠6件（或有8件）；扉棱鬲4件（當亦不止此數，圖29：10）；方壺2件，屬先祖曾姬無卹之物；匜鼎2件，一件屬考烈王，另一件是幽王爲其母（幽王太后，考烈王夫人）所鑄；鑑3件，除「集既」、「集糈」器有特殊用途外，剩餘1件當配於此套組合。這套青銅禮器是楚人向周文化學習和借鑒的成果，集中出土於公卿以上高級貴族墓葬中。

B組：箍口鑐鼎4件，分爲兩組各兩件，一組是先王熊前之物經熊悍補足，一組爲熊悍所鑄，存於集脰；簠8件，兩組各4件，銘文不同，一組爲熊前所有，一組爲幽王王后之物，存於王后六室；尊缶3件（一說爲5件），2組，一組渦紋無銘（1件，短頸，腹部4個紅銅渦紋圖案），一組屬幽王王后所有（鑄客缶2），存於王后六室；浴缶4件，但楚墓中的浴缶、中原地區的鑑一般均是兩件成套使用，所以浴缶很可能也是兩套；盤2件，一件爲考烈王熊前所鑄，但缺少匜。一件爲幽王熊悍所鑄「少盤」，配「鑄客匜」1件。箍口鼎、簠、尊缶、浴缶、盤、匜的搭配是楚國春秋以來的傳統禮器組合形式，於楚墓中十分普遍，具有濃鬱的楚地特色。但不知爲何該墓中會有兩套幾乎完全相同的此類組合？而幽王一組又幾乎均是鑄客款銅器，表明楚王在定做這一批器物的時候，是有著自己的禮制需要考慮的。

C組：子母口蓋鼎，現存共22件，其中可辨認形制者有4件「客禮愆鼎」，三環鈕，分爲大小兩組各兩件；「太子集脰中鼎」2件，臥獸鈕；「鑄客鼎」4

〔註53〕劉和惠：《壽縣朱家集李三古堆大墓墓主的再認識》，《東南文物》1991年第2期。

件，臥獸鈕，亦分爲大小兩組。這些銅鼎均嚴格遵循楚地特有的偶鼎制度，所以從這一點來考慮，現有素中鼎 3 件、菱形紋鼎 1 件、素小鼎 5 件可能並非其確切數量，尚有待進一步查證。至於其他「集醻」、「集糈」、「集糈」、「集膴」諸小鼎（各 1 件）則均有其特殊功用；敦 4 件，分爲三環足 2 件、花足 2 件；圓壺 11 件。子母口鼎、敦、圓壺是戰國以來楚墓中新出現的一種禮器組合形式，而且在中高級別貴族墓葬中，子母口鼎往往會有多種形制、不同數量之別。從此墓敦的數量、形制來看，這套組合似也可以分爲兩套，也許是分用於幽王任太子、國君兩個不同時期的。

五、其他銅器

最後在這座墓葬中還有一組銅器是不容忽視的，那便是「太府」之組：包括「太府簋」1 件，器內底銘文 4 字「太府之簋」；「太府敦」1 件，只存半器，半球體，三環足，素面，高 14.4 釐米，現存北京故宮博物院。口沿有銘文 5 字「太府之饙盞」；「太府鎬」1 件，深腹，平底，素面，四鈕銜環，高 25.3 釐米，口徑 54.2 釐米，口沿外壁橫刻銘文十七字「秦客王子齊（之楚）之歲，太府爲王□食□鎬，集脰」。

從上述禮器組合的角度考慮，各套銅器搭配已經趨於完整而並不缺少這 1 件簋和敦，也即是說，太府簋和太府敦並非是作爲實用禮器被放入到墓葬中的。據《周禮》一書記載，太府本是國家府庫之地，《周禮·天官·冢宰》篇云：「（太府）掌九貢之賦，九功之貳，以受其貨物之入，頒其貨於受藏之府，頒其賄於受用之府」，雖然此描述並不一定與楚國太府職能相同，但從相關銅器的銘文可以看出，太府是與少府（王室內府，掌山海池澤之稅，以供給養）相對應的機構，用於存放國家賦稅和國之重寶，像 60 年代安徽壽縣出土的楚「鄂君啓節」上就明確記載：「見其金節則毋徵，毋舍傳食，不見其金節則徵。如載馬牛羊以出入關，則徵於大府，毋徵於關。」意即若鄂君啓的商隊載馬牛羊等重要戰略物資出入關口時，應直接由太府而非關卡負責徵收賦稅，從這裡就可以看出太府的相應職能。

所以，可以推測這幾件太府之器應是作爲國家「府庫之寶」被特別隨葬的，一方面象徵著「太府」機構在地下墓葬中的存在，另一方面也代表了墓主人所珍藏的「私人寶物」。同樣出自壽縣楚王墓，現藏國家博物館的自銘「太府之器」的錯銀臥牛青銅鎮（鎮席之用）亦可有力地證明這一點。正如鄭玄注釋「太府」

所云：「凡貨賄皆藏以給用耳。良者以給王之用，其餘以給國之用。」此種現象在東周時期十分普遍，像《左傳·昭公七年》記載：「鄭子產聘於晉，晉侯疾……韓子（從子產言）祀夏郊，晉侯有間，賜子產莒之二方鼎」，即表明在當時晉國的府庫中就存有前代的「寶器」。類似的另如《左傳·桓公二年》：「三月，公會齊侯、陳侯、鄭伯於稷，以成宋亂。夏四月，取郜大鼎於宋。戊申，納於大廟（孔子譏之）」；《左傳·昭公十六年》：「徐子及郯人、莒人會齊侯盟於蒲隧，賂以甲父之鼎」等，可見其多是作爲戰利品或賄賂之用，並不能放入宗廟中。

這類器物的性質又十分接近於金文中的弄器，像吉林大學所藏的「君子之弄鼎」（《集成》·2086），美國弗里爾美術館藏「智君子之弄鑑」（《集成》·10288、10289），傳世杕氏壺（藏德國柏林）銘文「杕氏福及，歲賢鮮于（虞），可（何、荷）是金□，臺（吾以）爲弄壺」等，均是禮器之外的個人賞玩之物，在戰國以後變得日益普遍。在山西太原趙卿墓中出土有 1 件鑄造十分精美的臥牛蓋子母口小鼎，口徑僅有 10.3 釐米，通高 11.4 釐米〔註54〕，完全不能使用，恐怕也是屬於此類「弄器」之列吧？另外該墓中還有 1 件「大右人鑑」（圖31：3），口沿有銘文三字「大右人」，當爲官職名，尚難以確定其功能和歸屬。

那麼，在排除了這幾件器物之後，我們便可以將壽縣楚王墓的銅器組合納入到現有楚國禮制系統中來考慮，參見下表：

表 10：壽縣楚王墓禮器組合簡表

隨葬品組合 墓葬	C 類				A 類			B 類		
	升鼎	簋	鬲	方壺	箍口鼎	簠	尊缶	子口鼎	盞	圓壺
戰國末 壽縣楚王墓	9	8	4	2	2+2	4+4	2+1	22（？）	2+2	11

可以發現，即使到了戰國末年，幽王墓中的銅器數量也是比較遵循楚國固有的禮制規範的，儘管這其中有許多是借用了他人之器拼湊而成。徙都壽春後，楚國國勢日益衰微，銅綠山等重要的銅礦資源地也落入敵手，雖然幽王三年的戰爭勝利取得了一定的銅礦（戰獲兵銅），使得楚王室能夠鑄造一批急需的青銅禮器（鑄客款銅器），但仍然是「入不敷出」，難以涵蓋所有的禮制要求，最後在喪葬活動中不得不兼用先祖、王后之物來湊足應有之數。

另一方面，在戰國中期晚段的包山二號墓遣策中，用於祭祀的「大兆之金器」和用於宴饗的「食、飲室之金器」被分別記載在不同的竹簡之上。像

〔註54〕山西省考古研究所等：《太原晉國趙卿墓》，文物出版社，1996 年。

「大兆之金器」組包括「一牛鑐、一豕鑐、二鐈鼎、二□薦鼎、二貴鼎、二登鼎、二鑒、二卵缶、二迅缶、一湯鼎、一貫耳鼎、二鉼銅、二合簠、一□□鼎、二少勺、二盛盞、一盤、一匜、一□甗」，幾乎涵蓋了上述的三套禮器組合；而「食、飲室之金器」組中字跡可辨認者有「二鉼銅、二金□、□鼎、一金匕、二刀」等，並與各式種類豐富的食物記錄在一起。很顯然，在這一時期的楚國，祭器和食器尚有著嚴格的區分，功能上並未出現混用的現象。但到了戰國晚期的幽王墓中，原應作為祭祀使用的鐈鼎（以供歲嘗）、簠、尊缶等器物卻均被放在了與楚王日常宴飲密切相關的「集脰（集廚）」之所〔註55〕，也即是說，這批器物在幽王生前也被兼用於王室的宴飲活動，祭器與食器的界限在此時已趨於消失，青銅禮器不再被局限使用於宗廟祭祀儀節，而褪去了其神性，逐漸進入到日常生活中來。這不僅僅是由於財力匱乏所致，而更應當是源於當時社會思想意識的變遷。青銅禮器的世俗化正是戰國晚期以來整個周代疆域內極為深刻的社會巨變，而壽縣楚王墓正為我們提供了一個如此良好的考察窗口。

當然，還有一些問題是尚無法解釋的。像箍口鼎、簠、尊缶的組合為何同時有兩套？幽王為何要補足其父親考烈王的銅器，而這些銅器可能是他按照禮制規範並不需要的？子母口鼎、敦、圓壺的組合似乎也有完全不同的兩套，這究竟是與鑄造時間不同有關，還是與功能差別有關呢？幽王為何僅僅採用了太府中的一件簠、敦、鎬來藏入自己的墓葬中呢？相信隨著更多相關材料的公佈，這些問題也會逐漸得到解決的。

小　結

綜上所述，東周時期中原地區與南方楚文化區在粢盛器選擇上存在著截然不同的特點。在三晉兩周地區，春秋中期以後中小貴族們率先開始用平底盆形敦來取代傳統的簋作為最主要的粢盛器，至春秋晚期後又演變為扁體三足的盞形敦。而高級貴族們則在採納新制的同時，依舊堅持固守鼎簋搭配的禮制傳統。春秋晚期晚段以後，隨著蓋豆的興起，簋和扁體敦幾乎同時退出了歷史舞臺，僅在一些零星墓葬中還能偶然見到仿自西瓜形敦的上下同體型

〔註55〕朱德熙、裘錫圭：《戰國文字研究（六種）》，《考古學報》1992年第1期。文中認為「脰」即是「廚」字，集脰即楚國王室廚官名稱（未帶尹，所以實際應是機構名）。

器。《儀禮》文獻中關於簋、敦分用的記載可能主要參考的是春秋中晚期中原地區所推行的禮器制度，但是其整書的編撰年代則應在豆盛行的戰國階段以後。

在南方楚文化區，簋、簠、盞分別在 C、A、B 三類組合中充當了主要的盛食器，這是一套與中原地區完全不同的器用制度。其中 A、C 組合爲春秋以來的傳統禮制，而 B 類則是戰國初年楚人仿傚中原地區出現的鼎、豆、壺組合併加以改造而形成的。

春秋時期，楚國的高等級貴族墓中同時兼用 A、C 兩類組合，而小貴族墓內則僅有 A 類組合。戰國之後，禮制同時向深度和廣度「拓展」，高級貴族們將 A、B、C 三類組合同時作爲祭器，並在死後放入墓葬中。而中小貴族則進一步兼用 A、B 兩類組合。庶人們也和中原地區一樣，拋棄了原有的鬲、盂、罐、豆等日用陶器，而開始使用 A 或 B 類仿銅陶禮器。這是一次全國性的禮制改革運動，雖然中原地區和南方的楚國在器物形制及數量上略有差別，但核心內容卻是一致的：即祭器套數的增加。這應該是推動楚人改革自身禮制的重要原因之一。

在仿銅陶禮器的選擇上，江陵周邊地區的楚國庶人戰國之後仍然固守舊制的 A 類組合，而在楚國的其他地域則僅見 B 類組合，這種對立現象的背後應該蘊含了十分深刻的社會原因。

通過綜合考察器物形制、銘文等資料，可以發現安徽壽縣楚王墓中的青銅禮器與眾多楚國高級貴族墓葬一樣，由三套不同的組合構成，且數量上也嚴格遵循固有的禮制傳統。但是，由於物用不足的緣故，幽王墓中的銅器又多採用了先祖、先王、王后或他人之物來拼湊，以彌補自身禮器的不足（類似的現象在壽縣蔡侯墓中亦表現地十分突出〔註56〕）。這反映了在國勢衰落的情況下，楚國王室的「艱難選擇」；同時，幽王墓中的銅器又極好地反映了戰國末期以來青銅禮器世俗化的社會趨勢。

〔註56〕唐蘭：《壽縣出土銅器考略》，原載國立北京大學：《國學季刊》四卷一期，1934年。後收入故宮博物院編：《唐蘭先生金文論集》，17～24 頁，紫禁城出版社，1995 年。

第五章 庶羞之盛：豆的使用制度

依禮經所載，豆為盛庶羞之器。《儀禮·特牲饋食禮》：「佐食羞庶羞四豆，設於左，南上，有醢」即是。庶羞者，包括五齊（齏）、七菹、七醢、三臡之物〔註1〕，多省稱菹醢，實則就是各種肉醬，故後世又有菹醢之刑〔註2〕。《說文》：「豆，古食肉器也」，《周禮·考工記》：「食一豆肉，中人之食也」，皆是從此處而來。

在中原地區銅豆最早出現於春秋晚期階段，此後便逐漸取代簋、三足敦成為與列鼎搭配的最主要青銅彝器，並形成了自己獨特的器用制度，此為春秋戰國間禮制變化的又一大特徵。《儀禮》書中對此亦多有記載，如《儀禮·聘禮》：「堂上之饋八，西夾六。」鄭注：「八、六者，豆數也。凡饋以豆為本」，即明言饋食禮時豆所處的核心位置（鼎中牲肉另盛於俎）。在山西太原趙卿墓（春戰之際）中出土的銅蓋豆內尚保留有焦黑的黍子，當是這種過渡階段的體現〔註3〕。所以本章中將嘗試探討東周時期「豆」的使用和變遷情況〔註4〕。

〔註1〕 「齏」和「菹」皆菜合肉，細切為齏，全物若牒為菹；「醢」和「臡」皆乾肉漬鹽及美酒，百日乃成。無骨曰醢，有骨曰臡。

〔註2〕 菹醢之刑指將人剁為肉醬，屈原《離騷》：「后辛之菹醢兮，殷宗用而不長」，又有「不量鑿而正枘兮，固前脩以菹醢。」王逸注：「菹醢，龍逢、梅伯是也。」《漢書·刑法志》曰：「當三族者，皆先黥、劓、斬左右止，笞殺之，梟其首，菹其骨肉於市。」

〔註3〕 山西省考古研究所等：《太原晉國趙卿墓》，文物出版社，1996年。簋、敦與豆的器用制度迥異，不可單據此一證據便認為豆亦屬於粢盛器之列，既與禮書記載不合，也不吻合於考古發現，可參看下文論述。

〔註4〕 相關研究包括郭豫才：《說豆》，《河南博物館館刊》第13輯，1937年；高明：《中原地區東周時代青銅禮器研究》，《考古與文物》1981年2～4期；李學勤：《青銅器中的簠與鋪》，《中國古代文明研究》，華東師範大學出版社，2005；張翀：《商周時期青銅豆綜合研究》，西北大學碩士論文，2006年；朱鳳瀚：《中國青銅器綜論》，上海古籍出版社，2009年等。

第一節　豆的分類與功能

據《爾雅·釋器》記載，「木豆謂之豆，竹豆謂之籩，瓦豆謂之登。」可見廣義的豆包括豆、籩、登三類，它們不僅質地不同，所盛的物品和用法也各有差異〔註5〕。

一、登

「登」爲盛大羹之器〔註6〕。《儀禮·聘禮》：「大羹湆不和，實於鐙。」鄭注：「瓦豆謂之鐙。」《周禮·烹人》又載：「（烹人）祭祀，共大羹、鉶羹。」賈疏云：「大羹，肉湆，盛於登，謂大古之羹，不調以鹽菜及五味，謂鑊中煮肉汁，一名湆，故鄭云大羹肉湆。」大羹是一種不加鹽菜、五味調和的肉羹，亦用鑊鼎烹煮後才盛於登中。士昏、士虞、公食大夫、特牲、少牢禮等均設有大羹，但大羹不祭、不嘗（嚌），設之僅取尙質敬古之意〔註7〕。關於「登」的數量諸禮皆無明言，但根據《儀禮·公食大夫禮》的記載：「大羹湆不和，實於鐙。宰右執鐙，左執蓋，由門入，升自阼階，盡階，不陞堂，授公，以蓋降，出，入反位」可知，「登」應該是指一種有蓋的豆，且數量可能僅有 1 件（宰爲家臣之長）。北京故宮博物院曾收藏有一件戰國時期的有柄子口豆（豆蓋缺失），銘曰「富子上官登」（《集成》·4688）；1966 年在洛陽 439 號墓出土的一件春秋晚期矮柄蓋豆上有銘文五字，亦被發掘者釋爲「哀成叔之登」，且其左半從月（肉），表明是盛肉之器〔註8〕。同墓所出銅鼎上銘曰：「作鑄飤器黃鑊」，所以是否與此文獻中所載的盛放從鑊鼎中取出的大羹存有關聯，當值得注意。在漢代以後的諸朝禮制中也均有使用「登」的記載，但可惜無任何相應實物出土，是以尙無法據此有限的材料來瞭解「登」的形制。

〔註5〕漢代以後，漆器十分盛行而銅禮器罕見，所以《爾雅》中「木豆謂之豆」可能是指漢代以後的情況，不可據此來說明周代豆、籩、登的質地。《儀禮》中的「登」皆帶金字旁，顯然當是銅器之屬，即是明證。可參看傑西卡·羅森：《戰國秦漢時期的禮器變化》，《祖先與永恒——傑西卡·羅森中國考古藝術文集》，63～100 頁，三聯書店，2011 年。

〔註6〕「登」亦見於《詩經》之中，證明在周代確有其物，如《詩·大雅·生民》：「卬盛於豆，於豆於登」，《詩·魯頌·閟宮》：「又於豆於登，籩豆大房」。

〔註7〕《儀禮·士昏禮》：「大羹湆在爨。」賈疏：「《左傳》桓二年臧哀伯云：『大羹不致』。《禮記·郊特牲》云：『大羹不和』，謂不致五味，故知不和鹽菜。唐虞以上曰大古，有此羹。三王以來更有鉶羹，則致以五味。雖有鉶羹，猶存大羹，不忘古也。」

〔註8〕洛陽博物館：《洛陽哀成叔墓清理簡報》，《文物》1981 年第 7 期。

二、豆與籩

「豆」盛濡物而「籩」盛乾物〔註9〕，其數均應為偶數件。《禮記・郊特牲》：「鼎俎奇而籩豆偶，陰陽之義也。」但籩僅為飲酒而設，故「凡食禮有豆無籩，飲酒之禮豆籩皆有（凌廷堪《禮經釋例》）」。不過由於豆、籩所載的均屬於庶羞且形制、容量相同〔註10〕，所以禮經中也常常將其合稱。郝懿行《爾雅義疏》：「籩豆同類，用不單行。故單言豆者，即可統籩。《詩・楚茨》云：『為豆孔庶』是也。其單言籩者，亦可概豆。《周語》云：『品其百籩』是也。」關於豆和籩的用法，禮經中主要有祭祀用豆（籩）和宴饗用豆（籩）兩類。

1. 祭祀用豆

《周禮・天官・醢人》一章中將豆分為「朝事之豆」、「饋食之豆」、「加豆」和「羞豆」四類，所盛之物各不相同，「醢人掌四豆之實。朝事之豆，其實韭菹、醓醢、昌本、麋臡、菁菹、鹿臡、茆菹、麇臡。饋食之豆，其實葵菹、蠃醢、脾析、蜱醢、蜃、蚳醢、豚拍、魚醢。加豆之實，芹菹、兔醢、深蒲、醓醢、箈菹、雁醢、筍菹、魚醢。羞豆之實，酏食、糝食」，籩的分類亦是如此（《周禮・天官・籩人》）。而這其實是與周代的宗廟祭祀儀式密切相關的。

「朝事」即朝踐一節。祭祀當日，尸在室內舉行完灌祭後〔註11〕，主人便納尸於戶外，行北面事尸之禮。《禮記・祭統》鄭注「天子諸侯之祭，朝事，延尸於戶外，有北面事尸之禮。」朝踐之時主要薦「腥」、「燗」（湯燗骨體）之物，皆不能食而僅是追尊古意、以示不忘禮之根本〔註12〕。不過特牲、少牢禮正祭均無朝事於堂而只有室中之事，所以朝踐之節僅屬於天子、諸侯等級。賈疏「朝事之籩」即云：「此言朝事，謂祭宗廟，二灌之後，祝延尸於戶外，後薦此八籩。」

〔註9〕《儀禮・鄉射禮》：「醢以豆」鄭注：「醢以豆，豆宜濡物也。」《儀禮・鄉射禮》：「薦脯用籩」鄭注：「脯用籩，籩宜乾物也。」

〔註10〕《周禮・天官・籩人》鄭注：「籩，竹器。如豆者，其容實皆四升。」

〔註11〕周禮灌用鬱鬯，即一種加有鬱金（香草名）調和的鬯酒，十分芬香，將其灌於地面（或藉由苞茅）以象徵「臭陰達於淵泉」來感動死者之體魄。

〔註12〕《禮記・禮運》：「腥其俎，熟其殽，體其犬豕牛羊」鄭注云：「腥其俎，謂豚解而腥之，及毛血皆所以法太古也。熟其殽，謂體解而燗之，此以下皆法中古也。退而合烹以下，謂薦今世之食也。體其犬豕牛羊，謂分別骨肉之貴賤以為眾俎也。」

　　朝踐完畢後，便徙堂上之饋於室內坐前，祝以斝酌奠於饋南，此爲饋食儀式之始（朝踐以祝薦朝踐豆、籩爲始）。這時尸還沒有從堂上進入室內，佐祭之人要先取牛、羊的腸間脂（牛膏曰薌，羊膏曰羶）併合於黍、稷，以蕭茅焚之（室內），即《禮記・郊特牲》所言「蕭合黍、稷，臭陽達於牆屋，故既奠然後焫蕭合羶薌。」鄭注：「蕭，香蒿也。染以脂，合黍稷燒之。」其作用也和灌祭一樣，以香氣降神。然後，尸便又來到室內，享用主人所饋獻的各種熟食（始有黍稷）。此時所用的豆（籩）便稱爲「饋食之豆（籩）」。賈疏「饋食之籩」即云：「此謂朝踐薦腥後，堂上更體其犬豕牛羊烹熟之時，後薦謂之饋食之籩也。」

　　在周代凡食禮皆設正饋和加饋，正饋以黍稷爲主，另有豆、俎、鉶等器，而加饋則以稻梁（盛於簋）爲主，但同樣亦設庶羞，盛於加豆〔註13〕。淩廷堪《禮經釋例》即云：「凡正饋先設用黍稷俎豆，加饋後設用稻梁庶羞。」所以宗廟祭祀中饋食一節也有加食之禮，士虞、特牲、少牢禮均有明言。而此時所用的豆（籩）即稱爲「加豆（籩）」。鄭玄注「加籩」云：「加籩，謂尸既食，後亞獻尸所加之籩。」

　　但是饋食之後並不意味著祭祀儀式的終結，正如大夫少牢饋食禮後又有賓尸於堂禮（《儀禮・有司徹》）一樣，天子、諸侯在正祭的次日也有繹祭。《禮記・郊特牲》載：「孔子曰：『繹之於庫門內，祊之於東方，朝市之於西方，失之矣。』」鄭注：「繹者，祭而又祭之名。絲衣詩序曰：『繹，賓尸也。』大夫正祭畢而賓尸，天子諸侯祭之明日又祭，亦祭畢而賓尸，而大名曰繹也。」正祭之時以鬼神事尸，而繹祭則改以賓客之禮事尸，此時所使用的豆（籩）即包括羞豆（籩）〔註14〕。鄭玄注：「羞籩」云：「羞籩，謂若《少牢》主人酬尸，宰夫羞房中之羞於尸、侑、主人、主婦，皆右之者」，賈公彥進一步補充爲「案《有司徹》，上大夫當日賓尸，正祭不設內羞，故於賓尸設之。此天子之禮，賓尸在明日，則祭祀日當設之。」可見羞豆（籩）正是賓尸禮時特設之物。

　　這種特殊的祭祀儀節亦可由「天亡簋」（《集成》・4261）銘文得證：「乙亥，王又大豐，王凡三方，王祀於天室，降，天亡又（宥）王。衣祀於王

〔註13〕錢玄：《三禮名物通釋》，江蘇古籍出版社，1984年。
〔註14〕當然繹祭之時也有薦豆、籩（饋食之豆、籩），但正祭時是先薦豆籩後主人獻尸，而繹祭時則先獻尸後薦豆籩。見《儀禮・有司徹》：「主婦自東房薦韭、菹、醢。」賈疏：「若正祭則先薦後獻，若繹祭則先獻後薦。」

不顯考文王，事喜（饎）上帝，文王監才（在）上。不（丕）顯王乍（則）省，不（丕）肆王乍（則）庸，不（丕）克乞（訖）衣（殷）王祀！丁丑，王饗，大宜，王降亡嘉爵、褪囊。佳朕又（有）蔑，每（敏）啓王休於尊篡。」周武王在乙亥日舉行完宗廟祭祀後（「王祀於天室」），旋即在丁丑日大饗群臣，此做法很可能就成為後世制禮作樂的典範，並一直相沿未改。

　　由此就可以明白在周代的宗廟祭祀儀式中，天子一級共使用了朝事之豆八、饋食之豆八、加豆八以及羞豆二。而諸侯、卿、大夫等級則依次偶數遞減。

　　如饋食之豆，《周禮·天官·籩人》：「饋食之籩」賈疏言：「案：《儀禮·特牲》、《少牢》，士二豆二籩，大夫四籩四豆（盛韭菹、醓醢、葵菹、蠃醢，兼用朝事、饋食之豆，豐大夫之禮〔註15〕），諸侯宜六，天子宜八。」即已明言其制有二、四、六、八四等。。

　　但加豆則略為特殊，《儀禮·少牢饋食禮》載：「（尸十一飯時）上佐食羞胾兩瓦豆，有醢，亦用瓦豆，設於薦豆之北。」鄭注：「設於薦豆之北，以其加也。」可見大夫祭祀時加豆不僅有兩胾，還有兩醢則共為四件。此外士一等級由《儀禮·特牲饋食禮》的記載來看，共使用了饋食之豆二、加豆四〔註16〕。加豆之數與大夫等級相同，亦比較特殊，故略記於此。

　　最後來看羞豆，天子僅有兩件分別盛酏食、糝食（依鄭玄注為稻米合肉、膏之物，即《禮記·內則》中所稱之「粉酏」），而《儀禮·有司徹》中大夫祭祀也用到了羞豆兩件〔註17〕。所以推測對於士以上的等級而言（士無祭畢賓尸禮）皆應只有羞豆兩件且盛食物相同，以其無可再殺之故。據此我們可以將周代宗廟祭祀時各個等級的用豆情況簡單歸納成下表：

〔註15〕《儀禮·少牢饋食禮》：「主婦被錫，衣移袂，薦自東房，韭菹、醓醢，坐奠於筵前。主婦贊者一人，亦被錫。衣侈袂。執葵菹、蠃醢，以授主婦。」鄭注：「韭菹、醓醢，朝事之豆也，而饋食用之，豐大夫之禮。」

〔註16〕《儀禮·特牲饋食禮》：「（士九飯時）佐食羞庶羞四豆，設於左，南上，有醢。」鄭注：「四豆者，膮、炙、胾、醢。」

〔註17〕《儀禮·有司徹》載：「尸、侑、主人皆升筵，乃羞。宰夫羞房中之羞於尸、侑、主人、主婦，皆右之。司士羞庶羞於尸、侑、主人、主婦，皆左之。」鄭注：「二羞所以盡歡心，房中之羞，其籩則糗餌、粉餈，其豆則酏食、糝食。」

表 11：周代貴族祭祀用豆簡表

等級 豆的分類		天 子	諸 侯	卿	大 夫	士
薦豆	朝踐之豆	8	6	4	2（饋食時用）	
	饋食之豆	8	6	4	2	2
	加豆	8	6	4	4陶	4
羞豆		2	2	2	2	
合計		26	20	14	10	6

　　當然，諸侯、卿等級的用豆情況只是由我們推定而知的，事實是否如此現在還並不能夠確定。此外，上述所分的四種類型的豆其實還可以進一步歸納爲兩類：薦豆和羞豆。即朝事之豆、饋食之豆和加豆均屬於薦豆，盛五齊（齏）、七菹（皆菜合肉，細切爲齏，全物若㯂爲菹）、七醢、三臡（皆乾肉漬鹽及美酒，百日乃成。無骨曰醢，有骨曰臡）之物，多省稱菹醢（肉醬），吉語名嘉薦〔註18〕，主要用於正祭之時。凌廷堪《禮經釋例》：「凡脯醢謂之薦出自東房」即是指此。而羞豆則只盛酏食、糁食，主要用於繹祭之時。又據《儀禮·有司徹》載：「尸、侑、主人皆升筵，乃羞。宰夫羞房中之羞於尸、侑、主人、主婦，皆右之。司士羞庶羞於尸、侑、主人、主婦，皆左之。」鄭注：「二羞所以盡歡心，房中之羞，其籩則糗餌、粉餈，其豆則酏食、糁食。庶羞，羊膷豕臐，皆有藏醢。房中之羞，內羞也。內羞在右，陰也。庶羞在左，陽也。」賈疏云：「云『內羞在右，陰也』者，以其是穀物，故云陰也。云『庶羞在左，陽也』者，以其是牲物，故雲陽。《大宗伯》亦云：『天產作陰德，地產作陽德。』鄭亦云：『天產六牲之屬，地產九穀之屬。』是其穀物陰，牲物陽者也。」可見嚴格來講，薦豆所盛因爲以牲肉爲主故屬於庶羞（陽），而羞豆所盛因爲主要是穀物所以屬於內羞（陰），此亦是這二者之間的重要區別之一。

2. 宴饗用豆

　　周代貴族宴饗時的用豆情況可由《儀禮·士昏禮》和《儀禮·公食大夫

〔註18〕《儀禮·少牢饋食禮》：「祝祝曰：『孝孫某，敢用柔毛、剛鬣、嘉薦、普淖，用薦歲事於皇祖伯某，以某妃配某氏。尚饗！』」鄭注：「羊曰柔毛，豕曰剛鬣。嘉薦，菹醢也。普淖，黍稷也。」

禮》兩章推知〔註19〕。而它與祭祀時一個最大的區別就是所有的饋食之豆都會用醯醬和之，即除開饋食之豆和加豆外，會另備有盛醯醬二豆，蓋生人尚褻味之故。《儀禮・士昏禮》載：「饋於房中，醯醬二豆，菹醢四豆〔註20〕，兼巾之。」鄭注：「醯醬者，以醯和醬，生人尚褻味。」賈疏：「云『生人尚褻味』者，此文與《公食》皆以醯和醬，《少牢》、《特牲》不言之，故云然也。」《儀禮・公食大夫禮》亦有：「宰夫自東房授醯醬……宰夫自東房薦豆六，設於醬東，西上。」

此外宴饗中加食用豆亦是十分特殊。公食大夫禮中下大夫十六豆，所進者包括膷、臐、膮、牛炙、醢、牛胾、醢、牛鮨、羊炙、羊胾、醢、豕炙、醢、豕胾、芥醬、魚膾，分為四列擺放並以西北為上（「旁四列，西北上」），上大夫則「庶羞二十（二十豆），加於下大夫以雉、兔、鶉、鴽」〔註21〕，遠遠超過宗廟祭祀時的加豆之數，亦是因為生人進食尚味之故。由此我們推測在周代加豆的數量可能並沒有十分嚴格的身份等級意義，這或許可以幫助我們去解釋一些貴族墓葬中出土極大量（遠超過禮制規定）豆的現象。

第二節　中原地區銅豆制度

一、銅豆的考古發現

西周時期，貴族墓葬中用銅豆隨葬者極少，偶有幾例豆形器亦自銘為「鋪」（淺盤鏤空柄，西周晚期後多兩件成套，如晉侯對鋪、虢季鋪、魯大司徒厚氏元鋪等），不見於禮經所載，用途不詳。蓋豆於春秋晚期方才出現，並與隨後的方座豆、淺盤無蓋高柄豆一起形成了一套全新的制度。如以下墓葬：

山西太原趙卿墓（7鼎）〔註22〕：共出土銅豆14件，其中矮柄（三晉特色）蓋豆8件，按紋飾分為兩型，細胐紋蓋豆4件（圖32：4），粗胐紋蓋豆

〔註19〕《儀禮・公食大夫禮》中饗下大夫用六豆，皆為朝事之豆；上大夫八豆，朝事之豆六另加饋食之豆二，「豐大夫之禮也」。

〔註20〕士一階層本應只有二件，因昏禮夫婦皆設故有四。

〔註21〕《儀禮・公食大夫禮》：「先者反之，由門入，升自西階。」鄭注：「庶羞多，羞人不足，則相授於階上，復出取也。」賈疏：「『反之』者，以其庶羞十六豆，羞人不足，故先至者，反取之。」

〔註22〕山西省考古研究所等：《太原晉國趙卿墓》，文物出版社，1996年。

4 件（圖 32：2）。另有淺盤無蓋高柄豆 2 件（圖 32：1），方座豆 4 件（圖 32：3），均模印細密的蟠虺紋。

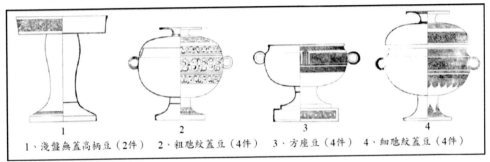

1、淺盤無蓋高柄豆（2件）　2、祖虺紋蓋豆（4件）　3、方座豆（4件）　4、細虺紋蓋豆（4件）

圖 32：山西太原 M251 趙卿墓出土銅豆

　　河南陝縣後川 M2040（7 鼎）〔註23〕：共出土銅豆 10 件，其中素面矮柄蓋豆 4 件（圖 33：3），比趙卿墓少一套 4 件；淺盤無蓋高柄豆 2 件（圖 33：1），方座豆 4 件（圖 33：2），均僅裝飾戰國以來流行的絢索紋。如前文所述，這兩座墓葬均屬於 7 鼎公卿級別，當配以 6 簋，然而均只見蓋豆 4 件與銅鼎搭配。所以從此意義上講，蓋豆與簋並非完全一樣，還是應該將其歸入豆類器考慮。

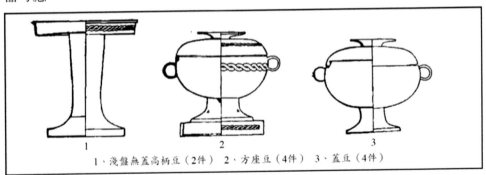

1、淺盤無蓋高柄豆（2件）　2、方座豆（4件）　3、蓋豆（4件）

圖 33：陝縣後川 M2040 出土銅豆

　　河北平山 M1 中山王𰲋墓（7 鼎）〔註24〕：共出土銅豆 4 件，其中方座豆 2 件（圖 34：1），淺盤平蓋高柄豆 2 件（圖 34：2），另有彩繪磨光黑陶高柄（燕器特色）蓋豆 4 件（圖 34：3），配於 5 件陶列鼎。

〔註23〕中國社會科學院考古研究所編著：《陝縣東周秦漢墓》，科學出版社，1994 年。
〔註24〕河北省文物研究所：《𰲋墓——戰國中山國國王之墓》，文物出版社，1995 年。

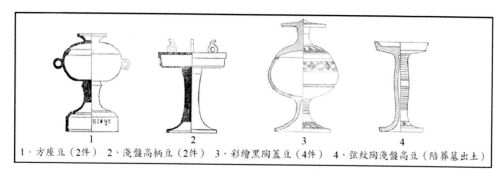

1、方座豆（2件）　2、淺盤高柄豆（2件）　3、彩繪黑陶蓋豆（4件）　4、弦紋陶淺盤高豆（陪葬墓出土）

圖 34：河北平山 M1 中山王𰯼墓出土銅豆

河北平山 M6 中山成公墓（7 鼎）〔註25〕：亦出土銅豆 4 件，其中方座豆 2 件，出土時器表有絲織物痕跡，淺平盤無蓋豆 2 件，另有磨光黑陶弦紋矮柄蓋豆 4 件，與 M1 中的情況一致。

河北易縣燕下都 M16（9 鼎）〔註26〕：銅器殘缺，共出土陶豆 26 件，分為 4 型。I 式小口細高柄蓋豆 14 件（圖 35：1），II 式附耳細高柄蓋豆 1 件（圖 35：2），蓋頂有三豎鈕，此形制在燕國銅器中十分多見。III 式直口、無蓋、深腹、短粗柄豆 1 件，腹內中部有一隔板將豆盤分為兩半（圖 35：4）。IV 式高柄方座豆 10 件，盤左右兩側有象首環耳，前後各有一象鼻形鈕（圖 35：3），復古之風濃烈。

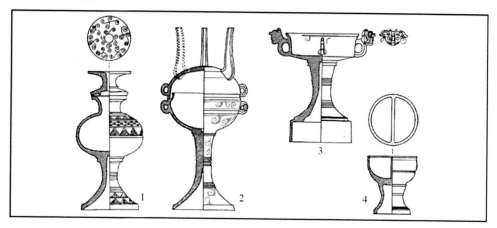

圖 35：河北易縣燕下都 M16 出土仿銅陶豆

〔註25〕 河北省文物研究所：《戰國中山國靈壽城——1975~1993 年考古發掘報告》，文物出版社，2005 年。

〔註26〕 河北省文化局文物工作隊：《河北易縣燕下都第十六號墓發掘》，《考古學報》1965 年第 2 期。該墓III 式 2 件銅鼎腹內也有一陶質隔板，將鼎腹分為兩半，其具體功能不詳。

潞城潞河 M7（5 鼎）〔註27〕：共出土銅豆 8 件，其中方座豆 2 件，器腹飾變形夔鳳紋，內填三角雲雷紋；淺盤無蓋高柄豆 2 件，通體素面；矮柄蓋豆 4 件，器蓋、身、座均飾蟠螭紋，腹部蟠螭紋帶間加飾一周絢索紋。

山西長子 M7（5 鼎）〔註28〕：共出土銅豆 6 件，其中矮柄蓋豆 2 件，滿飾蟠虺、三角回紋；淺盤無蓋高柄豆 1 件，素面，殘破；方座豆 2 件，僅飾絢索紋，方座與器身分鑄後焊接。

後川 M2041（5 鼎）〔註29〕：共出土銅豆 4 件，其中矮柄蓋豆 2 件，方座豆 2 件，紋飾不明；淺盤無蓋高柄豆缺，另有 4 件陶蓋豆。

洛陽西工 M131 戰國墓（5 鼎）〔註30〕：5 件子母口矮蹄足列鼎形制基本相同，但蓋鈕、紋飾和大小均差異較大，當為拼湊而成。共出素面銅矮柄蓋豆 4 件，形制、大小相同，覆缽形蓋，頂有喇叭形抓手，子口微斂，圓腹、圓底，喇叭形細高圈足。

分水嶺 M25、M26（5 鼎）〔註31〕：皆有銅蓋豆 2 件，而 M26 中另有 2 件淺盤無蓋高柄豆，方座豆都殘缺。其他相關墓葬可參見下表〔註32〕：

表 12：中原地區隨葬銅豆簡表

墓　　葬	身　　份	蓋　豆	方座豆	淺盤無蓋高柄豆	其　它
洛陽解放路	10 鼎以上	缺	缺	2	
曾侯乙墓	9 鼎	1		2	23 件楚漆豆
易縣 M16	9 鼎	14	10		2

〔註27〕 山西省考古研究所等：《山西省潞城縣潞河戰國墓》，《文物》1986 年第 6 期。

〔註28〕 山西省考古研究所：《山西長子東周墓》，《考古學報》1984 年第 4 期。

〔註29〕 中國社會科學院考古研究所編著：《陝縣東周秦漢墓》，科學出版社，1994 年。

〔註30〕 蔡運章：《洛陽西工 131 號戰國墓》，《文物》1994 年第 7 期。

〔註31〕 山西省文物管理委員會等：《山西長治分水嶺戰國墓第二次發掘》，《考古》1964 年第 3 期。

〔註32〕 相關資料包括：洛陽市文物工作隊：《洛陽解放路戰國陪葬坑發掘報告》，《考古學報》2002 年第 3 期；隨州市博物館編著：《隨州擂鼓墩二號墓》，文物出版社，2008；張光裕：《新見楚式青銅器器銘試釋》，《文物》2008 年第 1 期；中國科學院考古研究所編著：《洛陽中州路（西工段）》，科學出版社，1959 年；鄭州市文物考古研究院：《鄭州信和置業普羅旺世住宅小區 M126 戰國墓》，《中原文物》2009 年第 3 期；山西省考古研究所：《上馬墓地》，文物出版社。1994 年；洛陽市文物工作隊：《洛陽王城廣場東周墓》，文物出版社，2009 年。

擂鼓墩 M2	9 鼎			2	1 方豆
競之定銅器組	7 鼎？	盜掘不詳	盜掘不詳	2	
趙卿墓	7 鼎	4	4	4	2	
後川 M2040	7 鼎	4	4	2	
平山 M1、M6	7 鼎	4 陶	2	2	
潞河 M7	不明	4	2	2	
長子 M7	5 鼎	2	2	2	
後川 M2041	5 鼎	2	4 陶	2	無	10 件陶豆
分水嶺 M25	5 鼎	2	無	殘，不明	
分水嶺 M26	5 鼎	2	2 方座簋	2	
徐家嶺 M10	5 鼎			2	2 方豆（琦）
中山 M2、M4、M5	5 鼎	4 陶	無	無	弦紋平盤陶豆，數量不定
中州路 M2717	5 鼎	4	無	無	
西工 M131	5 鼎	4	無	無	
分水嶺 M53	5 鼎	4	無	無	
鄭州 M126	5 鼎	4 陶	無	無	10 弦紋陶豆
百家村 M57	3 鼎	2	無	無	
上馬村 M15	3 鼎	2	無	無	
中州路 M115、M2729 等	3 鼎及以下	2	無	無	
洛陽 ZM119、ZM147 等	3 鼎及以下	4	無	無	

　　由上表可以發現，「蓋豆」、「淺盤無蓋高柄豆」和「方座豆」的組合主要流行於戰國初年至戰國中期晚段，之後便被盒逐漸取代。但洛陽地區戰國時候僅有蓋豆，未見到這樣的器用制度。

　　「淺盤無蓋高柄豆」只隨葬於五鼎及以上高級貴族墓葬中，且數量均爲兩件。所以無論從器物形制還是數量上考慮，其均與西周晚期以來的銅「鋪」甚有淵源〔註33〕；而「方座豆」的數量卿一等基本爲 4 件，大夫一等主要爲 2件，三鼎以下的貴族墓絕不配備。例外情況僅見於潞城潞河 M7（但該墓鼎制

〔註33〕陳夢家先生認爲此種豆應即禮制文獻中的「籩」，但很顯然考古所見與文獻中
　　　　記載的器用制度不合，不可單據器物的形制來揣測其功能。參見陳夢家：《壽
　　　　縣蔡侯墓銅器》，《考古學報》1956 年第 2 期。

皆是偶數本就十分奇怪）以及中山國 M1、M6，但此兩墓內均不隨葬銅蓋豆，很顯然到這一時期多種銅豆並用的制度已經開始衰落。不過需要注意的是，方座豆的形制是源於西周早中期的方座簋，所以其比蓋豆形制要顯得「古樸」，這與鼎制中「古式」、「今式」兼用的現象是一致的（南方楚文化區則直接沿用方座簋）；最後「蓋豆」在七鼎以上墓葬中均為 4 件成套，而五鼎墓中多為 2 件，但又多會配以一套陶蓋豆，三鼎及以下小墓中均為 2 件。當然亦有完全不使用這一套制度的，就僅為 4 件蓋豆，與簋的使用是一樣的。至於中原地區普遍見到的一種柄部帶有三弦紋、平盤、盤內有暗紋或彩繪裝飾的「豆」則很可能是「籩」，因為兼用於飲酒場合所以數量不定（見「酒器制度」一章）。

這樣我們就能夠將戰國以來中原地區的用豆制度簡單表述如下：七鼎貴族使用 4 蓋豆（或有 2 套）、4 方座豆、2 淺盤無蓋高柄豆；五鼎貴族使用 2 蓋豆（部分加以 4 陶豆）、2 方座豆、2 淺盤無蓋高柄豆；三鼎及以下貴族僅使用 2 或 4 件蓋豆。

二、與文獻記載的對照

通過前文中對文獻的梳理，使我們認識到周代的豆（狹義）可分為三個大的類別；「薦豆」，盛菹、醢、醭等物，以牲肉為主故屬陽，其中又包括「朝事之豆」、「饋食之豆」和「加豆」。朝事、饋食之豆的數量多合於身份等級，而加豆在生人進食時則似乎沒有嚴格的限制（加豆還另盛腳、臐、膮、炙、胾等物）；「羞豆」，為正祭結束後賓尸時使用，盛酏食、糝食，以稻米為主故屬陰，各等級皆僅有兩件；「醓醬之豆」，兩件，分別盛醓和醬，為生人進食所設，調拌菹醢等〔註34〕。

據此我們便可以將文獻記載與考古材料進行初步的對照：可以發現「淺盤無蓋高柄豆」的數量頗吻合於「羞豆」之數，且其形制與銅鋪十分接近，而據「單昊生鋪」（恭王府舊藏）銘文「單昊生作羞豆用享」，是否可以推斷此即為禮經中所言的盛酏食、糝食的羞豆呢？臺北故宮博物院 1992 年入藏的「晉侯對鋪」（圖 36）有銘文曰：「晉侯對作鑄尊鋪，用旨食大䚦」，䚦從食楚聲，可讀作糈，意為肥美的黏米〔註35〕，似可進一步佐證上述之結論。

〔註34〕但令人疑惑的是，何以繹祭時賓尸有羞豆無醓醬之豆而宴饗時有醓醬之豆卻又無羞豆？
〔註35〕朱鳳瀚：《中國青銅器綜論》，上海古籍出版社，2009 年。

而「方座豆」的數量則頗吻合於
「朝事之豆」，且其式樣古樸亦符合
朝事之節尊古的含義。「蓋豆」則是
否可以理解爲「饋食之豆」和「加豆」
（均作食用）呢？而且趙卿墓中蓋豆
有兩套，可能正分別對應著饋食之豆
4 件和加豆 4 件，而後川 M2041 五鼎
墓中用 4 陶豆作爲加豆亦十分合乎禮
節，三鼎以下的貴族墓則幾乎均爲 2
件銅饋食蓋豆或 4 件陶加豆。這樣似
能比較合理地解釋上述各墓葬的銅

圖 36：晉侯對鋪（現藏臺北故宮博物院）

豆之數，且也有助於理解大量小型墓中用 2～4 件陶蓋豆的現象。

　　9 鼎級別墓葬中，易縣 M16 和曾侯乙墓中的豆雖然單類並無嚴格的制度
存在，但總數卻均恰好爲 26 件，恐怕也應是精心安排的結果吧？另像山東莒
南大店 M2（莒國國君夫人）中發現了陶豆 12 件，分爲兩式，直沿淺盤豆 6
件和盆形豆（簋）6 件，正是以六爲節的〔註36〕；薛國故城 M1（薛國國君）
中陶蓋豆亦是 6 件，而 M5（較 M1 低一個等級）中即爲兩類陶蓋豆各 4 件加
無弦紋的淺盤高柄豆 2 件〔註37〕。

　　也即是說，中原地區戰國時期銅豆的使用似頗能與《周禮》、《儀禮》等
書中的記載相吻合，並且這種分類原則也可以適用於前文中提到的多套鼎制
（戰國時期）。但是我們並不能就此確定此即爲上述銅豆的具體禮制功能。因
爲眾所周知，《周禮》一書爲戰國晚期儒生們的「整齊劃一」之作，而《儀禮》
之中也僅有宴饗用豆的記載。儘管他是根據了一定的禮制實踐作爲藍本，但
可能存在先有制度的推行、再被人爲的賦予其「擬構」的功能的情況（例如
玉器中的「六瑞」）。由於缺乏同時期相應的文字資料，上述解釋方案是否可
靠恐怕還有待於更多考古材料的出土。

〔註36〕　山東省博物館等：《莒南大店春秋時期莒國殉人墓》，《考古學報》1978 年第 3
　　　　期。

〔註37〕　山東省濟寧市文物管理局：《薛國故城勘察和墓葬發掘報告》，《考古學報》1991
　　　　年第 4 期。

第三節　楚墓中的用豆制度

　　與中原地區不同的是，楚人並不流行使用銅豆而往往以漆豆代替，且也有一套獨特的制度存在，而用漆器代替相應銅禮器的現象在楚墓中本就十分普遍〔註38〕。在包山二號墓遣策中「大兆之器」欄下也同時包括了「金器」和「木器」兩組，「金器」組內有鑐鼎、升鼎、鐈鼎、卵缶、迅缶、合簠等楚國常見的青銅禮器，而「木器」組則記錄有大房、小房、皇盤、皇豆、合豆等漆木器，表明了二者應是使用於相同的禮儀場合〔註39〕。所以從這裡可以看出，在楚國禮制系統中，漆木器與青銅禮器一樣具有著十分重要的地位，探討楚國的器用制度同樣需要關注漆木器中一些特殊器形，而「豆」就是這樣一個極好的例子。

　　先來看楚人對於豆的特定稱謂。望山二號墓頭箱中出土了4件彩繪漆豆，圓形淺豆盤，腹壁直，上大下小，底平，柄為粗圓柱形，喇叭形座。器表髹黑漆並繪銀色幾何紋。該墓遣策中稱之為「四皇豆」〔註40〕，故知此類豆的名稱應為「皇豆」。

　　包山二號墓遣策中「大兆之木器」欄下也記載了「四合豆，四皇豆」，正對應墓中出土的八件漆木豆。其中四件無蓋，淺圓盤，直壁、平底，喇叭座。通體塗墨，用白粉繪幾何形花紋，無論器物形制還是裝飾風格均與望山二號墓的四件漆豆一致，所以它也應該就是「皇豆」（豆盤外壁白色小石塊或者方塊紋裝飾為最典型特徵）。而剩下的四件有蓋豆（兩外侈鳥形耳）就應該是「合豆」了，並且之所以稱為「合豆」恐怕就是因為「豆蓋邊緣留有兩缺口，豆蓋覆於豆盤上時，兩缺口正好與豆盤外側外侈的兩耳合」〔註41〕。

〔註38〕湖北省文物考古研究所：《湖北棗陽市九連墩楚墓》，《考古》2003年第7期；王紅星：《九連墩楚墓與荊州楚墓的異同》，楚文化研究會編：《楚文化研究論集》（第八集），280頁，大象出版社，2009年；湖北省博物館編：《九連墩：長江中游的楚國貴族大墓》，文物出版社，2007年。

〔註39〕湖北省荊沙鐵路考古隊：《包山楚墓》附錄一五：包山二號楚墓簡牘釋文與考釋·文物出版社，1991年。

〔註40〕湖北省文物考古研究所：《江陵望山沙冢楚墓》附錄二：望山1、2號墓竹簡釋文與考釋，文物出版社，1996年。

〔註41〕湖北省荊沙鐵路考古隊：《包山楚墓》附錄一五：包山二號楚墓簡牘釋文與考釋·文物出版社，1991年。

信陽簡中則稱之為「二會豆」（簡 2-025），即一號墓中保留下來的兩件 II 式鳥首耳蓋豆，與上述「合豆」的形制是一致的。並且釋文中稱「會，合也，兩物相和之謂也。」可見「會豆」和「合豆」都是指有蓋相合的意思。此外，信陽簡 2-025 以及 2-012 中還分別記載了「十皇豆」和「其木器：八方琦（方豆），二十豆」〔註42〕，據此可知長臺關 M1 應是用 10 件皇豆的，而柄部帶三道凸棱的漆木豆即稱為「豆」。

又由包山二號墓的遣策可以知道，「皇豆」和「合豆」均是用於祭祀之時的（兆或即祧，宗廟之意，見《左傳・襄公九年》）），所以它們的數量應該具有比較明顯的身份等級意義。而「豆」則似乎更多的是用於宴飲場合，數量也無定製。

我們再將其他楚墓中出土豆的情況製表如下（下注表示數量）〔註43〕：

表 13：楚國貴族墓葬用豆簡表

豆　　墓葬	皇　豆 （白色小石塊或者方塊紋裝飾）	合　豆 （鳥形雙耳）	豆 （豆柄三道凸棱）	陶　豆	等　級
長臺關一號墓	10	2	20	24	7 室，被盜嚴重
長臺關二號墓	5		23		7 室，被盜嚴重

〔註42〕 中國社會科學院考古研究所編：《信陽楚簡釋文與考釋》，文物出版社，1986 年。

〔註43〕 河南省文物考古研究所：《新蔡葛陵楚墓》，鄭州：大象出版社，2003 年；湖北省荊州地區博物館：《江陵天星觀一號楚墓》，《考古學報》1982 年第 1 期；湖北省博物館：《曾侯乙墓》，文物出版社，1989 年；湖北省荊州博物館：《荊州天星觀二號楚墓》，文物出版社，2003 年；湖北省文物考古研究所等：《荊門左冢楚墓》，文物出版社，2006 年；湖北省文物考古研究所：《江陵望山沙冢楚墓》，文物出版社，1996；湖北省文物考古研究所：《江陵九店東周墓》，科學出版社，1995 年；湖北省文物考古研究所：《湖北荊州紀南城一、二號楚墓發掘簡報》，《文物》1999 年第 4 期；長沙市文物考古研究所：《長沙市馬益順巷一號楚墓》，《考古》2003 年第 4 期；湖北省宜昌地區博物館：《當陽曹家崗 5 號楚墓》，《考古學報》，1988 年第 4 期。

新蔡葛陵 一號墓	 9				5室，平夜 君成，被盜 86
天星觀一 號墓		 5	 4		7室，封 君，被盜嚴 重
曾侯乙墓	 10	 4		銅豆3件，漆木豆 9件	諸侯
天星觀二 號墓	 2	 2	 4大40小	陶豆5件	5室，封君 夫人被盜
包山M2	 4	 4			5室
包山M1			6（僅1件完 整）		3室
荊門左冢 一號墓	 4	 2			5室，被盜
望山一號 墓	 4	 2	 4	 2	 2	3室

	皇豆	合豆		室
望山二號墓	4			3室
九店 M294	4	4		3室
藤店一號墓	2		2 件銅方豆 2 件陶蓋豆 9 件淺盤無蓋陶豆	3室
九店 M296	2	4		2室
九店 M264	2	4		2室
荊州紀城 M2	2			2室墓規模
馬益順巷 M1		4		3室墓規模
荊州紀城 M1	4	1（殘）		3室墓規模
曹家崗 M5	4 遣策（63：05）記載有七件			3室墓規模

江陵九店 M268、M526、M240、M281、M283、M295、M621 等屬於士一階層，均 2 件漆合豆

雨台山 M163、M169、M170、M183、M197、M202、M208、M212、M263 等屬士一階層，均 2 件漆合豆

通過上表可以發現，「皇豆」和「合豆」雖然單獨並沒有體現出明顯的規律性，但其數量之和卻頗吻合禮經的記載。封君級別皇豆 10、合豆 2 則共為 12 件，上大夫皇豆 4、合豆 4 則共為 8 件，下大夫皇豆 4、合豆 2 則共 6 件，雖然亦有用其他類型漆木豆代替的現象（如天星觀二號墓中的 2 件 C 型漆雕龍鳳豆以及 4 件大的「豆」），但總數仍是遵循上述規律的。而身份再低者僅

用 4 件皇豆（或用 4 件合豆），又其次則 2 件合豆，多見於雨台山及九店墓地之中。由此表明《禮記・禮器》中「天子之豆二十有六，諸公十有六，諸侯十有二，上大夫八，下大夫六」的記載並非是空穴來風，而是根據戰國時期楚國的禮制實踐情況進行整理、編撰的。曾侯乙墓中 3 件銅豆（中原風格）、23 件漆木豆正好共爲 26 件，恐怕也是精心安排的結果吧？

　　但楚國的陶豆似乎又遵循著另一套使用制度。在曾侯乙墓（升鼎九）中室（皇豆和合豆都在東室）出土的 9 件漆木豆（即報告中的 I 式和 II 式無蓋豆，仿陶製器形，僅座的大小略有區別且出土位置相同，故合爲一類）爲奇數件，並不符合文獻中關於「籩豆偶」的記載，而這一現象在楚國境內也並不鮮見。如擂鼓墩 M2（升鼎九）中除銅豆外尚發現有 5 件陶豆，出土時分別倒置在 5 件小銅鬲上，而該墓共出土了 9 件小銅鬲，所以報告中推測下葬時應是有 9 件陶豆的〔註44〕；徐家嶺 M5 中也出土了 5 件淺盤細柄陶豆〔註45〕，此外還包括固始侯古堆一號墓（5 件陶豆）〔註46〕、固始蟠蝠山 M1、M5（各5 件陶豆）〔註47〕、黃州汪家沖 M18（三鼎墓，3 件陶豆）〔註48〕、雨台山M174（四鼎墓，5 陶豆）、M130、M393、M471（兩鼎墓，3 件陶豆）等。這說明在楚國境內還存在另一套奇數用豆制度，陶製，器形趨同（淺圓底盤、細高柄），並與身份等級對應。這一做法還沿用到了漢代，如沅陵虎溪山 M1中陶鼎 7 件豆 7 件〔註49〕，安徽巢湖北頭山 M1 陶鼎 3 件豆 3 件〔註50〕。不過大量的楚國小貴族（2-4 鼎）仍然是使用 2-4 件陶豆的，這種區別的內在含義目前還不清楚。

　　最後需要提及的是，上文中僅探討了豆的使用制度，籩的情況還並不清楚，而且如何來區分墓葬中的豆和籩也是令人比較困擾的問題，幸好我們在楚墓中也找到了相關的例證。信陽長臺關 M1 中出土了 30 件帶柄和底座的漆木耳杯，遣策中稱之爲「杯豆」（簡 2-020「其木器：杯豆三十，杯三十」），

〔註44〕隨州市博物館編：《隨州擂鼓墩二號墓》，文物出版社，2008 年。

〔註45〕河南省文物考古研究所等：《淅川和尚嶺與徐家嶺楚墓》，大象出版社，2004 年。

〔註46〕河南省文物考古研究所：《固始侯古堆一號墓》，大象出版社，2004 年。

〔註47〕信陽地區文管會、固始地區文管會：《河南固始蟠蝠山戰國楚墓》，《考古》1991年第 5 期。

〔註48〕湖北省文物考古研究所等：《湖北黃州楚墓》，《考古學報》2001 年第 2 期。

〔註49〕湖南省文物考古研究所等：《沅陵虎溪山一號漢墓發掘簡報》，《文物》2003年第 1 期。

〔註50〕安徽省文物考古研究所等：《巢湖漢墓》，文物出版社，2007 年。

出土時一些杯豆內及其附近發現有梅核，而 M2 的杯豆內及附近又發現了栗子和梅核，這與禮經中所記載的「籩」的盛實物（果脯之類）是比較一致的。而且上文已經提到，禮經中豆籩往往是合稱的，「籩豆同類，用不單行。故單言豆者，即可統籩「（郝懿行《爾雅義疏》），所以這裡的「杯豆」其實就可以指「杯籩」。此外「籩」正是爲飲酒而設的，故將其和耳杯（羽觴）記錄在一起。但長臺關 M1 和 M2 殘存的杯豆形制、花紋又略有差異，說明其在使用時也是應遵循一定的分類和制度的，但限於材料原因，目前還無法進行深入的研究。到了漢代之後，豆與籩迅速消失。馬王堆一號墓遣策簡 195 記載：「漆畫小具杯廿枚，其二盛醬、鹽。」〔註51〕說明「具杯」其實已經完全取代了豆（盛醬）和籩（盛鹽）的作用，所以在漢墓之中也就只剩下大量的耳杯了。

小　結

通過上文的研究，我們發現中原地區的銅豆似較遵循《周禮》、《儀禮》兩書中的記載，「蓋豆」、「方座豆」和「淺盤無蓋高柄豆」分別對應了禮經中的「饋食之豆」（兼有加豆，取用另一套蓋豆，但一般貴族墓中多不配備或代以陶豆）、「朝事之豆」和「羞豆」，並依身份等級的不同而取用不同的數量。《周禮》一書多被認爲是戰國晚期儒家「整齊劃一」之作，然由此看來其中亦並非是完全空穴來風之辭，在現實的禮儀活動中可能確有相應的制度作爲其「藍本」。

同時，《儀禮》一書中有關用豆的描述與《周禮》亦多有吻合之處，如《公食大夫》、《特牲饋食》、《少牢饋食》、《有司徹》諸篇，這一方面說明了《周禮》在編撰時應當參考了《儀禮》中的部分章節，而另一方面也揭示出《儀禮》中有關用豆的記載應主要反映的是中原地區的器用制度。

楚人雖不使用銅豆，但亦用漆豆代替了相應的禮制功能。其主要由「皇豆」（器表有白色小石塊或方塊紋裝飾）、「合豆」（有蓋）和「豆」（柄帶三凸棱）組合而成。「皇豆」與「合豆」用於祭祀場合，數量與身份等級對應；而「豆」則似乎是用於宴飲場合的，數量無定製（不過多也以四爲節）。「皇豆」與「合豆」的器用制度與《禮記・禮器》中的記載「天子之豆二十有六，諸

〔註51〕湖南省博物館、中國社會科學院考古研究所：《長沙馬王堆一號漢墓》，文物出版社，1973 年。

公十有六，諸侯十有二，上大夫八，下大夫六」又多有暗合之處，這表明該篇的創作、整理應是受到了楚制的強烈影響。而楚國陶豆又有其獨特的使用規律，高等級貴族墓中多爲奇數件，並與身份對應，而小貴族依然傾向於使用2-4件。

戰國末年，中原地區多棄豆而改用盒，鼎、豆、壺的組合也演變爲鼎、盒、壺、鈁的組合；楚國的漆豆、籩則基本被耳杯替代，所以西漢初年的馬王堆一號墓中才會同時出現「君幸酒」和「君幸食」的兩類耳杯（生活用器）。

第六章　酒醴之盛：方壺與圓壺的使用制度

　　盛酒器——壺是周代青銅彝器中十分重要但又極其特殊的一個類別。周人建國之初，有鑒於商代「率肆於酒，故喪師」（大盂鼎）的教訓，曾頒佈了嚴格的禁酒法令，周代銅壺之下皆需專設「禁」以用於節酒即是明證，蓋即前人所述商周之時「由重酒組合向重食組合的轉變」〔註1〕（《商周銅器群綜合研究》）。但在周人的禮制系統中，飲酒之禮又是一個十分重要的組成部分，《詩經》、《儀禮》、《春秋經傳》、《戰國策》等各種先秦典籍文獻中均有大量此類記載〔註2〕，墓葬中壺、缶等酒器亦是屢見不鮮。所以在這樣一個看似「矛盾」的歷史背景下探討周代銅壺的發展、演變及其相應制度將是十分有意義的〔註3〕。

〔註1〕　郭寶鈞著、鄒衡、徐自強整理：《商周銅器群綜合研究》文物出版社，1981年。

〔註2〕　《戰國策》一書主要是縱橫家所編選的遊說故事和遊說辭，原是供遊士作為榜樣而揣摩學習的。當戰國末年和秦漢之際，有些縱橫家誇大遊士合縱連橫的作用，有偽託著名縱橫家和將相所作的遊說辭和書箋的，甚至虛構合縱或連橫的故事，這是必須認真加以鑒別的，可參看楊寬：《戰國史》，上海人民出版社，2003年。

〔註3〕　關於周代銅壺的系統研究，可參看高明：《中原地區東周時代青銅禮器研究》，《考古與文物》1981 第 2~4 期；黃盛璋：《關於壺的形制發展與名稱演變考略》，《文物》1983年第2期；林氏奈夫：《殷周時代青銅器的研究》，吉川弘文館，1984年；高崇文：《兩周時期銅壺的形態學研究》，收入俞偉超主編：《考古類型學的理論與實踐》，177~220頁，文物出版社，1987年；朱鳳瀚：《中國青銅器綜論》，上海古籍出版社，2009年。

第一節　西周時期的方壺、圓壺及其器用制度

　　壺最早出現於商代晚期，但商人盛酒多用尊、卣、罍諸器，而壺僅備於盛水。著名者如「矢壺」、「小子省壺」等，一扁一圓，開後世方壺、圓壺之濫觴（圖 36：1，37：1）。西周初年主要沿用商器，在寶雞竹園溝 M4（西周早期偏晚）中隨葬有一件「父乙壺」（M4：7），壺體修長呈扁橢形，有蓋及提梁，與頸部環耳相接，壺身直口，方唇，高領，腹下垂外鼓，小矮圈足。器腹以寬條帶田字紋分隔出八個裝飾方格，但方格內均爲素面。此器型與「矢壺」有一脈相承之關聯，且出土時置於盤中（M4：8），當是作爲水器使用〔註4〕。尤其是寬條帶田字紋的裝飾風格更成爲周代扁方壺的「定式」。與其近似者另有上博所藏「斿父癸壺」（圖 36：3），唯器蓋和頸部加飾一周西周特有的顧首夔紋，且腹部十字寬帶交接處出現菱形突起。

　　到西周中期以後，此類扁壺壺體開始變得瘦長，器蓋也變爲方形，提梁消失而改以貫耳，但裝飾風格保持不變（或用鳥紋）。典型者如長安張家坡西周墓（1964 年）出土的 2 件圓角方壺（圖 36：5）、陝西扶風莊白召陳村「散車父壺」（圖 36：4）、齊家村西周銅器窖藏 2 件銅壺等均是此種形制〔註5〕。

　　西周晚期階段，方壺壺體開始增大，腹部的裝飾方格內滿布各種變形龍紋，蓋沿及頸部則多用竊曲紋，貫耳也被獸首銜環耳所取代。最具代表性的如陝西扶風任家村出土的「梁其壺」，據唐蘭先生考證屬厲王時期〔註6〕，其壺蓋頂部已經開始出現蓮瓣裝飾，開後世三晉銅壺之先河。另有傳世頌壺（圖 36：8）、虢季氏子組壺、寶雞眉縣楊家村單五父壺（圖 36：7）、湖北京山曾仲斿父壺、山西虞侯政壺、山東肥城小王莊陳侯壺、晉侯墓地 M64（圖 36：6）出土方壺等皆可歸入此種類型，並一直延續至春秋初期。

〔註4〕寶雞市博物館、盧連成、胡智生：《寶雞強國墓地》，文物出版社，1988年。

〔註5〕文中所用西周時期關中地區銅壺資料皆選自曹瑋主編：《周原出土青銅器》，成都四川出版集團：巴蜀書社，2005 年；陝西省考古研究所等編：《陝西出土商周青銅器》，文物出版社，1979 年。恕不一一作注。

〔註6〕唐蘭：《陝西省文管會、陝西省博物館藏青銅器圖釋・序言》，文物出版社，1962 年。

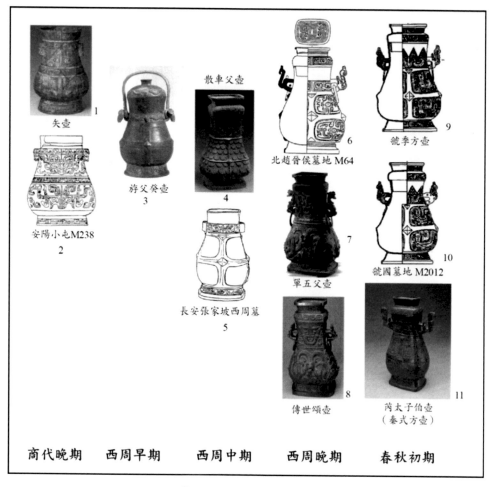

矢壺
1

安陽小屯M238
2

斿父癸壺
3

散車父壺

4

長安張家坡西周墓
5

北趙晉侯墓地 M64
6

單五父壺
7

傳世頌壺
8

虢季方壺
9

虢國墓地 M2012
10

芮太子伯壺
（秦式方壺）
11

商代晚期　西周早期　西周中期　西周晚期　春秋初期

圖 36：西周時期的方壺

　　圓壺方面，早在寶雞竹園溝 M13 中（西周早期偏晚）就出土有一件「父乙壺」（圖 37：2），圓體，帶蓋，蓋面隆起，上有圓形握手，通高 33.8 釐米。有提梁與壺身環接，直口方唇，高領長頸，壺腹下垂圓鼓，圈足低矮。提梁、蓋沿、頸部、圈足部位均飾一周顧首垂冠夔龍紋，無論器物形制還是裝飾紋樣均與「小子省壺」十分接近。而且出土時與盤相鄰（M13：24、25），當亦是作爲水器使用。不過此類圓壺到西周中期後開始變得極其瘦長，形似橄欖，且與方壺一樣均用貫耳。1972 年陝西扶風劉家村豐姬墓中出土的提梁壺即很好的代表了這種過渡形態，仍用早期的提梁環耳，但壺體瘦長達 45 釐米，且壺腹與頸部幾近垂直。而 1976 年扶風縣莊白村一號窖藏出土的鳥紋貫耳壺（《周原》・633）則爲西周中期圓壺的標準器，通高 38.6 釐米，蓋上圈狀抓手，

長頸，圓鼓腹，矮圈足，頸部兩貫耳。蓋沿及頸部各裝飾一周長喙垂冠鳥紋，但壺體保持素面。扶風莊白 M12、長安斗門鎮花園村 M17 出土圓壺、洛陽北窯 M410「考母壺」等亦屬於這一類型〔註7〕。

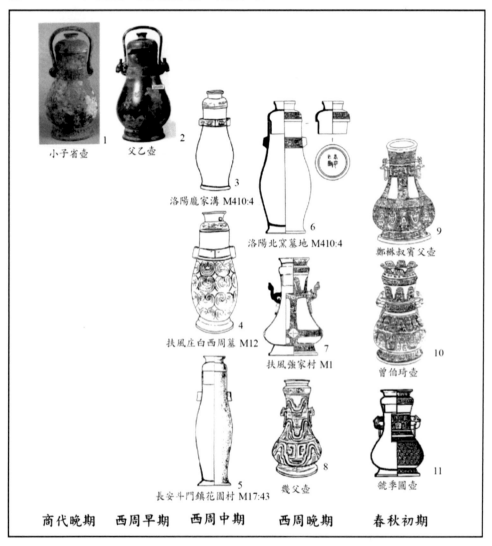

圖 37：西周時期的圓壺

西周晚期，圓壺的發展趨於成熟。以幾父壺（扶風齊家，圖 37：8）、仲南父壺（扶風董家村）、三年、十三年𤼈壺（扶風莊白）、番匊生壺等爲代表，盛行獸首銜環耳，垂腹外鼓，蓋沿與頸部飾竊曲紋，而壺身則多爲「三段式」環

〔註 7〕 洛陽市文物工作隊編著：《洛陽北窯西周墓地》，文物出版社，1999 年。

帶紋。並且，這一時期方壺和圓壺無論在墓葬還是窖藏中均是2件配套使用（西周早中期均爲1件），器體厚重而精美，表明了其禮制功能向酒器的轉變〔註8〕。矢季良父壺銘「用盛旨酒」，鄭楙叔賓父圓壺（西周晚期，圖37：9）銘「作醴壺」，曾伯陭圓壺（春秋早期，圖37：10）銘「用自作醴壺」等，皆可爲證。

　　由此可見，方壺與圓壺作爲盛酒器進入周人的核心禮制組合主要發生在西周晚期階段。但縱觀這一時期宗周地區的出土資料，可以說嚴格的酒器制度尚未出現，不僅壺的出土十分零星，在方壺和圓壺的選擇上也比較混亂，沒有規範化的制度約束。出土方壺者有眉縣楊家村「單五父壺」、扶風召陳「散車父壺」、長安張家坡西周墓、平頂山M95〔註9〕、扶風任家「梁其壺」等；而出土圓壺者則包括長安張家坡「白壺」、扶風齊家「幾父壺」、扶風莊白「三年癲壺」和「十三年癲壺」、扶風董家村「仲南父壺」、扶風強家村一號墓2圓壺等，方壺的禮制地位並非一定高於圓壺，不過二者絕無兼用的現象。

　　然而至春秋初期後，情況開始發生顯著地變化。參見下表（SMX代表三門峽）〔註10〕：

〔註8〕　西周晚期「禮制改革」的重要體現之一便是大型酒器壺的出現，如唐蘭先生在《青銅器圖釋·序言》一文中提到「西周青銅器，可以分爲前後兩期，前期基本上還保留商代風格，而後期變化極大。屬、宣時期的大鐘、大壺等，都是過去所不見的，而方尊、方彝之類，到後期就幾乎絕跡了」，文物出版社，1962年。

〔註9〕　河南省文物研究所等：《平頂山應國墓地九十五號墓的發掘》，《華夏考古》1992年第3期。

〔註10〕　梁帶村墓地發掘資料分別參見：《考古與文物》2007年第2、6期，《文物》2008年第1期，《考古》2009年第4期；秦墓相關資料可參看梁雲：《周代用鼎制度的東西差別》注釋⑧，恕不一一贅引，《考古與文物》2005年第3期；河南省文物研究所等：《平頂山應國墓地九十五號墓的發掘》，《華夏考古》1992年第3期；中國科學院考古研究所編著：《上村嶺虢國墓地》，科學出版社，1959年；張劍、蔡運章：《洛陽白馬寺三座西周晚期墓》，《文物》1998年第10期；山西大學歷史文化學院等：《河南洛陽市潤陽廣場C1M9934發掘簡報》，《考古》2010年第12期；洛陽市文物工作隊：《河南洛陽市潤陽廣場C1M9950號東周墓葬的發掘》，《考古》2009年第12期；鄭州市文物考古研究所等：《河南登封告成春秋墓地三號墓》，《文物》2006年第4期；洛陽市文物工作隊：《河南洛陽市西工區M8832號東周墓》，《考古》2011年第9期；洛陽市文物工作隊：《洛陽體育場路東周墓發掘簡報》，《文物》2011年第8期；洛陽市文物工作隊：《洛陽西工區春秋墓發掘簡報》，《文物》2010年第8期；洛陽市文物工作隊：《洛陽市613所東周墓》，《文物》1999年第8期；山西省考古研究所、鄧林秀：《山西芮城東周墓》，《文物》1987年第12期；鄭州市文物考古研究所等：《河南登封告成東周墓地三號墓》，《文物》2006年第4期。

表 14：關中、洛陽地區東周墓出土方壺統計表

年　代	墓　葬	9 鼎		7 鼎		5 鼎		3 鼎及以下	
		方壺	圓壺	方壺	圓壺	方壺	圓壺	方壺	圓壺
春秋早期	梁帶村 M27			2					
春秋早期	戶縣南關 82M1			2					
西周中晚期	平頂山 M95					2			
春秋早期	梁帶村 M26、M28					2			
春秋早期	登封告成 M3					2			
春秋早期	洛陽 C1M9950					2			
春秋中期	洛陽 C1M8830					2			
春秋中期	洛陽 C1M3427					2			
春秋中期	洛陽 C1M8832					2			
春秋晚期	洛陽 C1M3498					2			
西周中期	張家坡西周墓							2	
西周晚期	洛陽白馬寺 M21							2	
春秋早期	梁帶村 M19							2	
春秋初年	SMXM1705、M1820 等							2	
春秋早期	山西芮城 M1							2	
春秋中期	洛陽 C1M9934							2	
春秋中期	洛陽 C1M6112							2	
年　代	秦　墓								
春秋早期	戶縣南關 74M1					2			
春秋早期	隴縣邊家莊 M5					2			
春秋中期	隴縣邊家莊 M1					2			
春秋早中期	戶縣宋村 M3					2			
春秋中期	禮縣圓頂山 M1、M2					2			
春秋晚期	禮縣圓頂山 M4					2			

春秋早期	寶雞姜城堡秦墓								2	
春秋中期	寶雞福臨堡 M1、M6								2	
春秋中期	陽平秦家溝 M1、M2								2	
春秋晚期	長安客省莊 M202								2	
春秋晚期	鳳翔高莊 M10、M49								2	
春秋晚期	鳳翔高莊 M12、M48 等								2 陶	

　　可以發現，上述墓葬無論身份等級高低，均只使用 2 件方壺，而絕未見到有使用圓壺的現象。很顯然，酒器制度在此時已趨於規範化。

　　值得注意的是，洛陽地區是周王室東遷後新的都城所在，聚居了許多從關中地區遷徙而來的舊貴族，所以在禮制上較多地保留了關中故地的傳統制度並加以改造，極力使其規範化和制度化（多套鼎制的變化亦從此地肇興）。

　　而這套修整後的酒器制度也爲春秋時期「恪守周禮傳統」的秦人所接受和採納〔註11〕，無論是 7 鼎的戶縣南關 82M1、還是 5 鼎的禮縣圓頂山 M1、M2、M4、戶縣宋村 M3、隴縣邊家莊 M1、M5，以及 3 鼎或 1 鼎的寶雞姜城堡秦墓、寶雞福臨堡 M1、陽平秦家溝 M1、M2、客省莊 M202、鳳翔高莊 M10、M49、鳳翔八旗屯西溝道 M26 等，都只使用兩件銅方壺。即使是在使用仿銅陶禮器的墓葬中，如鳳翔高莊 M12、M48〔註12〕，鳳翔八旗屯 M2、M5、M7〔註13〕、寶雞茹家莊 M3、M5〔註14〕等，也均是 2 件方壺同出。

〔註11〕　參看梁雲：《周代用鼎制度的東西差別》，《考古與文物》2005 年第 3 期。文中還提到了秦國文字、棺槨制度等對西周傳統制度的繼承和保持。

〔註12〕　雍城考古隊吳鎮鋒　尚志儒：《鳳翔高莊秦墓地發掘簡報》，《考古與文物》80 年第 2 期。

〔註13〕　陝西省雍城考古隊：《一九八一年鳳翔八旗屯墓地發掘簡報》，《考古與文物》1986 年第 5 期。

〔註14〕　寶雞市博物館等：《陝西寶雞市茹家莊東周墓葬》，《考古》1979 年第 5 期。

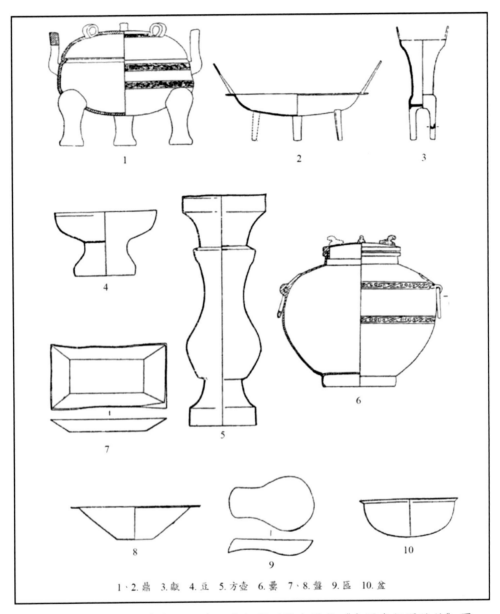

1、2.鼎　3.甗　4.豆　5.方壺　6.罍　7、8.盤　9.匜　10.盆

圖 38：鳳翔八旗屯西溝道 M26 出土青銅器（據朱鳳瀚《中國青銅器綜論》圖一三・一三三）

　　而且在器形和裝飾方面，秦式方壺也具有其鮮明的特點：器體普遍較小，口徑與腹徑相當甚至大於腹徑，獸首耳但不見銜環，與同時期其他地區的方壺形態迥異。裝飾上也多使用分段式佈局風格（類似「頌壺」）而並非中原地區普遍的田字寬條帶加方釘的形式，早期流行卷龍紋，晚期則爲

粗大的蟠螭紋或素面。尤其是春秋中期以後多製成 5-20 釐米的明器，器體輕薄，鑄造粗糙，素面無紋且蓋、體連鑄，很顯然已經失去了實用功能（如圖38：5）。僅在春秋中晚期的甘肅禮縣圓頂山墓地出土的方壺上，還可以看到些許中原地區新的紋飾特色。如 LDM2 中兩件方壺均是獸首銜環耳，雖然器身花紋具有濃鬱的秦器特色（粗大的蟠螭紋），但器蓋和頸部裝飾有透雕爬獸，圈足底部還有三個獸形支足，均是這一時期中原地區較為流行的立體透雕動物裝飾手法。考慮到禮縣為秦國王室宗廟所在，這表明秦國的統治階層仍然與中原地區保持著較為密切的聯繫，但這並未影響到根本的器用制度方面。

　　而且在春秋早中期，由於秦人的逐漸強大，這一制度還對周邊國家產生了重要影響。一個典型的例子是在陝西韓城梁帶村芮國墓地中〔註15〕，M27為春秋早期芮桓公墓，7 鼎，出土方壺 2 件，鑄器風格延續西周晚期以來的傳統，使用田字形寬條帶加菱形突起，裝飾區內為西周中期多見的顧首垂冠鳳鳥紋；M26 為其夫人仲姜墓，5 鼎，亦隨葬方壺 2 件，形制、紋飾相似但裝飾區內為變形龍紋，銘文稱「仲姜作為桓公尊壺用」；M28 被認為是年代偏晚的又一代芮國國君墓，5 鼎（與晉侯墓地情況類似，歷代國君爵位等級或有不同），出土方壺 2 件，使用三段式裝飾風格，且腹部外鼓較小，蓋頂大於器口，與寶雞福臨堡所出銅壺十分接近。而且同墓中的其他青銅器也製作粗糙，器類較少。年代與其相近的 M19 雖然僅用 3 鼎，卻也隨葬方壺 2 件，器物形制、裝飾則已與秦式方壺無二。很顯然從春秋早中期之際開始芮國已經深受秦人影響，而且這種不論身份等級高低均只使用 2 件方壺的酒器制度也和秦墓十分一致。另外在山西芮城 M1（春秋早期，3 鼎 2 簋）中，2 件方壺也和秦墓中的一樣，蓋與器身混鑄為一體而無底，屬明器。但到春秋晚期的 M2（3 鼎2 圓壺）時，卻又是濃鬱的三晉風格，反映了秦國勢力在這一地區的消長。

第二節　春秋時期的酒器制度

　　與關中秦人所不同的是，春秋時期的中原地區並未採納王室所提倡的酒器規範，而是沿用了其自西周晚期以來所發展出的一套全新的酒器制度。

〔註15〕陝西省考古研究所等：《陝西韓城梁帶村遺址 M19 發掘簡報》，《考古與文物》2007 年第 2 期；陝西省考古研究院等：《陝西韓城梁帶村遺址 M27 發掘簡報》，《考古與文物》2007 年第 6 期；陝西省考古研究所等：《陝西韓城梁帶村遺址 M26 發掘簡報》，《文物》2008 年第 1 期；陝西省考古研究院：《陝西韓城市梁帶村芮國墓地 M28 的發掘》，《考古》2009 年第 4 期。

這套制度初見於北趙晉侯墓地中。晉侯墓地 M91 被認爲是屬王時期晉靖侯之墓〔註16〕，7 鼎，隨葬方壺、圓壺各 2 件，可惜殘損嚴重，器形、紋飾不明。而其夫人墓 M92（3 鼎）中則僅有 2 件「晉侯斀馬」圓壺。很顯然這是一種與傳統禮制完全不同的新現象——方壺地位開始高於圓壺，以及成套方壺、圓壺兼用於同一墓葬中。

而且，這種現象並非是「曇花一現」，在晉侯墓地隨後的（M8、M31）、（M64、M63）、（M93、M102）諸組晉侯夫婦墓中，這種制度得到了進一步的完善：5 鼎級別的晉侯墓葬 M8、M64、M93 均使用 2 件方壺，3 鼎的夫人墓葬 M31、M63 均使用 2 件圓壺（M102 僅用一件方壺，原因不明）。

類似的現象亦見於三門峽虢國墓地中。M2011、M2001（虢季）均爲兩周之際虢國國君級墓葬，7 鼎，使用方壺、圓壺各 2 件。以 M2001 虢季墓爲例，2 件方壺子母口略外撇，方唇，長頸，頸部附一對長鼻龍首耳，龍舌下彎銜一圓形扁體環，垂腹，平底，高圈足，通高約 49 釐米。使用田字形寬條帶並有菱形尖突，裝飾區內爲顧首垂冠鳳鳥紋，頸上部則爲山峰狀倒三角紋飾，銘文稱「虢季作寶壺，永寶用」，爲宗廟之重器；而 2 件圓壺亦是西周晚期以來的流行樣式，圓形垂鼓腹，通高約 39 釐米，使用三段式裝飾風格，主體紋飾爲腹下部的聯羽紋（圖 39）。

3. 聯羽紋圓壺 M2001：89、80　　　　4. 虢季方壺 M2001：92、90

圖 39：虢季墓出土方壺與圓壺

〔註16〕此處採用李伯謙先生的意見，詳見李伯謙：《晉侯墓地墓主推定之再思》，張政烺先生九十華誕紀念文集編委會《揖芬集——張政烺先生九十華誕紀念文集》，社會科學文獻出版社，2002 年 5 月第 1 版；李伯謙：《晉侯墓地發掘與研究》，上海博物館《晉侯墓地出土青銅器國際學術研討會論文集》，上海書畫出版社，2002 年 7 月。

　　M1706、M1810、M2012 等均爲 5 鼎級別貴族墓葬，隨葬方壺 2 件，且 M2012 虢季夫人墓中的 2 件方壺形制、大小、紋飾幾乎與虢季方壺完全一致。而身份再低的 M2006 孟姞墓中，3 鼎貴族，僅有圓壺 2 件，形制、大小與虢季圓壺相同，但腹部主體裝飾已經演變爲多道變形雲紋，開春秋中晚期圓壺裝飾的先河。

　　從以上兩個墓地資料中可以歸納出一套全新的酒器制度：7 鼎級別墓葬使用方壺、圓壺各 2 件，5 鼎級別則使用方壺 2 件，3 鼎及以下級別僅有圓壺 2 件方壺與圓壺的禮制地位判然有別。而這一制度也盛行於整個春秋時期的中原地區。見下表〔註17〕：

表 15：春秋時期三晉及楚系墓葬出土銅壺統計表

年代		墓葬	9 鼎		7 鼎		5 鼎		3 鼎及以下	
			方壺	圓壺	方壺	圓壺	方壺	圓壺	方壺	圓壺
春秋	早期〔包	晉侯墓地 M91			2	2				
		三門峽 M2011			2	2				
		三門峽 M2001 虢季墓			2	2				

〔註17〕 晉侯墓地資料可參考《文物》1994 年第 1、8 期，1995 年第 7 期；三門峽墓地資料包括中國科學院考古研究所編著：《上村嶺虢國墓地》，科學出版社，1959 年；河南省文物考古研究所等：《三門峽虢國墓（第一卷）》，文物出版社，1999 年；河南省文物考古研究所、三門峽文物工作隊：《上村嶺虢國墓地 M2006 的清理》，《文物》1995 年第 1 期；平頂山應國墓地資料參見《華夏考古》1988 年第 1 期，2007 年第 1 期；曾國墓葬資料可參看張昌平：《曾國青銅器研究》，文物出版社，2009 年；其他資料依次如下：山東大學歷史文化學院考古系：《山東長清僊人臺周代墓地》，《考古》1998 年第 9 期；楊文勝：《郟縣太僕鄉出土青銅器研究》，《考古與文物》2002 年第 5 期；開封市文管會等：《河南省新鄭縣唐戶兩周墓葬發掘簡報》，《文物資料叢刊》第 2 輯，文物出版社 1978 年；河南博物院、臺北國立歷史博物館：《新鄭鄭公大墓青銅器》，大象出版社，2001 年；山西省文物工作委員會晉東南工作組等：《長治分水嶺 269、270 號東周墓》，《考古學報》1974 年第 2 期；楊富斗：《山西萬榮廟前村東周墓地的調查發掘簡訊》，《考古》1963 年第 5 期；山西省考古研究所：《上馬墓地》，文物出版社。1994 年；王儒林、崔慶明：《南陽市西關出土一批春秋青銅器》，《中原文物》1982 年第 1 期；湖北省文物考古研究所等：《湖北鄖縣喬家院春秋殉人墓》，《考古》2008 年第 4 期；安徽省文物管理委員會等：《壽縣蔡侯墓出土遺物》，科學出版社，1956 年；河南博物院、臺北國立歷史博物館：《輝縣琉璃閣甲乙墓》，大象出版社，2003 年；河南省文物研究所等：《淅川下寺春秋楚墓》，文物出版社，1991 年；中國社會科學院考古研究所編：《臨猗程村墓地》，中國大百科全書出版社，2003 年；李有成：《定襄縣中霍村東周墓發掘報告》，《文物》1997 年第 5 期；湖北省博物館：《曾侯乙墓》，文物出版社，1989 年；湖北省博物館等：《湖北隨州擂鼓墩二號墓》，文物出版社，2008 年；中國社會科學院考古研究所編著：《陝縣東周秦漢墓》，科學出版社，1994 年。

類別	墓葬	C1	C2	C3	C4	C5	C6	C7
括部分西周晚期）	長清僊人臺 M6（偶鼎）			2	2			
	三門峽 M1706、M1810					2		
	晉侯墓地 M8、M64、M93					2		
	三門峽 M2012					2		
	平頂山 M1、M8					2		
	郟縣太僕鄉銅器墓					2		
	三門峽 M2006							2
	晉侯墓地 M92、M31、M63							2
	新鄭唐戶 M9							2
	南陽彭宇墓							2
	棗陽段營、隨州何家臺、周家崗曾墓							2
中期	新鄭鄭公墓	2+2	2					
	58 萬榮廟前春秋墓					2		
	侯馬上馬 M13					2		
	隨州劉家崖、羅山高廟墓							2
晚期	壽縣蔡侯墓	2 方壺，2 方缶	2 圓缶					
	琉璃閣甲墓	2 方壺（疑缺 2）	2					
	淅川下寺 M1、M2			2	2 缶			
	分水嶺 M269、M270					2		
	琉璃閣乙墓					2		
	程村 M1001、M1002					2		
	南陽物資城 M1						2 缶	
	南陽彭射墓						2 缶	
	侯馬上馬 M15							2
	程村 M1056、M1072							2
	山西芮城 M2							2
	鄖縣喬家院子 M5、M6							2 缶
	山西定襄中霍村 M1							2
戰國	曾侯乙墓	2 方壺+2 方缶	2 圓缶					
	擂鼓墩 M2	2 方壺+2 方缶	2+2 缶					
	陝縣後川 M2040（復古）			2	2			

　　即使是在南方的楚國，這一制度也被借鑒和採納，只是圓壺均被尊缶所替代。像淅川下寺 M1、M2 令尹蓮子馮夫婦墓中，7 鼎級別（M2 隨葬升鼎 7 件，但 M1 僅有升鼎 2 件，從楚制），隨葬方壺 2 件、尊缶 2 件。而像下寺 M3、M10、和尚嶺 M2〔註18〕、鄖縣喬家院子 M5、M6 等 2 鼎墓中均只有尊缶 2 件。但 5 鼎級別的楚國貴族暫時還沒有資格使用 2 件方壺而僅為 2 件尊缶，正如其不能使用束腰平底升鼎一樣。這套仿周式的器物組合在春秋時期還被局限於 7 鼎及以上級別的貴族墓中。

　　新鄭李家樓鄭伯墓、輝縣琉璃閣甲墓、壽縣蔡侯墓和曾侯乙墓則為瞭解這一時期 9 鼎諸侯級別墓葬的酒器制度提供了依據〔註19〕。其中新鄭李家樓鄭伯墓（春秋中期晚段）中共出土方壺 4 件，分為兩式各 2 件，一式為著名的蓮鶴方壺，另一式則是楚墓中常見的透雕龍耳虎座方壺。另有 2 件「分段式裝飾」圓壺，腹部為弦紋和蟠螭紋裝飾帶相間隔；輝縣琉璃閣甲墓（春秋晚期晚段）據郭氏回憶「方壺、圓壺共 6 件」，與鄭伯墓中的酒器總數一致。但目前僅見方壺 2、圓壺 2，當還有遺漏；安徽壽縣蔡侯墓（春秋晚期晚段）中，共出土有透雕爬獸耳虎座方壺 2 件，尊缶 2 件置於圓鑒中。另有 2 件方缶，也和尊缶一樣置於方鑒中。此類「壺鑒」搭配在東周時期十分盛行（見「盥洗器」一章），學者們多認為是盛冰鎮酒之器。類似的方鑒缶也見於曾侯乙墓（戰國早期）中，並與尊盤、聯禁大方壺等酒器一起被放置在中室中部偏東位置，當亦是作為盛酒器使用（C.139、C.141）。此外曾侯乙墓中還出土有 2 件大型圓缶和 2 件戰國時期中原地區十分盛行的提鏈圓壺。綜合這些墓葬可以看出，相對於 7 鼎貴族而言，9 鼎級別墓葬中又會再添加 2 件方壺（中原）或者方缶（南方）。

　　由此，春秋時期的這一套酒器制度可以完整地表述如下：九鼎諸侯級別，四件（分兩套）方壺（或兩方壺、兩方缶），兩件圓壺（或尊缶）；七鼎公鄉級別，兩件方壺，兩圓壺（或尊缶）；五鼎大夫級別，兩方壺（或尊缶）；三鼎及以下士一等級，兩圓壺（或尊缶）。雖然在中原一個楚地採用了不同的器形，但核心制度方面卻是基本一致的。

〔註18〕 河南省文物考古研究所、淅川縣博物館：《淅川和尚嶺與徐家嶺楚墓》，大象出版社，2008 年。

〔註19〕 河南博物院、臺北國立歷史博物館：《新鄭鄭公大墓青銅器》，大象出版社，2001 年；河南博物院、臺北國立歷史博物館：《輝縣琉璃閣甲乙墓》，大象出版社，2003 年；安徽省文物管理委員會等：《壽縣蔡侯墓出土遺物》，中國科學院考古研究所編輯，科學出版社，1956 年；湖北省博物館：《曾侯乙墓》，文物出版社，1989 年。

第三節　戰國時期的酒器制度

一、中原地區

　　戰國之後，在中原地區這一套系統的酒器制度卻突然發生巨變：方壺被棄之不用，圓壺的形制、數量也呈現出顯著的不同。參見以下表格[註20]：

表16：戰國時期中原地區出土銅壺統計表

年代		墓葬	9鼎		7鼎		5鼎		3鼎及以下	
			方壺	圓壺	方壺	圓壺	方壺	圓壺	方壺	圓壺
戰國	早期	太原趙卿墓			4					
		山西長子M7						2+1		
		上馬M5218						2		
	中期	洛陽中州路M2717						4		
		洛陽西工M131						4		
		山西長子M10						4		
		山西長子M6								4陶
		山西長子M12						2陶		
		山西長子M1、M11								2
		洛陽M212								2
		陝縣後川M2041						2+2		

[註20] 山西省考古研究所、太原市文管會：《太原晉國趙卿墓》，文物出版社，1996年；山西省考古研究所：《山西長子東周墓》，《考古學報》1984年第4期；山西省考古研究所：《上馬墓地》，文物出版社，1994年；中國科學院考古研究所編著：《洛陽中州路（西工段）》，科學出版社，1959年；中國社會科學院考古研究所編著：《陝縣東周秦漢墓》，科學出版社，1994年；蔡運章：《洛陽西工131號戰國墓》，《文物》1994年第7期；鄭州市文物考古研究院：《鄭州信和置業普羅旺世住宅小區M126戰國墓》，《中原文物》2009年第3期；山西省考古研究所等：《山西省潞城縣潞河戰國墓》，《文物》1986年第6期；山西省考古研究所等：《長治分水嶺東周墓地》，文物出版社，2010年；河北省文物研究所：《䤵墓——戰國中山國國王之墓》，文物出版社，1995年；河北省文物研究所：《戰國中山國靈壽城——1975~1993年考古發掘報告》，文物出版社，2005年；河北省文化局文物工作隊：《河北易縣燕下都第十六號墓發掘》，《考古學報》1965年第2期；洛陽市文物工作隊：《洛陽王城廣場東周墓》，文物出版社，2009年；河北省文物研究所：《邯鄲百家村兩座戰國墓》，《文物春秋》2009年第4期。

	陝縣後川 M2075					4	
	陝縣後川 M2042						2
	陝縣後川 M2043、2044						2 陶
	分水嶺 M6、M16						2+2
	鄭州 M126					4 陶	
	中州路 M2719					4 陶	
	平山中山 M1			2+1	4+6+4 陶		
	平山中山 M6				4+4 陶		
	平山中山 M3、M8011					4 陶	
晚期	易縣燕下都 M16	6 陶	4+1				
	平山 M8010、M8001、M8204						2 陶
	洛陽 ZM14、ZM18、ZM28 等						2 陶
	邯鄲百家村 M01						2

　　春秋時期由方壺、圓壺組合而成的酒器制度此時只能在一些零星的墓葬中還可以看到其「孑遺」。像陝縣後川 M2040 中（戰國中期早段），7 鼎，使用方壺 2 件，圓壺 2 件，與春秋時期的制度十分一致，同時方壺、圓壺的形制也是春秋中後期的傳統式樣。另外像山西太原趙卿墓、河北平山中山王𰯼墓、河北易縣燕下都 M16 等高級貴族墓葬中也都還保留有方壺，而其他中小型墓內則無一例外只有圓壺。可見相較而言，高級貴族們在禮制上更趨保守，熱衷於保留一套古式的器物來體現其「復古、尊古」的思想。

　　不過新的制度也似在「醞釀」之中。像山西太原金勝村 M251（春戰之際），被認為是晉國公卿趙簡子或趙襄子之墓，7 鼎，但卻隨葬形制完全相同的方壺 4 件，蓮瓣蓋，透雕爬獸耳，田字紋寬條帶裝飾輔以細密的蟠虺紋。形制、紋飾均與春秋以來流行的方壺樣式差別不大，但數量卻與舊有制度不合。而且這種現象在戰國時期也並非孤例，像洛陽中州路 M2717（5 鼎 4 圓壺）、洛陽西工 M131（5 鼎 4 圓壺）、山西長子 M10（5 鼎 4 圓壺）、長子 M6（3 鼎 4 圓壺）等，表明戰國之後銅壺之數多趨向於以四為節。

　　而在河北平山 M1 中山王𰯼墓中，共有 3 套正鼎 7 銅（另有 2 件後配，形制不同。相同的現象亦見於 M6 成公墓中，當具有特殊的用意）、5 銅、5

陶分放置於東庫和西庫中，而酒器壺也恰為 3 套，一套為 2 件方壺、4 件圓壺在東庫，配於東庫內的 5 件銅鼎；一套為 1 夔龍紋方壺、6 件圓壺在西庫，配於西庫內的 7 件銅鼎；最後一套為 4 陶圓壺配於 5 陶鼎；在 M6 成公墓內，雖然亦是正鼎 7 銅、5 銅、5 陶三套，卻沒有方壺而僅有銅圓壺 4 件、陶圓壺 4 件。而其他像 M3、M8011 等 5 陶鼎墓中均是 4 件陶圓壺，M8010、M8001、M8204 等 3 鼎及以下墓葬內均僅為 2 件陶圓壺。所以這其中似乎又隱有一套以圓壺為主的等差制度存在：七鼎配六壺，五鼎四壺，三鼎兩壺。但囿於材料所限，難以做進一步深入探討。

　　綜觀中原地區這一時期的墓葬資料，可以說，傳統的方壺、圓壺及其嚴格的器用制度在此時已經沒落，銅、陶壺的數量上存在十分紊亂的局面。造成這種現象的原因應是多方面的，如新興小貴族禮制觀念的淡薄、「三家分晉」後對傳統制度的破壞（春秋時期的酒器制度正起源於晉國）等，但大量異形壺的興起也是另外一個十分重要的因素。

　　異形壺主要是指提鏈壺、扁壺、匏壺、高柄小壺以及戰國晚期秦人的蒜頭壺、繭形壺等（圖 40）。據高崇文先生考證，中原地區的提鏈壺主要來自於北部的狄人，如傳世杕氏壺（藏德國柏林）銘文「杕氏福及，歲賢鮮于（虞），可（何、荷）是金□，臺（吾以）為弄壺」（《集成》·9715），意即杕氏歲貢於鮮虞，得此金瓶，以為弄器。而像扁壺、匏壺、蒜頭壺、繭形壺也多被認為是借鑒於游牧民族之物，在戰國時候被新創造出來的器類，自然也就沒有傳統的禮制來規定它的數量了（基本為 1 件）。高柄小壺的來源目前還不甚清楚，但其在戰國時期流傳也十分廣泛，而且基本以兩件成套搭配為主，功能有待進一步探討。

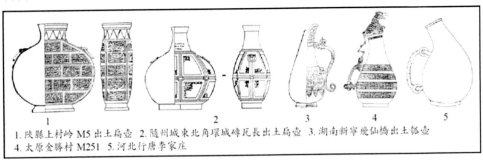

1. 陝縣上村嶺 M5 出土扁壺　2. 隨州城東北角環城磚瓦長出土扁壺　3. 湖南新寧瘣仙橋出土匏壺
4. 太原金勝村 M251　5. 河北行唐李家庄

圖 40：東周時期出土的部分異型壺

相較於沒落的方壺、圓壺而言，這些代表新興風尚的異形壺顯然更受貴族們追捧。像趙卿墓中就有 1 件扁壺、2 件高柄小壺、1 件匏壺，鑄造十分精美，恐怕亦屬於「弄器」之列。中山國 M6 成公墓和 M1 王䝮墓中也均有提鏈壺（僅 M6）、扁壺和高柄球腹壺。而潞城潞河 M7 中更僅有 1 件提鏈壺和 1 件匏壺（無圓壺）。

以上資料給人的初步印象就是：戰國時期的酒器率先擺脫了傳統禮制的「束縛」，而逐漸趨於世俗化、生活化。酒器的製造更多的是爲了滿足貴族們日常生活的需要，而不再僅僅局限於禮儀場合使用。這與酒器在周代的特殊地位應當有著十分密切的關聯，同時也與東周時代由對祖先世系、家族出身的重視轉爲對現世生活、功業的重視的思想變化〔註21〕是一致的。

二、南方楚文化區

楚人在春秋時期並不使用周式圓壺，其酒器僅有方壺和尊缶，且數量上和中原禮制保持一致。但到了戰國初年，圓壺又被引入到楚人的禮制系統中，並和方壺、尊缶一起形成了一套全新而嚴格的酒器制度。參見下表〔註22〕：

〔註21〕 Wu Hung, "Art and Architecture for the Dead" in "Art and Architecture of the Warring States Period, " in Cambridge History of Ancient China, 707～744.

〔註22〕 河南省文物考古研究所等：《淅川和尚嶺與徐家嶺楚墓》，大象出版社，2004年；河南省文物研究所等：《淅川下寺春秋楚墓》，文物出版社，1991年；南陽市文物考古研究所：《河南南陽春秋楚彭射墓發掘簡報》，《文物》2011年第3期；河南省文物考古研究所等：《平頂山應國墓地十號墓發掘簡報》，《中原文物》2007年第4期；湖南省博物館：《長沙瀏城橋一號墓》，《考古學報》1972年第1期；湖北省文物考古研究所：《江陵望山沙冢楚墓》及附錄二：望山1、2號墓竹簡釋文與考釋，文物出版社，1996年；湖北省博物館：《曾侯乙墓》，文物出版社，1989年；湖北省荊州博物館：《荊州天星觀二號楚墓》，文物出版社，2003年；荊州地區博物館：《湖北江陵藤店一號墓發掘簡報》，《文物》1973年第9期；湖北省文物考古研究所：《湖北荊州紀南城一、二號楚墓發掘簡報》，《文物》，1999年第4期；湖北省荊州地區博物館：《江陵雨台山楚墓》，中國社會科學院考古研究所編，文物出版社，1984年；湖北省文物考古研究所：《江陵九店東周墓》，科學出版社，1995年；湖北省宜昌地區博物館　北京大學考古系：《當陽趙家湖楚墓》，文物出版社，1992年；湖南省博物館、湖南省考古研究所編：《長沙楚墓》，文物出版社，2000年。

表 17：東周時期楚國的壺與缶

組合\墓葬		C 類				A 類			B 類		
		升鼎	簋	鬲	方壺	籃口鼎	簠	尊缶	子口鼎	盞	圓壺
春秋	下寺 M2	7	2	2	1	4	1	2		1	
	下寺 M1	2	1	1	2	4	2	2		1	
	下寺 M3					2	4	2		1	
	南陽彭射墓					3，行緐	4	2		1	
	下寺 M10					4，2組	2	2		1	
	和尚嶺 M2					4，2組	2	2		1	
	團 山 M1					2	2	2			
	壽縣蔡侯墓	7	8	8	2+2	1	4	2	9	2	缺
戰國	徐家嶺 M10	5	4	5	2	2	2	2	3	2	2
	平頂山 M10	3	4	4	2	4	2	2	1	2	缺
	瀏城橋 M1（陶）	3	6	8	2		3	2	4，2組	2	2
	望山 M1（陶）	3	6	6	2	2	2	2	6，3組	2	2
	望山 M2（陶）	2				2	2	2	6，3組	2	2
	沙冢 M1（陶）	2			2		2	2	8，4組		2
	曾侯乙墓	9	8	9	2+2	1	4	2	5＋1	1	2
	天星觀 M2（盜）	5	5	5		1			6，3組	2	
	紀城 M1（陶）					2	2	2	2	2	2
	藤店 M1（陶）					2	2	2	4，2組	2	2
	九店 M10、M43、M44 等（陶）					2	2	2	2	2	2
	趙家湖 JM15、雨台山 M516、九店 M485、M229					2	2	2			
	趙家湖 JM36、LM13、雨台山 M544、九店 M19								2	2	2

可以看出，方壺是與升鼎、簋、扉棱鬲搭配使用的，屬於仿周式傳統的器物，春秋時期集中於公卿級別墓葬，戰國之後 3 室以上貴族墓內亦多可配備，一般均爲 2 件；尊缶是與籃口鼎、簠搭配使用的，這一組合形成於春秋中期晚段，多用偶數配置，是楚人對於江淮地區原有禮制改造的結果；圓壺則與子母口鼎、敦搭配使用，亦多爲 2 件，是戰國時期楚人學習

和借鑒中原地區新出現的鼎、豆、壺組合併加以改造（取用楚地原有的盞）的結果。

由此，戰國階段楚系墓葬中的酒器制度可以歸納如下：3 室以上中高級貴族墓葬內多爲 2 方壺（但亦有全然不用的現象，如包山 M2）、2 尊缶、2 圓壺三套；2-3 室小貴族墓內則是 2 尊缶、2 圓壺兩套；身份再低者或爲 2 尊缶，集中於江陵周邊地區。或爲 2 圓壺，遍佈於楚國其他地域。相對於這一時期的中原地區而言，楚國的酒器制度無疑顯得更爲嚴格和規範，這與用鼎制度、粢盛器制度等方面所表現出的特徵是一致的。

第四節　三禮中有關酒器使用的記載

在明晰了西周至戰國以來酒器制度的變遷後，下面我們便可以結合考古材料來探討禮制文獻中有關酒器使用的記載以及它們的創作時間和依據。

首先來看《儀禮》，其中僅有《燕禮》和《大射儀》兩篇中記載有方壺和圓壺（圓壺）的使用。如《儀禮·燕禮》：「司宮尊於東楹之西，兩方壺，左玄酒，南上。公尊瓦大兩，有豐，冪用綌若錫，在尊南，南上。尊士旅食於門西，兩圓壺。」鄭注：「尊方壺，爲卿大夫士也……旅，眾也。士眾食，謂未得正祿，所謂庶人在官者也。」《燕禮》一章主要描述諸侯與群臣宴飲之禮，共使用瓦大 2（公尊，《儀禮·聘禮》中亦有「醴尊於東箱，瓦大一，有豐。」）、方壺 2（卿大夫士尊）、圓壺 2（士旅食尊）。

又《儀禮·大射儀》：「厥明，司宮尊於東楹之西，兩方壺。膳尊兩甒在南，有豐。冪用錫若絺，綴諸箭。蓋冪加勺，又反之。皆玄尊。酒在北。尊士旅食於西鏞之南，北面，兩圓壺。」鄭注：「膳尊，君尊也。後陳之，尊之也。豐以承尊也……圓壺，變於方也，賤無玄酒。」《大射儀》一章爲諸侯與群臣較射之禮，亦使用瓦甒 2（「主人升，坐取甒。取甒，將就瓦甒酌膳」）、方壺 2、圓壺 2。另有 2 尊設於大侯之乏東北，盛獻酒，「爲大侯獲者設尊也」，不用於宴飲時。

由以上可以看出，公尊「瓦大」就是「瓦甒」，有豐以承器底，《禮記·禮器》即稱「君尊瓦甒。」而諸侯用瓦大 2、方壺 2、圓壺 2 的制度似乎正與上文中提到的春秋時期中原地區的考古發現是基本吻合的。也就是說，《儀禮》中這兩章的編撰年代略早（或刻意記載較古老的制度），主要參照的是春秋時

期的中原禮制。而「瓦大」很可能就是某種形制的有禁陶壺的別稱或方言異名（瓦字當表明其質地）〔註23〕。

但在《儀禮》其他諸章中，無論士、大夫等級，吉、凶、賓、嘉諸禮卻均使用的是「甒」盛酒（多無瓦字），而絕無方壺、圓壺之名。像《士冠禮》：「側尊一甒醴，在服北」，「若不醴，則醮用酒。尊於房戶之間，兩甒，有禁，玄酒在西，加勺，南枋」；《士昏禮》：「側尊甒醴於房中」；《士喪禮》：「東方之饌，兩瓦甒，其實醴、酒」；《既夕禮》：「陳明器於乘車之西……甒二，醴，酒。冪用功布。皆木桁，久之。」《士虞禮》：「尊於室中北墉下，當戶，兩甒醴、酒，酒在東，無禁。冪用絺布，加勺，南枋。」記載大夫宗廟祭祀儀節的《少牢饋食禮》亦為「司宮尊兩甒於房戶之間，同棜，皆有冪，甒有玄酒。」即大夫所用之酒器與士一等級完全相同，且數量上也並無等差存在（均為兩件）。「甒」在《燕禮》、《大射儀》篇中為諸侯專有之尊名（但用陶製），而此處則成了貴族們的酒器共名。考慮到戰國以後中原地區中小貴族僅使用圓壺的實例，所以唯一合理的解釋是，此時「甒」的形制實則就是戰國以來流行的鋪首銜環圓壺，為諸侯、卿、大夫、士各等級所共用（士喪禮用陶製）。《儀禮》主要篇章中有關酒器的記載應參照的是戰國時期中原地區的禮制情況。

此外《聘禮》篇中又有：饗賓時「飪一牢，在西，鼎九，羞鼎三；腥一牢，在東，鼎七。堂上之饌八，西夾六。」此「堂上之饌」與《士喪禮》「東方之饌，兩瓦甒，其實醴、酒」語意近似，當亦包括酒器。鄭注即言：「八、六者，豆數也。凡饌以豆為本。堂上八豆、八籩、六鉶、兩簋、八壺。西夾六豆、六籩、四鉶、兩簋、六壺。」又「眾介皆少牢」鄭注：「堂上之饌四豆、四籩、兩鉶、四壺、無簋。」若鄭玄所述無誤，則九鼎當配八壺、七鼎當配六壺、五鼎當配四壺，這與前文中提到的戰國時期中原地區新發展的酒器制度亦多相吻合。而且「凡饌以豆為本」的概念也只能是在春秋晚期以後鼎、蓋豆、壺組合取代鼎、簋組合的情況下才可能出現。

不過綜合上述記載可以發現，《儀禮》一書中有關酒器制度部分其實是十分紊亂的，與鼎、豆等形成鮮明對比，這亦是戰國以來酒器使用混亂局面的直觀反映。

由此諸多證據表明，《儀禮》一書的編撰應主要完成於戰國時期，或者說，《儀禮》中有關酒器的記載應主要反映的是戰國時期中原地區的禮制實踐情

〔註23〕揚子《方言》：「甖，周魏之間謂之甒。」

況。當然《燕禮》、《大射儀》兩篇的年代可能略早，或者是因為在《儀禮》的編撰年代，人們對於春秋「古制」還是有所瞭解的，這也是為何能在一些高級貴族墓葬中出現「復古」現象的原因。

再來看《禮記》。《禮記》一書主要是對《儀禮》（漢時稱《禮》）進行解釋說明的文章選集。在《禮記‧禮器》篇中記載有：「五獻之尊，門外缶，門內壺，君尊瓦甒。此以小為貴也。」即諸侯等級同時使用瓦甒、壺、缶三種不同的酒器，正與東周時期楚國的禮制情況十分類似，而《儀禮》一書中則從未提及有「缶」。相同的現象亦普遍見於用豆、棺槨、棺飾等禮制方面，這也從一個側面再次證明《儀禮》一書中的器用制度與楚地無涉。而《禮記》由於許多章節均是由漢儒編撰修訂的，而西漢統治階層多來自南方楚地，舊有的楚國制度在漢初得到了一定的保留和推崇，所以《禮記》中受到楚制的強烈影響亦在情理之中。

最後還有《周禮》。《周禮‧天官‧司尊彝》篇中關於酒器有「六尊六彝」之說，歷來在學界聚訟未決〔註24〕。六尊包括：獻（犧）尊、象尊、著尊、壺尊、大尊、山尊。六彝則有：雞彝、鳥彝、斝彝、黃彝、虎彝、蜼彝。結合考古資料可以明顯地看出，這套酒器制度在周代的實際禮制中並不存在，為儒家學者們的「擬構」之作。與此相應的還有《周禮》中關於酒的分類：五齊，包括泛齊、醴齊、盎齊、緹齊、沈齊；三酒，包括事酒、昔酒和清酒，分用於不同的禮儀場合。這些在先秦典籍、金文和簡牘中也都絕然未見，而《儀禮》中的酒僅有醴、酒和玄酒（水）三種，與東周以來的各類文字資料是十分吻合的。

當然這並不是說《周禮》中有關酒器的記載對於考古學研究毫無意義。文獻的編撰總是需要一定的事實基礎，而所謂犧尊、象尊、鳥彝、虎彝等其實都可以在考古發現中找到形似之物，例如渾源李峪村所出牛形「犧尊」、太原趙卿墓出土「鳥尊」、湖南醴陵仙霞鄉獅形山出土商代「象尊」、美國斯密斯博物館藏西周「虎形尊」等。所以系統的探討上述器類的「創作原型」仍將是十分重要和可行的。

〔註24〕可參考林巳奈夫：《『周禮』の六尊六彝と考古學遺物（創立五十週年記念論集）》，《東方學報》第 52 卷。

小　結

　　本章在全面梳理兩周時期方壺、圓壺的出土資料基礎上，結合墓葬年代、身份等級和出土數量系統地探討了關中地區、中原地區和南方地區酒器制度的變遷與差別，並進而與「三禮」文獻中的相關記載進行對照，初步考證了這些文獻資料的創作年代和依據。可得出以下幾點基本認識：

　　1、兩周時期方壺與圓壺有著比較相似的器物演變規律：耳部均由提梁（商末周初）變化爲貫耳（西周中期）再到獸首銜環耳（西周晚至春秋早期）。春秋中期以後開始流行透雕龍形耳，戰國階段方壺在中原地區逐漸消失，圓壺則均變化爲鋪首銜環耳且壺體最大徑不斷上移；器身裝飾上，早期方壺、圓壺均在蓋沿、頸部飾一道顧首垂冠龍紋或鳳鳥紋，西周晚期以後方壺上主要流行寬條帶田字紋加方釘裝飾，主體紋飾爲變體龍紋，圓壺則爲三段式裝飾風格，主體紋飾多爲波曲紋，輔助紋飾包括竊曲、垂鱗等。春秋中期以後，模印的細密蟠螭、蟠虺紋開始流行於方壺、圓壺的個體裝飾區內，圓壺腹部也逐漸由三段式裝飾向多段式發展。戰國階段隨著鑲嵌、刻紋技術的興起，傳統裝飾手法急劇衰落，圓壺上多僅有幾道簡單的弦紋（或配以鑲嵌物、刻紋圖案）；西周時期各地方壺、圓壺形態差別不大，春秋以後隨著各諸侯國政治自主性的增多，青銅器的地域性開始凸顯，如中原地區裝飾蓮瓣蓋、透雕動物耳、座的方壺、圓壺，江淮地區的短頸矮鼓腹圓壺，燕國的長頸壺等。

　　2、器用制度上，西周晚期階段壺開始作爲盛酒器進入到周人的核心禮制組合，但此時墓葬、窖藏中或用方壺、或用圓壺，較爲混亂。至春秋初年後洛陽地區的貴族將其繼承和改造，形成了一套規範而嚴格的酒器制度，並爲佔據關中地區的秦國所接受和採納，即貴族墓葬中無論身份等級高低均隨葬方壺2件。

　　但中原地區在西周晚期首先由晉國貴族「孕育」出新的酒器制度，並一直延續至春秋晚期：9鼎貴族使用4方壺（分兩套）、2圓壺；7鼎貴族使用2方壺、2圓壺；5鼎貴族2方壺；3鼎貴族2圓壺。戰國以後，中原地區方壺被棄之不用，新的以圓壺爲主的酒器制度雖然亦在「醞釀」之中卻難以像春秋時期一樣被大量普及於社會各階層，數量上顯得頗爲紊亂。提鏈壺、扁壺、匏壺、蒜頭壺、繭形壺等來自草原或邊遠民族的異形壺成爲貴族們新的「偏好」，酒器開始率先擺脫傳統禮制的束縛，向世俗化、生活化轉變。

3、在南方的楚國，春秋時期基本借鑒中原地區的酒器規範，只是用尊缶替代了圓壺。戰國以後則進一步引入周式圓壺，從而形成了等差森嚴的方壺、圓壺、尊缶三者共用的新制度。可以看出，爲了應對戰國之後人口增長、社會分化所帶來的貴族群體的擴大，楚人對原有的禮制系統進行了重大的調整，拓寬了一些制度所限制使用的人群（C 類），同時爲較低的社會階層又創造出一套新的器用制度（B 類），以使禮制能夠囊括更多的社會階層（像許多庶人亦被允許使用仿銅陶禮器），從而保障社會結構的穩定和向心力。

4、結合考古資料可以發現《儀禮》一書中有關酒器的記載應主要反映的是戰國時期中原地區的禮制情況，而《禮記》則受到了楚制的強烈影響。《周禮》「六尊六彝」之說在現實的禮儀制度中並不存在，爲儒生們的「擬構、編撰」之作。這些發現對於考察「三禮」文獻的創作與傳播將是十分有益的。